Wandern mit dem MVV

Der offizielle MVV Freizeitführer

# Wandern mit dem MVV

Herausgegeben vom
Münchner Verkehrs- und Tarifverbund

BRUCKMANN

# Inhaltsverzeichnis

## Mit S2 und Linie A nach Altomünster

## Mit S2 und Linie A nach Kleinberghofen



## Mit S2 und Linie A nach Erdweg



## Mit S2 und Linie A nach Erdweg



## Mit S2 und Linie A nach Markt Indersdorf

# Vorwort

Bunt, interessant und vielfältig wie das erlebenswerte Münchner Umland – so präsentiert sich der MVV-Wanderführer in einem attraktiven Gewand und mit vielen wissenswerten inhaltlichen Facetten. Farbige Kartenskizzen, eine Fülle von Farbfotos aus dem Wanderland, etwas Historie und viele Histörchen zu den Sehenswürdigkeiten, den Orten und den Menschen der Region werfen ein einladendes Licht auf die bewährten 120 markierten Wanderrouten des MVV.

„Wandern mit dem MVV" will ein praktischer Helfer bei der Ausflugsplanung sein und zugleich ein kundiger Begleiter auf dem Wanderweg.

Die Angaben der Tarifzonen beziehen sich auf den Beginn Ihres Ausflugs im Innenraum bzw. die Rückfahrt dorthin, die angegebenen Reisezeiten gehen vom Münchner Marienplatz aus. Ausführliche Informationen über Fahrpreise und Fahrpläne bekommen Sie im Aushang an allen Bahnhöfen und Haltestellen, über das Info-Telefon des MVV (089/41424344) und aus dem Internet (www.mvv-muenchen.de).

Für Ihren Ausflug empfehlen sich die preisgünstige Partner- oder Single-Tages-Karte. Außerdem gibt es für Ausflüge einige interessante und preisgünstige Kombiangebote (z. B. die Weißblaue Kombikarte, das Thementicket und das Filmstadt- und MVV-Ticket.

Die kunsthistorischen Erläuterungen zu Kirchen, Klöstern, Schlössern und Baudenkmälern stützen sich auf das „Handbuch der deutschen Kunstdenkmäler, Band Oberbayern, von Dehio/Gall, auf die Dokumentation der „Baudenkmäler in Bayern" des Landesamts für Denkmalpflege und auf die bewährten kleinen Kirchenführer des Verlags Schnell & Steiner.

Das „B" nach den Hinweisen auf Einkehrmöglichkeiten am Wanderweg bedeutet „Biergarten".

Der MVV überprüft in regelmäßigen Abständen die Markierung der Wanderwege. Für Hinweise auf Mängel, die durch Bautätigkeit, Holzeinschlag oder gelegentlichen Mutwillen entstehen können, sind wir dankbar (Tel.: 0 89/21033-225).

Wir wünschen Ihnen viel Spaß beim Lesen, gute Erholung und schöne Stunden beim Wandern.

Ihr MVV

# Zur „Plantage" und nach Weihenstephan

*Auf dem Klosterhügel steht die älteste Brauerei der Welt*

**Abfahrt ab München:** alle 20/40 Minuten.

**Fahrzeit:** 42 Minuten.

**Fahrpreis:** 3 Zonen/ 6 Streifen, Tageskarte Gesamtnetz.

**Rückfahrt:** S1 ab Freising.

**Route:** Freisinger Altstadt – Freisinger Forst – Universitäts-Anlagen – Weihenstephaner Berg – Hofgarten – Oberdieckgarten – Stadtpark.

**Weglänge:** 6 km.

**Markierung:** grüner Ring.

**Anspruch:** Ein abwechslungsreicher, ausgedehnter Spaziergang. Für Kinderwagen nicht geeignet.

**Einkehren am Weg:** Plantage (B), Weihenstephan: Bräustüberl Weihenstephan (B).

Bis ins 14. Jahrhundert galt der Freisinger Domberg („mons doctus") als geistlicher und weltlicher Mittelpunkt Oberbayerns. Heute hat sich der zweite Hügel der Stadt zu einem „Berg der Gelehrsamkeit" entwickelt: Im westlichen Stadtbereich mit dem Weihenstephaner Berg an der Südflanke entstand ein international angesehenes Lehr- und Forschungszentrum für Land- und Forstwirtschaft. Die Institute der Ludwig-Maximilians-Universität, der Technischen Universität, der Fachhochschule Freising und einiger Landesanstalten (Pflanzenbau und Landtechnik) liegen hier auf engsten Raum nebeneinander.

## Die Wanderung

Wir verlassen den Bahnhof stadteinwärts nach Norden durch die kleine Grünanlage, überqueren die Münchener Straße (B 11) und gehen auf der Bahnhofstraße ins Zentrum. Hier folgen wir der Unteren Hauptstraße ein Stück nach rechts, biegen dann links in die Ziegelgasse ein. Nun geht es immer in nördlicher Richtung zum Forst, erst auf der Prinz-Ludwig-Straße, dann auf dem Plantagenweg und in der Eichenfeldsiedlung weiter auf der Tannenstraße, der Waldstraße und dem Fichtenweg. Ein kleiner Steig führt hinunter zur Fahrstraße, der wir nach links zum Ausflugslokal Plantage folgen. Von hier führt der Weg wieder auf einem Feldweg in südlicher Richtung. Wir überqueren die Wippenhauser Straße und gehen auf der Steinbreite durch die Hochschulanla-

*Ausflugsziel mit Trimmpfad: Wirtshaus Plantage*

gen. Dann folgen wir nach rechts der Langen Point, überqueren den Weihenstephaner Ring und gehen durch den Wald, über die Thalhauser Straße und weiter auf der Griesfeldstraße nach Vötting. Über die Hohenbachernstraße kommen wir zur Vöttinger Straße, die wir überqueren und nun an der Molkerei vorbei nach Weihenstephan hinaufwandern. Von hier geht es durch den Hofgarten und den Oberdieckgarten bergab wieder in die Stadt, durch den Stadtpark und über den Fürstendamm zum S-Bahnhof zurück.

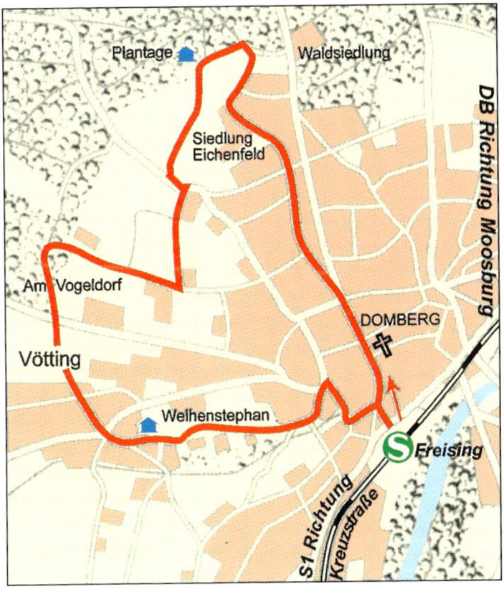


## Sehenswert

Der **Freisinger Dom** gilt als einer der schönsten Sakralbauten Bayerns. Nach dem verheerenden Stadtbrand von 1159, der den alten Dom zerstörte, entstand eine romanische dreischiffige Pfeilerbasilika mit zwei mächtigen, von Süden weithin sichtbaren Westtürmen. Unter dem kunstsinnigen Fürstbischof Franz von Ecker erhielt der Dom seine heutige prachtvolle Barockausstattung durch die Brüder Asam. Sie gestalteten auch die ganz in Rot, Weiß und Gold gehaltene **Johanneskapelle**. Durch das Marmorportal aus dem 17. Jahrhundert gelangt man in die Vorhalle und zum romanischen Innenportal mit seinen Relieffiguren (um 1200). Unter dem Chor befindet sich die vierschiffige, rein romanische Krypta mit ihren drei Reihen aus unterschiedlich gestalteten Tuffsäulen, darunter die berühmte Bestiensäule.

**Die älteste Brauerei der Welt**

Den Benediktinern, die seit 1020 auf dem Weihenstephaner Berg ein Kloster unterhielten, soll schon 1040 das Braurecht verliehen worden sein. Das Hofbrauhaus Freising (Moy-Bier) leitet seine Brautradition von den frühen Freisinger Bischöfen ab, ist darum möglicherweise älter, hat aber einen urkundlichen Nachweis erst aus dem Jahre 1160. Heute stehen auf dem Hügel die Gebäude der berühmten Hochschule für das Brauwesen – wo immer es auf der Welt gutes Bier gibt, da ist mit großer Sicherheit ein Braumeister am Werk, der seine Kunst in Weihenstephan gelernt hat.

# Wanderung nach Marzling und Jaibling

*St. Peter und Paul gilt als Juwel des bayerischen Barock*

**Abfahrt ab München:** alle 20/40 Minuten.

**Fahrzeit:** 42 Minuten.

**Fahrpreis:** 3 Zonen/ 6 Streifen, Tageskarte Gesamtnetz.

**Rückfahrt:** S1 ab Freising.

**Route:** Isarauen – Marzling – Goldshausen – Jaibling – Altenhausen – Neustift.

**Weglänge:** 11 km.

**Markierung:** grünes Dreieck.

**Anspruch:** Eine Wanderung durch waldige Flussaue und freies Hügelland, das schöne Ausblicke öffnet. Für Kinderwagen nicht geeignet.

**Einkehren am Weg:** Marzling: Gaststätte Alter Wirt (B).

Schon im frühen 8. Jahrhundert befand sich auf dem Freisinger Domberg eine befestigte Burg der Agilolfinger. Von Herzog Grimoald gerufen, wirkte hier der hl. Korbinian um 720 als Wanderbischof. Der hl. Bonifatius erhob den Ort wie Regensburg, Passau und Salzburg zum Bischofssitz. Die Burg ging auf das Bistum über. Unter Bischof Arbeo (764–783) entstanden Domschule und Bibliothek, blühten Musik und Literatur. Arbeo trat selbst als (erster namentlich bekannter bayerischer und deutscher) Schriftsteller und Geschichtsschreiber hervor.

## Die Wanderung

Vom Bahnhof gehen wir nach rechts ein Stück auf der Ottostraße (B11), dann nach rechts unter den Gleisen hindurch und weiter nach links auf der Parkstraße. An der Erdinger Straße gehen wir rechts, weiter über die Isar, folgen dann links der Ismaninger Straße und überqueren die Isarstraße. Von hier geht es auf dem Hochwasserdamm weiter in nordöstlicher

Richtung bis zur Isar, unter dem Autobahnzubringer (B 11 a) hindurch und weiter durch die Flussaue bis zur Marzlinger Isarstraße, der wir nach links in den Ort hinein folgen. Beim Alten Wirt biegen wir nach links ein und wenig später nach rechts in die Goldshausener Straße nach Goldshausen und weiter nach Jaibling. Hier wenden wir uns wieder in südliche Richtung, gehen nach Altenhausen und auf dem Altenhausener Fußweg hinunter zum Ortsteil Neustift. Auf der Wiesenthalstraße kommen wir nach St. Peter und Paul. Über die Alte Poststraße, den Herrenweg und die Angerbadstraße erreichen wir dann die Ottostraße, wechseln noch ein Stück auf die andere Gleisseite und erreichen wieder den S-Bahnhof.

*St. Peter und Paul in Neustift, ein Meisterwerk des bayerischen Rokoko*

## Sehenswert

Ein Juwel des bayerischen Barock ist die Kirche des ehemaligen Prämonstratenser-Klosters **St. Peter und Paul** in Neustift. Sie wurde in den Jahren 1700 bis 1715 von Giovanni Antonio Viscardi errichtet, 1751 bis 1756 nach Brand durch Johann Michael Fischer erneuert und barock ausgestattet. Es ist eine Wandpfeilerkirche mit sehr hohen Seitenkapellen. Den Hochaltar, er zählt zu den besten der Zeit, schuf Ignaz Günther, ebenso das Chorgestühl und die Seitenaltäre. Die Deckenfresken sind ein Spätwerk von Johann Baptist Zimmermann. Die herrlichen Stuckarbeiten führte Franz Xaver Feichtmayr aus.

**St. Valentin** in Altenhausen wurde 1717 unter Bischof Ecker erbaut. Die stattliche Kirche birgt hervorragende Stuckarbeiten und Altäre von 1718.

# Wieskirche und Neustift

*Die Steingadener Wallfahrt war das Vorbild*

**Abfahrt ab München:** alle 20/40 Minuten.

**Fahrzeit:** 42 Minuten.

**Fahrpreis:** 3 Zonen/ 6 Streifen, Tageskarte Gesamtnetz.

**Rückfahrt:** S1 ab Freising.

**Route:** Weihenstephaner Berg – Freisinger Forst – „kleine Wieskirche" – Barockkirche St. Peter und Paul.

**Weglänge:** 9 km.

**Markierung:** grünes Quadrat.

**Anspruch:** Rund um die alte Bischofstadt führt diese abwechslungsreiche Wanderung mit vielen sehenswerten Stationen: Es gibt reizvolle Waldstrecken und lohnende Aussichten auf die Stadt. Für Kinderwagen nicht geeignet.

**Einkehren am Weg:** Weihenstephan: Bräustüberl (B); Plantage (B).

Über die Dächer und Türme der rund 40 km entfernten Landeshauptstadt hinweg geht der Blick bei klarem Wetter vom Südbalkon des Hofgartens bis zur Alpenkette, deren Spitzen eine Panoramatafel namentlich aufführt.

## Die Wanderung

Am Bahnhof halten wir uns links, überqueren nach einem Rechtsschwenk die Münchener Straße (B 11) und gehen auf der Saarstraße stadteinwärts. Am Moosach-Bach biegen wir links in den Stadtpark ein, gehen bis zum steilen Berghang, wo wir die Veitmüllerstraße nach rechts nehmen. An ihrem Ende geht es in spitzer Kehre steil den Weihenstephaner Fußweg hinauf, vorbei am Oberdieckgarten und durch den Hofgarten nach Weihenstephan. Nun geht es wieder bergab, an der Molkerei vorbei, dann rechts in die Vöttinger Straße und Am Staudengarten wieder links. Wenig später schwenken wir erneut nach links in die Thalhauser Straße und gehen dann auf

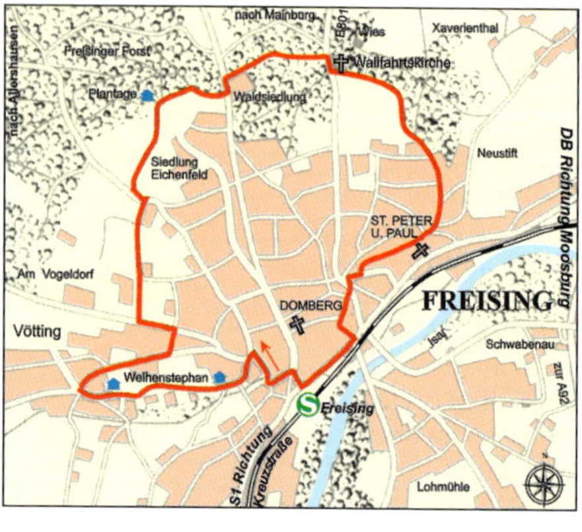

der Nordseite des Hochschulgeländes nach rechts – nun bergauf – in die Steinbreite bis zur Wippenhauser Straße. Etwas weiter links setzt sich ein Feldweg in nördlicher Richtung fort und bringt uns zur Plantage. Von hier nehmen wir den Waldweg in östlicher Richtung, überqueren bei der Waldsiedlung die Haindlfinger Straße und erreichen bei der Mainburger Straße die „Kleine" Wieskirche. Von hier führt der weitere Weg in südlichem Bogen am Waldrand entlang hinunter nach Neustift. Zum S-Bahnhof zurück kommen wir über Wiesenthalstraße, Alte Poststaße, Herrenweg, Angererweg und Ottostraße.

*Die „Kleine Wieskirche"*

## Sehenswert

Die **„Kleine Wies"** im Norden der Stadt wurde zwischen 1746 und 1748 gebaut, um einer Kopie des Gnadenbildes der Steingadener Wieskirche (der gegeißelte Christus) einen würdigen Platz zu geben. Die kleine Wallfahrtskirche nach dem Steingadener Vorbild enthält interessante Votivgaben und -bilder.

Die **Pfarrkirche St. Georg** in Freising, eine dreischiffige, weiträumige Hallenkirche mit besonders schönen Turm an der Westseite, wurde um 1440 erbaut. Besonders bemerkenswert im Inneren sind Holzreliefs der Landshuter Schule (um 1480) eine hölzerne Anna Selbdritt, die um 1500 entstand, und kunstvolle Bildgrabsteine aus dem 16. und 17. Jahrhundert.

Die **Säule** auf dem Marienplatz gleich unterhalb der Kirche neben dem Rathaus stammt aus dem Jahr 1674. Sie ist der Münchener Mariensäule nachempfunden, die 1638 entstand, und zeigt am Sockel die Figuren der Schutzpatrone der Stadt: Korbinian, Sigismund, Norbert und Franziskus.

# Rundweg durch die östlichen Isarauen

*Napoleons Geburtstag rettete den Dom*

**Abfahrt ab München:** alle 20/40 Minuten.

**Fahrzeit:** 42 Minuten.

**Fahrpreis:** 3 Zonen/ 6 Streifen, Tageskarte Gesamtnetz.

**Rückfahrt:** S1 ab Freising.

**Route:** Bahnhof – Isarbrücke – Marzling – Tuching – Neustift.

**Weglänge:** 8 km.

**Markierung:** grüner Punkt.

**Anspruch:** Eine leichte Wanderung durch die Auwälder entlang der Isar, später durch etwas hügelige Flur, die einige schöne Weitblicke öffnet. Für Kinderwagen nicht geeignet.

**Einkehren am Weg:** Marzling: Gaststätte Alter Wirt (B).

Viel fehlte nicht, dann wäre der Dom zur Zeit der Säkularisation (1803) verkauft worden und einem ungewissen Schicksal entgegengegangen. Für 500 Gulden war er schon feilgeboten worden. Da hatte ein französischer General den Einfall, in der prachtvoll ausgestatteten Kirche eine Geburtstagsparade für Napoleon abzuhalten. So unterblieb der Verkauf, der Dom war gerettet.

## Die Wanderung

Vom Bahnhof gehen wir nach rechts ein Stück auf der Ottostraße (B11), dann nach rechts unter den Gleisen hindurch und weiter nach links auf der Parkstraße. An der Erdinger Straße gehen wir rechts, weiter über die Isarbrücke, folgen dann links der Ismaninger Straße und überqueren die Isarstraße. Von hier geht es nun am linken Isarufer durch die Luitpoldanlagen und die Marzlinger Au bis zur Fahrstraße, der Marzlinger Isarstraße, der wir nach links in den Ort hinein folgen. Beim Alten Wirt biegen wir links in die Freisinger Straße ein und gehen etwas später weiter westlich auf der Tuchinger Straße aus dem Ort hinaus, weiter nach Tuching und nehmen am Ende der Tuchinger Straße dann nach rechts die Alte Poststraße hinunter nach Neustift. Über den Herrenweg und die Angerbadstraße erreichen wir dann die Ottostraße, wechseln noch ein Stück auf die andere Gleisseite und erreichen wieder den S-Bahnhof.

*Das Portal des Doms*

## Sehenswert

Im **Diözesanmuseum** auf der Westseite des Domberges ist eine einzigartige Sammlung sakraler Kunst aus vielen Jahrhunderten zu bewundern. Sie umfasst Votivgaben (z. B. Darstellungen geheilter Körperteile), Hinterglasbilder, Andachtsbilder aus Stein, Holz, Gips, Ton und Textilien, Reliquienfassungen, Andachtsgerät, Amulette, Wachsstöcke, Kreuze, Gnadenbilder, Weihnachtskrippen und vieles mehr. Der Bestand des Diözesanmuseums setzt sich vor allem aus fünf verschiedenen Sammlungen zusammen, die dem Museum übereignet wurden.

**Das älteste deutsche Buch**
Aus Freising stammt das älteste Buch in deutscher Sprache: der „Abrogans". Es ist die Bearbeitung einer lateinischen Sammlung von Synonymen (sinnverwandten Wörtern). Entstanden ist es zwischen 765 und 770 auf Veranlassung von Bischof Arbeo. Benannt wurde es nach dem ersten Stichwort.

# Schlossbesuche in Schleißheim

*Der Blaue Kurfürst ließ zuerst den Park anlegen*

**Abfahrt ab München:** alle 20 Minuten.

**Fahrzeit:** 23 Minuten.

**Fahrpreis:** 2 Zonen/ 4 Streifen, Tageskarte München XXL.

**Rückfahrt:** S1 ab Oberschleißheim.

**Route:** Bahnhof – Altes Schloss – Schloss Lustheim.

**Weglänge:** 6 km.

**Markierung:** grüner Ring (nur zwischen S-Bahnhof und Schlosspark).

**Anspruch:** Ein leichter Spaziergang durch weitläufige Parkanlagen mit Kanälen und Kaskaden. Zugleich ein Ausflug in die Kunst- und Kulturgeschichte des Barockzeitalters in Bayern.

**Einkehren am Weg:** Schleißheim: Schlossgaststätte (B) beim Alten Schloss; Lustheim: Zum Kurfürst (B).

Bei der Anlage des neuen Schlosses legte Kurfürst Max Emanuel, der 1680 die Regierung antrat, großen Wert auf anziehend gestaltete Parkanlagen im französischen Stil nach dem Vorbild von Versailles. Dazu gehörte auch ein System von Kanälen, in das die Isar, der Schwabinger Bach und die Würm einbezogen wurden. Es schuf Wasserwegverbindungen zwischen den Schlössern Nymphenburg, Dachau und Schleißheim.

## Die Wanderung

Am Bahnhof nehmen wir entweder die Mittenheimer Straße nach links, die uns nach Überqueren der S-Bahngleise und später der Freisinger Straße (als Effnerstraße) direkt zum Alten Schloss führt, oder benutzen den östlichen Bahnhofsausgang, gehen dann rechts über die Rotdornstraße zur Mittenheimer Straße. Im

Schlosspark wandert man beliebig zum Schloss Lustheim am Ostende des Parks.

## Sehenswert

Im Gebiet von Schleißheim hatte schon Herzog Wilhelm V. Ende des 16. Jahrhunderts ausgedehnte Ländereien, u. a. vom Domkapitel Freising, erworben und eine große Schwaige und ein Herrenhaus errichtet. 1616 lässt Kurfürst Maximilian I. das frühere Herrenhaus von Heinrich Schön zum Schloss umbauen **(Altes Schloss)**. Seit etwa 1683 plant Kurfürst Max Emanuel (der „Blaue Kurfürst") eine neue Schlossanlage und beauftragt Enrico Zuccalli mit der Ausführung. Zunächst entsteht auf 163 Tagwerk die Parkanlage, an ihrem Ostende zwischen 1684 und 1689 **Schloss Lustheim**. 1701 beginnt der Bau des **Neuen Schlosses**, eines langgestreckten, monumentalen Gebäudes mit einer 330 Meter langen Front. 1704 unterbricht der Spanische Erbfolgekrieg die Bauarbeiten. Der Kurfürst muss ins Exil. 1719 geht der Bau unter Josef Effner weiter, ruht 1727 erneut, und erst 1847/48 unter König Ludwig I. wird das Schloss nach den alten Plänen fertiggestellt. Besonders sehenswert sind das geschnitzte Ostportal, ein Werk Ignaz Günthers, der Treppenaufgang mit einem Gewölbefresko (Venus bei Vulkan) von Cosmas Damian Asam, der von Johann Baptist Zimmermann stuckierte Festsaal und die bedeutende Galerie von Gemälden des europäischen Barock (Teil der Bayerischen Staatsgemäldesammlungen). In Schloss Lustheim ist die Sammlung Schneider frühen Meißner Porzellans zu sehen, die bedeutendste außerhalb Dresdens (Dauerausstellung).

**Krippen im Schloss**

Das Alte Schloss Schleißheim wurde 1944 bei einem Luftangriff fast vollständig zerstört. Bis zu den Olympischen Spielen von 1972 wurden die Außenmauern, in den Folgejahren auch die Innenräume vollständig wiederhergestellt. Das Schloss beherbergt heute die volkskundliche Sammlung Weinhold des Bayerischen Nationalmuseums (Sakrale Krippen aus aller Welt).

*Das Alte Schloss Schleißheim*

# Rundweg durch das Riedmoos

*Ein Badesee lädt unterwegs zur Rast*

*Schloss Schleißheim mit seiner bezaubernden Gartenseite*

Wie an vielen Stellen im Münchener Umland, vor allem im Norden, hat der Kiesaushub für den Bau (der Autobahnen) offene Grundwasserflächen hinterlassen, die vom Erholungsflächenverein der Region München zu Badeseen mit Kiosk, Liegewiesen, Schattenbäumen und Naturschutzbereichen umgestaltet wurden. Einer davon ist der Unterschleißheimer See.

**Abfahrt ab München:** alle 20 Minuten.

**Fahrzeit:** 23 Minuten.

**Fahrpreis:** 2 Zonen/ 4 Streifen, Tageskarte München XXL.

**Rückfahrt:** S1 ab Oberschleißheim.

**Route:** Bahnhof – Riedmoos – Unterschleißheimer See – S-Bahnhof Unterschleißheim – Berglholz.

**Weglänge:** 12 km.

**Markierung:** grünes Quadrat.

**Anspruch:** Leichte Wanderung, meist durch Mooslandschaft, Felder, Wiesen und Weiden ohne Steigungen und mit einem schönen Waldabschnitt am Schluss.

**Einkehren am Weg:** Gastwirtschaft Riedmoos (B); Gaststätte Berglholz (B).

## Die Wanderung

Vom Bahnhof gehen wir auf der Mittenheimer Straße nach rechts in nördliche Richtung, nehmen dann im Ortsteil Mittenheim die Birkhahnstraße nach links, die uns durch Wiesen und Felder nach Riedmoos führt. Weiter geht es wieder nach Norden auf der Würmbachstraße. Bei den letzten Häusern dieses Ortsteils von Unterschleißheim schwenken wir nach rechts und wandern nun in nordöstlicher Richtung zum Unterschleißheimer See. Von hier gehen wir auf dem Furtweg und weiter auf der Straße Im Klosterfeld zum Münchener Ring und überqueren die Le-Cres-Brücke über die S-Bahngleise. Ein Stück weiter links an der St.-Benedikt-Straße liegt der S-Bahnhof Unterschleißheim (Möglichkeit der vorzeitigen Rückfahrt). Wir wandern weiter nach rechts und erreichen auf der Robert-Koch-Straße und dem Meschendorfer Weg nach Unterqueren des Münchener Rings den Waldfriedhof und das Berglholz. Wir durchqueren den Wald, halten uns „Am Stichgartl" rechts und kommen dann nach links auf der Rotdornstraße zum S-Bahnhof Oberschleißheim zurück.

# Nach Marienmühle, Haimhausen und Bergl

*François Cuvilliés' schönstes Schloss steht in Haimhausen*

Haimhausen, erstmals 829 erwähnt, hatte viele Herrn. Im 12. Jahrhundert waren es die Grafen von Valley, nach deren Aussterben fiel es 1310 an Herzog Otto II. von Bayern und blieb im Besitz der Wittelsbacher, verwaltet von Pflegern, bis Herzog Wilhelm V. Schloss und Hofmark einem von ihnen, Theodor Viepeck, zum Lehen gab. Dessen Familie wurde 1615 zu Freiherrn, 1692 zu Reichsgrafen von Haimhau-

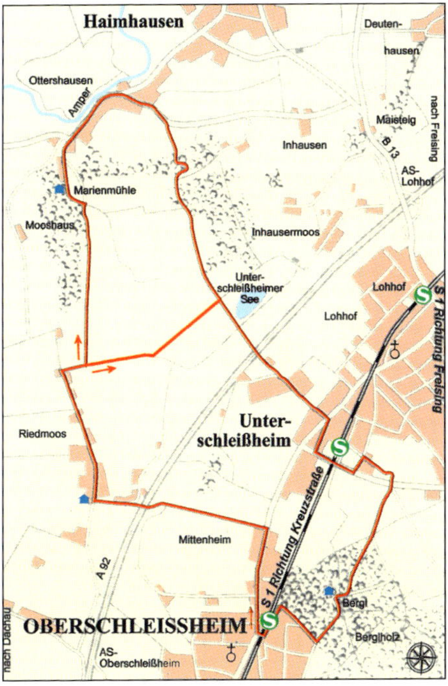


**Abfahrt ab München:** alle 20 Minuten.

**Fahrzeit:** 23 Minuten.

**Fahrpreis:** 2 Zonen/
4 Streifen
Tageskarte München XXL.

**Rückfahrt:** S1 ab Oberschleißheim.

### Parmesan aus Schleißheim

Eine glückliche Hand in der Landwirtschaft hatte Herzog Wilhelm V. Er hatte sich frühzeitig von den Staatsgeschäften zurückgezogen, große Ländereien im Bereich des heutigen Schleißheim erworben und dort eine große Schwaige eingerichtet. Im neuen 44-Zimmer-Herrenhaus (Altes Schloss) beanspruchte er nur zwei Zimmer und eine Kapelle. Die Schwaige war in der Rinder- und Pferdezucht erfolgreich, braute eigenes Bier und stellte als besondere Spezialität Käse nach Schweizer und Parmesanart her.

sen erhoben. Von denen erwarb es 1892 die Industriellenfamilie Haniel.

## Die Wanderung

Vom Bahnhof gehen wir auf der Mittenheimer Straße nach rechts in nördliche Richtung, nehmen dann im Ortsteil Mittenheim die Birkhahnstraße nach links, die uns durch Wiesen und Felder nach Riedmoos führt. Weiter geht es wieder nach Norden auf der Würmbachstraße. Bei den letzten Häusern dieses Ortsteils von Unterschleißheim, die sich an diese Straße reihen, gehen wir nach rechts, wenig später wieder nach links in nördliche Richtung zur Marienmühle und weiter nach Ottershausen und Haimhausen. Dort gehen wir über die Hochstraße und den Mittleren Heuweg die Leiten hinunter wieder nach Süden und weiter zum Unterschleißheimer See. Von hier gehen wir auf dem Furtweg und weiter auf der Straße Im Klosterfeld zum Münchener Ring und nehmen die Le-Cres-Brücke über die S-Bahngleise. Ein Stück weiter links an der St.-Benedikt-Straße liegt der S-Bahnhof Unterschleißheim (Möglichkeit der vorzeitigen Rückfahrt). Wer weiterwandern will, hält sich rechts und erreicht durch die Robert-Koch-Straße und den Meschendorfer Weg nach Unterqueren des Münchener Rings den Waldfriedhof und das Berglholz. Wir durchqueren den Wald, halten uns „Am Stichgartl" rechts und kommen dann nach rechts auf der Rotdornstraße zum S-Bahnhof Oberschleißheim zurück.

**Route:** Riedmoos – Haimhausen – Unterschleißheim.

**Weglänge:** 18 km.

**Markierung:** grünes Dreieck.

**Anspruch:** Eine ausgedehnte Wanderung durch die ebene Mooslandschaft des Dachauer Mooses. Ein kurzer, lohnender Abstecher empfiehlt sich zum sehenswerten Schloss Haimhausen.

**Einkehren am Weg:** Riedmoos: Gaststätte Riedmoos (B); Marienmühle (B); Gaststätte Bergl (B).

## Sehenswert

Zwischen 1747 und 1754 baute der kurfürstliche Hofbaumeister François Cuvilliés d. Ältere im Auftrag des damaligen Reichsgrafen von Haimhausen ein Gebäude des 17. Jahrhunderts zu einem **Rokokoschloss** von schlichter Eleganz um. Es ist ein stattlicher dreigeschossiger Hauptbau mit zweigeschossigen Seitenflügeln. Wohl nach dem Vorbild von Nymphen-

Das Haimhausener Schloss ist nur von außen zu bewundern

burg entstand an der Gartenfront eine doppelläufige Freitreppe. Das Schloss beherbergt heute die private Bavarian International School. Man kann es von außen anschauen. Die Wand- und Deckengemälde (J. G. Bergmüller) und die feinen Stuckaturen im Inneren sind leider nicht öffentlich zugänglich.

Über 50 Flugzeuge, Hubschrauber, Hängegleiter und eine originale EUROPA-Rakete, zahlreiche Bord- und Bodengeräte und eine Ausstellung über die Geschichte des historischen Flugplatzes und seiner Gebäude – das alles findet der Fliegerei-Fan in der **Flugwerft Oberschleißheim**, einem Zweigmuseum des Deutschen Museums auf rund 7800 Quadratmetern Fläche versammelt. Ein kurzer Abstecher auf der Effnerstraße vom Alten Schloss führt dorthin. Geöffnet ist täglich von 9 bis 17 Uhr.

# Nach Mariabrunn und Schönbrunn

*Einst kam die große Welt zu Kur und Konzert*

**Abfahrt ab München:** alle 20/40 Minuten.

**Fahrzeit:** 29 Minuten.

**Fahrpreis:** 3 Zonen/ 6 Streifen, Tageskarte Gesamtnetz.

**Rückfahrt:** S2 ab Röhrmoos.

Ein beliebtes Gasthaus mit schönem Biergarten, eine hübsche kleine Rundkirche, ein efeubewachsener Brunnen, dazu einige Schritte weiter bei klarem Wetter herrliche Aussicht bis zur Alpenkette – in Mariabrunn lässt sich gut Rast machen. Die Kaiserin Elisabeth (Sisi) war auch hier, vor mehr als hundertzwanzig Jahren. Damals war der Flecken ein mondänes Bad mit prominenten Kurgästen von Nah und Fern. Man hatte die Kraft der schon seit 1622 bekannten Heilquelle neu entdeckt und suchte zudem Linderung von allerlei Gebresten bei der „Doktorbäuerin“ Amalie Hohenester und ihren Kräutlein und Mixturen. Sogar einen Rennstall und Kurkonzerte gab es.

**Route:** Arzbach – Unterweilbach – Mariabrunn – Schönbrunn – Rudelzhofen – Biberbach – Riedenzhofen.

**Weglänge:** 16 km.

**Markierung:** grünes Quadrat.

**Anspruch:** Eine Wandertour durch das Dachauer Hügelland ohne große Steigungen mit nur wenigen Waldstrecken; einige lohnende Aussichtspunkte. Für Kinderwagen nicht geeignet.

**Einkehren am Weg:** Mariabrunn: Schlossgaststätte (B).

## Die Wanderung

*Die Kapelle Maria Verkündigung in Mariabrunn mit ihrem auffälligen Dachreiter*

Vom S-Bahnhof gehen wir unter den Bahngleisen hindurch auf der Indersdorfer Straße nach Kleininzemoos und wenden uns dort auf der Arzbacher Straße nach Süden. In Arzbach biegen wir links in den Sommerhausweg ein, der uns nach Unterweilbach führt. Wir überqueren die Bahngleise, und gehen auf der Röhrmooser Straße nach links, bis wir rechts in die Roßwachtstraße einbiegen. Von hier wandern wir am Sietenbach entlang nach Purtlhof, gehen ein gutes Stück weiter auf der Purtlhofer Straße nach rechts, dann nach links den Hang hinauf nach Mariabrunn. Unser Weg setzt sich nun nach Norden fort, ein Stück durch den Wald, über den Lotzbach-Steg, hinauf zum Wasserturm und wieder leicht bergab nach Schönbrunn. Auf wenig befahrenen Straßen kommen wir in nördlicher, dann östlicher Richtung nach Rudelzhofen und wieder nach Norden auf der Fahrstraße nach Biberbach, wo wir links in die Dorfstraße einbiegen. Vor uns liegt nun ein langer gerader Abschnitt bis in Höhe von Riedenzhofen, wo wir uns wieder nach Süden wenden und durch Riedenzhofen auf der Bahnhofstraße wieder zur S-Bahn kommen.

## Sehenswert

Die ehemalige Hofmarkkirche derer von Unertl, **Hl. Kreuzerfindung in Schönbrunn**, ist mit spätbarocker Stuckdekoration ausgestattet. Die 1723/24 erbaute Kirche gilt als frühes, unter dem Einfluss von Josef Effner entstandenes Werk des Baumeisters Johann Baptist Gunetsrhainer.

**Heimstatt für Schwerbehinderte**
Im Ortsteil Schönbrunn von Röhrmoos, seit 1160 urkundlich belegt, wurde 1861 eine Anstalt zur Betreuung geistig und mehrfach behinderter Menschen ins Leben gerufen. Sie wird von den Schönbrunner Schwestern, einem franziskanischen Orden, geführt.

# Nach Sigmertshausen und Großinzemoos

*Eine Erkundungstour im Dachauer Bauernland*

**Abfahrt ab München:** alle 20/40 Minuten.

**Fahrzeit:** 29 Minuten.

**Fahrpreis:** 3 Zonen/ 6 Streifen, Tageskarte Gesamtnetz.

**Rückfahrt:** S2 ab Röhrmoos.

**Route:** Sigmertshausen – Niederroth, Frauenhofen – Großinzemoos.

**Weglänge:** 13 km.

**Markierung:** grünes Dreieck.

**Anspruch:** Eine Wandertour ohne Schwierigkeiten durch das hügelige Dachauer Land, überwiegend auf festen Feldwegen durch offene Fluren; Schatten bieten nur kurze Waldstücke.

**Einkehren am Weg:** Großinzemoos: Landgasthof Brummer.

Ein erster Hinweis auf Röhrmoos findet sich in einer Urkunde aus dem Jahr 774: „Roraga musea“ wird der Ort dort genannt. Seit 1424 ist es eine eigene Pfarrei, seit 1919 Gemeinde. Mit dem Bau der Eisenbahn von München nach Ingolstadt wurde Röhrmoos 1867 Bahnstation.

## Die Wanderung

Vom Bahnhof gehen wir nach rechts zur Schönbrunner Straße, unterqueren nach rechts die Bahngleise und wandern nun nach Süden nahe der Bahn zum Weiler Schillhofen. Von hier geht es in westlicher Richtung durch Ackerland, unterbrochen von einem Wäldchen, nach Sigmertshausen, dann weiter nach Niederroth. Wir wandern durch den Ort und nehmen an seinem Nordende den Feldweg nach Westen zum Weiler Weyhern. Hier gehen wir auf Feldwegen zunächst in nördliche, dann in östliche Richtung, nehmen ein Stück die Fahrstraße Richtung Markt Indersdorf, halten uns aber bald wieder nach rechts, unterqueren die Bahngleise der Linie A und kommen nach Frauenhofen. Wir setzen den Weg in östlicher Richtung fort, gehen durch Großinzemoos, nehmen dann die Pasenbacherstraße nach links. Sie setzt sich als Feldweg fort und bringt uns über die Bahngleise nach Riedenzhofen. Dort geht es nach rechts auf der Bahnhofstraße zum nahen S-Bahnhof zurück.

## Sehenswert

Die Kirche **St. Vitalis in Sigmertshausen** ist ein Spätwerk des berühmten Baumeisters des bayerischen Barock, Johann Michael Fischer, von 1755. Die Deckengemälde aus dem gleichen Jahr tragen die Signatur F. J. Degle.
In der Pfarrkirche **St. Georg in Niederroth** mit spätgotischem Netzgewölbe-Altarraum sind mehrere gute Holzbildwerke des 17. Jahrhunderts zu sehen, darunter besonders eine Sebastiansfigur auf dem südlichen Seitenaltar. Bemerkenswert auch das Altarbild und die Kreuzigungsgruppe im Langhaus.

*St. Vitalis in Sigmertshausen – ein Spätwerk von Johann Michael Fischer*

# Nach Ampermoching und Dachau

*Wanderung durch die Flussauen der Amper*

**Abfahrt ab München:** alle 20/40 Minuten.

**Fahrzeit:** 29 Minuten.

**Fahrpreis:** 3 Zonen/ 6 Streifen, Tageskarte Gesamtnetz.

**Rückfahrt:** S2 ab Dachau (Abfahrt alle 20 Minuten; Fahrpreis: 2 Zonen/4 Streifen).

*Am Brünnlein von Mariabrunn suchte einst die Prominenz Heilung*

Am nördlichen Stadtrand von Dachau beendet die Würm (nach ihr ist die letzte Eiszeit vor rund 12 000 Jahren benannt) ihren nur 35 km langen Weg vom Auslauf aus dem Starnberger See (der hieß früher Würmsee) bis zur Einmündung in die Amper. Ihr Name soll keltischen Ursprungs sein und wie „Isar" die „Reißende, Schnelle" bedeuten. Immerhin hat sie auf ihrem kurzen Weg ein Gefälle von 114 Metern.

## Die Wanderung

Zu unserem ersten Wanderziel – Mariabrunn – gehen wir auf der Bahnhofstraße, nehmen dann nach links die Blumenstraße und weiter die Schönbrunner Straße, biegen rechts in die Unterweilbacher Straße ein und gehen in der Senke beim Lotzbach auf dem Feldweg in östlicher Richtung weiter. Wir bleiben zunächst neben dem Bach, schwenken dann aber nach Südosten und kommen durch das Bründlholz nach Mariabrunn. Von hier gehen wir den Hang hinauf und – ein wenig steil – zur Purtlhofer Straße, die uns links nach Ampermoching führt. Wir verlassen den Ort auf der Haimhauser Straße, überqueren die Amper und biegen gleich rechts auf den Uferweg ein. Bei der Würmmühle wechseln wir auf das andere Ufer, bis wir die Erich-Ollenhauer-Straße erreichen. Hier folgen wir – wieder auf dem anderen Ufer – dem Amperweg. An der Martin-Huber-Straße biegen wir links ein und kommen auf ihrer Verlängerung, der Frühlingstraße, zum S-Bahnhof.

## Sehenswert

Die schöne Dorfkirche **St. Petrus in Ampermoching** stammt aus dem 15. Jahrhundert;

**Route:** Mariabrunn – Ampermoching – Dachau.

**Weglänge:** 13 km.

**Markierung:** grüner Ring.

**Anspruch:** Eine sehr abwechslungsreiche Tour ohne große Schwierigkeiten, die viel bietet: eine reizvolle Waldstrecke, schöne Fernsicht, Auenlandschaft und auch kunstgeschichtlich Interessantes. Für Kinderwagen nicht geeignet.

**Einkehren am Weg:** Mariabrunn: Schlossgaststätte (B); Ampermoching: Gasthaus Großmann, Gasthaus Zur Post.

**KZ-Gedenkstätte**

Traurige Bekanntheit erhielt Dachau während des Naziregimes durch das Konzentrationslager. Die heutige Gedenkstätte erinnert mit einer umfassenden Dokumentation an die Opfer der furchtbaren Geschehnisse von damals. Ein etwa zehnminütiger Abstecher von der Erich-Ollenhauer Straße über die Sudetenlandstraße, den J.-F.-Kennedy-Platz und die Straße der KZ-Opfer führt zur Gedenkstätte.

1839 wurde sie erweitert. Die heutige Einrichtung entstand um 1670. Den Hochaltar krönt eine geschnitzte Figur des Kirchenpatrons St. Petrus auf dem Thron aus dem Jahr 1670. Besonders wertvoll ist eine Muttergottesfigur aus dem 16. Jahrhundert im Langhaus.

# Rundweg um den Karlsfelder See

*Badesee und Rodelberg bieten Erholung am Stadtrand*

**Abfahrt ab München:** alle 20 Minuten.

**Fahrzeit:** 21 Minuten.

**Fahrpreis:** 2 Zonen/ 4 Streifen, Tageskarte München XXL.

**Rückfahrt:** S2 ab Dachau.

In seinem Wappen knüpft der Landkreis Dachau an seine Geschichte an. Aus dem Allodwappen der Wittelsbacher wurde der „Zickzackbalken", heraldisches Symbol des Hausgutes der Wittelsbacher, übernommen. Die Grafen von Dachau gehörten zu einer Nebenlinie der Grafen von Scheyern und Wittelsbach. Sie führten das Zickzack in Rot auf Silber bzw. Weiß. Bei der Hauptlinie der Königsfamilie ist es Gold auf Blau.

## Die Wanderung

Am Ostausgang des S-Bahnhofs wenden wir uns nach rechts und wandern auf der Oberen Moosschwaigestraße und der Augustenfelder Straße nach Süden, überqueren die Theodor-Heuß-Straße und die Ost-West-Umgehung (Bundesstraße 471/E 52), folgen ein Stück der Münchener Straße und gehen dann links in die Bachrainstraße und an ihrem Ende rechts auf der Grünlandstraße weiter. Nach etwa hundert Metern zweigt nach links der Feldweg zum Karlsfelder See

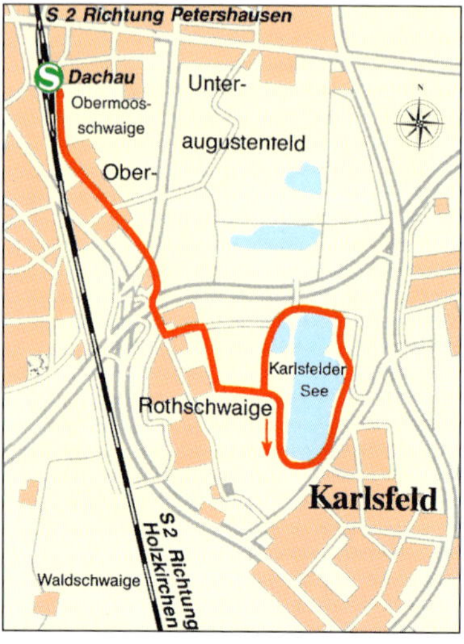


**Route:** Bahnhof – Karlsfelder See – Bahnhof.

**Weglänge:** 8 km.

**Markierung:** grünes Quadrat.

**Anspruch:** Ein angenehmer längerer Spaziergang zum südlichen Stadtteil Rothschwaige und auf befestigtem Feldweg zum See und um den See herum.

**Einkehren am Weg:** Karlsfelder See: Gaststätte am See; bei Abstecher in die Oberstadt: Zieglerbräu (B).

*Die Pfarrkirche St. Jakob in Dachau*

ab, den wir nach etwa 200 m erreichen. Den Rückweg nehmen wir auf der gleichen Route.

## Sehenswert

Nach Plänen von Hans Krumpper entstand 1624/1625 unter Georg Ernst die neue **Pfarrkirche St. Jakob in Dachau**. Es ist eine lichtvolle Renaissance-Pfeilerhalle mit Kreuzgewölbe im Mittelschiff und großen rundbogigen Fenstern. Der spätgotische Altarraum war zuvor 1584-86 von Friedrich Sustris umgebaut worden. Bemerkenswert an der Innenausstattung sind zwei barocke Seitenaltäre (mit neuen Bildern), die lebensgroßen Holzfiguren Christi und der Apostel und des hl. Rasso in Ritterrüstung (um 1625). Die lebensgroße in Silber getriebene Halbfigur des Kirchenpatrons St. Jakob im Altarraum schuf Johann Georg Oxner 1690.

**Naherholung vom Feinsten**
Durch den Kiesabbau der Bahn für den Rangierbahnhof in Allach im Jahre 1940 entstand der Karlsfelder See. Bis 1977 legte der Erholungsflächenverein auf dem rund 580 000 qm großen Gelände ein Naherholungsparadies mit 17 Hektar Liegewiesen, Wasserwachtstation, Gaststätte und einem 20 Meter hohen Rodelberg an. Unterhalten und betreut wird die Anlage vom Landkreis Dachau und der Gemeinde Karlsfeld.

# Rundweg durch die westlichen Amperauen

*Die Amper wird zum Vogelparadies am Stadtrand*

**Abfahrt ab München:** alle 20 Minuten.

**Fahrzeit:** 21 Minuten.

**Fahrpreis:** 2 Zonen/ 4 Streifen, Tageskarte München XXL.

**Rückfahrt:** S2 ab Dachau.

**Route:** Bahnhof – Amperbrücke – Mitterndorf.

**Weglänge:** 10 km.

**Markierung:** grünes Dreieck.

**Anspruch:** Eine reizvolle Wanderung ohne Steigungen durch die westliche Stadt und entlang der breit angestauten Amper durch Auenvegetation und Parkanlagen. Für Kinderwagen nicht geeignet.

**Einkehren am Weg:** Dachau: Alte Liebe (kurzer Abstecher in den Amperauen, Zieglerbräu (B), Schlossgaststätte (Abstecher in die Oberstadt).

Im 19. Jahrhundert entwickelte sich Dachau zu einem weltberühmten Künstlerort. Hunderte von Malern und Schriftstellern zog es in die Amperstadt. Namhafte Künstler lebten für einige Zeit hier, und manche von ihnen schufen hier einige ihrer bedeutendsten Werke. Unter ihnen Carl Spitzweg, Fritz von Uhde und Max Liebermann. Auch Ludwig Thoma gehörte zu den Dachauer Künstlern. Er kam 1894 und blieb drei Jahre.

## Die Wanderung

Am S-Bahnhof nehmen wir die Bahnhofstraße in westliche Richtung, überqueren die Münchener Straße und gehen weiter nach Westen durch die Schillerstraße und auf ihrer Verlängerung, der Ludwig Dill-Straße, am Freibad vorbei bis zur Amperbrücke. Hier biegen wir links auf den Uferweg ein und folgen ihm nun durch die Flussauen bis zur Einmündung Am Kaltenbach. Dann gehen wir nach rechts auf der Eschenrieder Straße über die Amper und bis zum Kanal. Auf dem rechten Kanalufer wandern wir nun in östlicher Richtung, am Elektrizitätswerk vorbei bis zum Wanderer-(Naturfreunde-)heim. Hier überqueren wir auf dem Steg den Kanal und folgen dem Norduferweg durch die Parklandschaft von Mitterndorf bis zur Ludwig-Dill-Straße. Über die Schillerstraße und die Bahnhofstraße geht es dann zum S-Bahnhof zurück.

## Sehenswert

Auf der steilen Tertiär-Anhöhe mit der Altstadt, um die sich in allen Himmelsrichtungen die jüngeren Stadtviertel ausbreiten, gab es im Mittelalter eine gut befestigte Burg. Nach den Plänen von Heinrich Schöttl entstand dort zwischen 1546 und 1573 ein großes **Renaissanceschloss**, von dem heute nur noch der Westflügel erhalten ist. Der große Festsaal birgt ein mythologisches Fries, um 1567 von Hans Thonauer gemalt, und eine reich geschnitzte Kassettendecke, die Hans Wisreuter 1564–67 schuf. 1715 baute der in Dachau geborene Josef Effner das Schloss um. Von ihm stammen der Treppenaufgang und die Gartenfassade. Der schöne Schlossgarten, seine Terrassen reichten früher bis ins Ampertal hinunter, bietet weiten Blick ins Land bis nach München und ins Gebirge.

**Allerlei Wassergetier**
Die Schilfufer der aufgestauten Amper bieten vielen Wasservögeln ideale Futter- und Nistplätze. Zu jeder Jahreszeit kann man hier ungestört von Verkehrslärm viele Entenarten, Blesshuhnfamilien, Schwäne und Teichhühner beobachten. Ein Vogelparadies gleich am Stadtrand.

*Das Dachauer Schloss von der Gartenseite*

# Zur Würmmühle und nach Hebertshausen

*Dachau war einst eine Siedlung in lehmiger Au*

**Abfahrt ab München:** alle 20 Minuten.

**Fahrzeit:** 21 Minuten.

**Fahrpreis:** 2 Zonen/ 4 Streifen, Tageskarte München XXL.

**Rückfahrt:** S2 ab Dachau.

Anno 805 wird Dachau erstmals in einer Urkunde erwähnt, der Name bedeutet etwa „Siedlung in der lehmigen Au". Im 11. Jahrhundert legen die Scheyerner Grafen auf der Anhöhe eine Burg an und begründen eine eigene Linie des Geschlechts. 1182 stirbt die Linie aus, die Grafschaft wird in das Wittelsbacher Landesfürstentum eingegliedert. Die Burg wird Sitz der Landrichter und -pfleger. Die Siedlung, die sich im Schutz der Burg entwickelt hatte, erhält im 13. Jahrhundert Marktrechte. 1934 wird Dachau Stadt, 1973 Große Kreisstadt.

*Vor der Würmmühle fließt die Würm in die Amper*

## Die Wanderung

Unser Weg vom S-Bahnhof führt uns zuerst durch die Frühlingstraße (nach rechts) und die Martin-Huber-Straße zur Amper. Wir folgen dem Amperweg am rechten Ufer entlang bis zur Erich-Ollenhauer-Straße, überqueren nach links die Amper und den Mühlbach, biegen nach rechts in die Amperauen ein und wandern flussabwärts. In Höhe der Würmmühle wechseln wir auf der Alten Römerstraße auf das rechte Ufer, überqueren beim E-Werk die Würm, die hier in die Amper mündet, und kommen an den Sportplätzen vorbei zur Torstraße. Sie führt uns nach Deutenhofen. Auf der Medicusstraße, dem Mühlweg und der von-Mandl-Straße gehen wir durch den Ort und auf Feldwegen nach Hebertshausen. Auf der Mariabrunner und der

**Route:** Würmmühle – Deutenhofen – Walpertshpofen – Etzenhausen.

**Weglänge:** 20 km.

**Markierung:** grüner Ring.

**Anspruch:** Diese abwechslungsreiche, ausgedehnte Wandertour führt uns durch die waldigen Amperauen, durch schöne Waldabschnitte und das weite Hügelland im Norden der Kreisstadt. Sie bietet viele lohnende Ausblicke ins Land.

**Einkehren am Weg:** Dachau: Gaststätte Landfrieden (B) und Zieglerbräu (B, Abstecher zur Oberstadt).

Bahnhofstraße kommen wir zum S-Bahn-Haltepunkt Hebertshausen, wandern auf der Höhe über den Gleisen zur Prittlbacher Straße, wo wir die S-Bahn nach rechts unterqueren und nach Prittlbach wandern. Auf der Dorfstraße und der Kirchstraße, an St. Kastulus vorbei, verlassen wir den Ort und kommen auf Feldwegen nach Süden zum Friedhof am Leitenberg. Der weitere Weg führt hinunter zum Leitenweg, dann auf der Anton-Burgmaier-Straße und der Veltenstraße zur Erich-Ollenhauer-Straße und von hier auf dem Hinweg zur S-Bahn zurück.

## Wissenswert

Älter als die Kreisstadt zu sein, kann sich der Ort **Hebertshausen** rühmen. In einer Urkunde aus dem Jahre 784 ist über „Heriperhteshusun" an der Würm zu lesen. Im 13. Jahrhundert gab es schon einen Ortsadel, im 14. Jahrhundert ein Dorfgericht und seit 1292 eine Pfarrkirche.

# Nach Prittlbach und Etzenhausen

*Ein romantischer Marktplatz mit alten Giebeln*

**Abfahrt ab München:** alle 20 Minuten.

**Fahrzeit:** 21 Minuten.

**Fahrpreis:** 2 Zonen/ 4 Streifen, Tageskarte München XXL.

**Rückfahrt:** S2 ab Dachau.

Das Dachauer Land war 500 Jahre lang Bestandteil der römischen Provinz Rätien. Es wurde von wichtigen Straßen durchzogen: Die Verbindung von Salzburg nach Augsburg, die Straße von Wels nach Augsburg und die Abzweigung von der Römerstraße in Erdweg nach Freising. Die Trassen blieben bis ins 13. Jahrhundert die Hauptverkehrswege.

## Die Wanderung

Über die Frühlingstraße (nach links), die Martin-Huber-Straße und die Martin-Huber-Treppe erreichen wir das erste Wanderziel: Die alte Oberstadt mit Markt, Rathaus, Pfarrkirche und Schloss. Von hier wandern wir auf der Gottesackerstraße und der Herbststraße den Altstadtberg auf der Nordseite hinunter, überqueren die Mittermayerstraße und gehen dann auf der von-Hohenhausen-Straße, der Kohlbeckstraße (rechts), der Hochstraße (links) und der Krankenhausstraße (rechts) zum Waldfriedhof. Auf dessen Nordseite überqueren wir die Bahngleise, wandern weiter nach Norden zum Ortsteil Steinkirchen und um den Hohen Berg (526 m) herum, nun in östlicher Richtung, nach Prittlbach. Kurz vor der Kirche St. Kastulus schwenken wir

*St. Kastulus in Prittlbach*

**Route:** Bahnhof – Oberstadt – Waldfriedhof – Steinkirchen – Prittlbach – Etzenhausen.

**Weglänge:** 12 km.

**Markierung:** grüner Punkt.

**Anspruch:** Viel zu sehen gibt es auf dieser Wanderung: den Altstadtmarkt, die Hügellandschaft mit lohnenden Aussichtspunkten und schließlich die Flussauen der Amper. Dabei geht es immer wieder bergauf (manchmal auch steiler) und bergab. Für Kinderwagen nicht geeignet.

**Einkehren am Weg:** Dachau: Zieglerbräu (B, Abstecher in die Oberstadt).

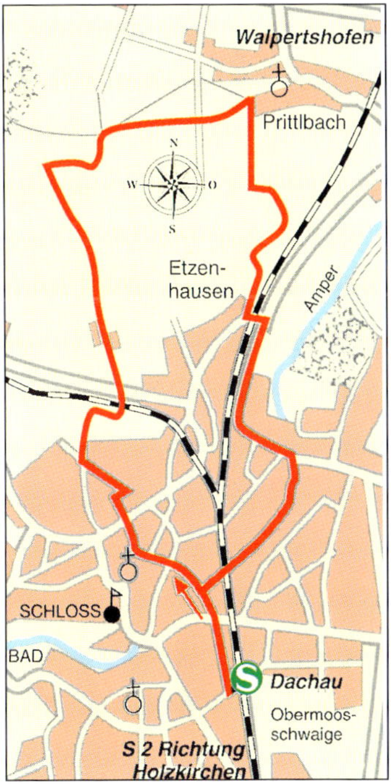


wieder nach Süden und gehen zum Friedhof auf dem Leitenberg. Von hier geht es auf steiler Treppe zum Leitenweg hinunter nach Etzenhausen. Wir überqueren die Bahngleise und nehmen nun den Weg stadteinwärts auf der Anton-Burgmaier-Straße, der Veltenstraße zur Erich-Ollenhauer-Straße. Auf dem Amperweg, der Martin-Huber-Straße und der Frühlingstraße kommen wir wieder zum S-Bahnhof.

## Sehenswert

Eine lange Irrfahrt hat die zwischen 1564 und 1566 vom Münchener Kistler Hans Wisreutter geschaffene prunkvolle **Holzdecke des Festsaales** im Dachauer Schloss hinter sich. 1866 kam sie in das neugegründete Bayerische Nationalmuseum und zierte dort den Dachauer Saal. Der Festsaal in Dachau – 1908 wieder zu kulturellem Leben erweckt – erhielt 1912 zunächst ein an die Decke gemaltes Abbild des Originals. Letzteres wanderte nach dem Zweiten Weltkrieg in ein Baudepot in Nymphenburg, wo es bis 1959 gründlich restauriert wurde. Seit März 1979 ziert die Decke wieder den Prunksaal in Schloss Dachau.

# Rundweg um den Olchinger See

*Ein Geheimtipp für nasse und eisige Erholung*

**Abfahrt ab München:** alle 20 Minuten.

**Fahrzeit:** 24 Minuten.

**Fahrpreis:** 2 Zonen/ 4 Streifen, Tageskarte München XXL.

**Rückfahrt:** S8 ab Olching.

**Route:** Bahnhof – Olchinger See – Seeumrundung – Bahnhof.

**Weglänge:** 6 km.

**Markierung:** grünes Quadrat.

**Anspruch:** Ein erholsamer Spaziergang durch Einzelhaussiedlung. Wir gehen im Ort und um den See herum auf ebenen Asphaltgehsteigen und -wegen.

**Einkehren am Weg:** Olchinger See: Seegarten (B), Seeschenke.

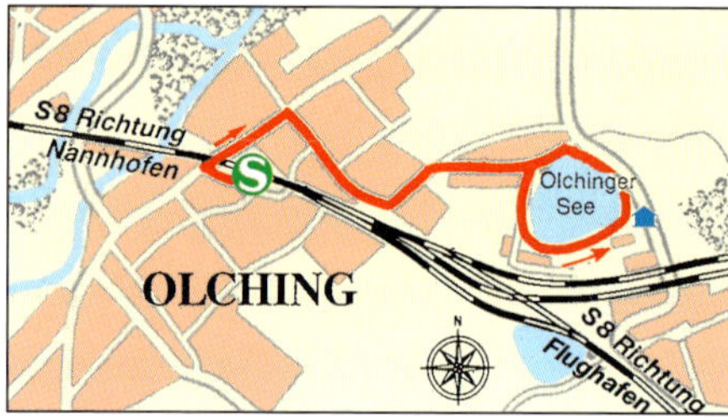


Auch der Olchinger See verdankt seine Entstehung dem Kiesbedarf (der Bahn). Seine heutige Gestaltung als attraktiver Badesee am Olchinger Ortsrand mit Liegewiesen, Spielplätzen, Restaurant und Kiosk ist das Werk des Erholungsflächenvereins. Wenn das Wetter mitspielt, wandelt sich der See im Winter zu einem Dorado der Schlittschuhläufer und der Eisstockschützen.

## Die Wanderung

Am Bahnhof gehen wir nach rechts zur Hauptstraße und unter den Gleisen hindurch, weiter auf der Feursstraße (nach der französischen Partnerstadt Feurs benannt) bis zur Daxerstraße. Hier biegen wir nach rechts ein, gehen bis zum Ende der Daxerstraße und weiter auf ihrer Verlängerung, der Max-Reger-Straße.

**Kurfürstlicher Jagdgrund**

Vor allem zur Jagd kam der spätere Kurfürst Maximilian I. nach Graßlfing. Der Ort hatte es ihm offenbar angetan, denn 1609 machte er aus dem „einschichtigen Bauerngut" eine Schwaige, die er um 3000 Tagwerk zugekauften Moosgrund vergrößerte. Auch eine kleine Marienkapelle ließ er errichten. Schwaige und Kapelle brannten 1681 vollständig nieder.

*Ausgedehnte Liegewiesen am Badeparadies des Olchinger Sees*

Dann folgen wir nach halbrechts der Neufeldstraße, an deren Ende wir nach wenigen Schritten zur Rechten den Olchinger See erreichen. Wir spazieren um den See herum und auf der Route des Hinwegs zurück zum Wanderbahnhof.

## Sehenswert

Die Pfarrkirche **St. Peter und Paul in Olching** wurde 1901 als neuromanische Basilika vollendet. Es ist ein dreischiffiger Bau mit flacher Kassettendecke, errichtet neben einer früheren kleinen, rund tausend Jahre alten Kirche, die 1903 samt Friedhof abgetragen wurde. Olching ist eine bayerische Siedlung, deren Anfänge wohl im 6. Jahrhundert liegen. Aus älterer Zeit sind noch drei Altäre in einer rückwärtigen Kapelle (um 1700) und gute Holzfiguren der Muttergottes sowie der Kirchenpatrone Petrus und Paulus (aus der Zeit um 1500) erhalten. Die Fresken mit Darstellungen aus dem Leben der beiden Kirchenpatrone schuf zwischen 1922 und 1935 Josef Bergmann.

# Durch die Amperauen nach Dachau

*Für Ludwig Thoma war es Liebe auf den ersten Blick*

**Abfahrt ab München:** alle 20 Minuten.

**Fahrzeit:** 24 Minuten.

**Fahrpreis:** 2 Zonen/4 Streifen, Tageskarte München XXL.

**Rückfahrt:** S2 ab Dachau (Abfahrt alle 20 Minuten; Fahrpreis: 2 Zonen/4 Streifen).

**Route:** Graßlfing – Neuhimmelreich – Dachau.

**Weglänge:** 12 km.

**Markierung:** grünes Dreieck.

**Anspruch:** Eine ausgedehnte Wanderung durch ebene Flur und die reizvollen Amperauen. Nicht geeignet für Kinderwagen.

**Einkehren am Weg:** Dachau: Zieglerbräu (B, Abstecher in die Oberstadt).

Liebe auf den ersten Blick empfand Ludwig Thoma 1894 bei einem ersten Besuch in der Dachauer Altstadt. In seiner Erinnerung liest sich das so: „Wie wir den Berg hinaufkamen und der Marktplatz mit seinen Giebelhäusern recht feierabendlich vor mir lag, überkam mich eine starke Sehnsucht, in dieser Stille zu leben." Er besann sich nicht lange, blieb und hat es nicht bereut. Sein einstiges Wohnhaus steht in der Augsburger Straße 13 am Fuß der Altstadthöhe.

## Die Wanderung

Vom Bahnhof gehen wir die wenigen Schritte zur Hauptstraße, die sich nach rechts als Feursstraße fortsetzt. Wir unterqueren die Bahngleise und biegen nach etwa 400 Metern rechts in die Daxerstraße ein. An ihrem Ende geht es links auf der Max-Reger-Straße weiter, dann nach rechts auf der Neufeldstraße bis zum Nordzipfel des Olchinger Sees. Dort gehen wir

nach links auf der Ascherbachstraße neben dem Bachlauf bis Graßlfing in nördliche Richtung und nehmen nun den Marienweg nach rechts, überqueren die Autobahn (A 8) und biegen dann nach links auf den Josef-Kistler-Weg ein. Wenig später schwenken wir vor den Kläranlagen nach rechts in die Wehrstraße ein. Nach kurzer Strecke erreichen wir das Amperufer, dem wir nun, die Fahrstraße nach Feldgeding über- und die Schnellstraße (B 471) unterquerend, folgen bis zur Eschenrieder Straße. Hier gehen wir nach rechts in Richtung Neuhimmelreich. An der Straße „Am Kalterbach" wenden wir uns wieder nach links und kommen wieder in die Amperauen. Wir bleiben auf dem Uferweg bis zur Ludwig-Dill-Straße. Hier halten wir uns rechts, gehen am Stadtbad vorbei und weiter auf der Schillerstraße und der Bahnhofstraße zur S-Bahn. Eine Wegalternative: Auf der Eschenriederstraße ein kurzes Stück nach links, über die Amperbrücke, dann wieder rechts auf dem Damm zum Kraftwerk und weiter auf dem nördlichen Amperufer bis zur Ludwig-Dill-Straße und zum S-Bahnhof.

*Die „neue" Pfarrkirche St. Peter in Olching*

**Garten im Wandel**

Die ursprüngliche Hofgartenanlage im Stil italienischer Villengärten schuf Friedrich Sustris in Dachau Ende des 16. Jahrhunderts. Anfang des 18. Jahrhunderts wurden Schloss und Garten grundlegend verändert. Der kleinteilige Garten entsprach nicht mehr den barocken Vorstellungen. In dieser Zeit entstand der bis heute erhaltene Lindenlaubengang und die rechteckige Gartenanlage mit Mittelachse. Der außerhalb der Mauerumfriedung Ende des 18. Jahrhunderts von Hofgärtner Stolanus Mayr angelegte Englische Garten ist erhalten, wenn auch teilweise überwachsen. Auf den abrutschgefährdeten Hängen des Schlossgartens wächst heute Niederwald.

# Unter den Amperleiten nach Schöngeising

*Der Hofkapellmeister hatte hier sein Landhaus*

**Abfahrt ab München:** alle 20 Minuten.

**Fahrzeit:** 26 Minuten.

**Fahrpreis:** 2 Zonen/ 4 Streifen, Tageskarte Gesamtnetz.

**Rückfahrt:** S4 ab Schöngeising (Abfahrt alle 20/40 Minuten; Fahrpreis: 3 Zonen/ 6 Streifen).

**Route:** Engelsberg – Zellhof – Wasenmeister – Bahnhof Schöngeising.

**Weglänge:** 7 km.

**Markierung:** grünes Quadrat.

**Anspruch:** Ein schöner Weg durch das Ampertal, vielfach schattig am Waldrand, später durch freie Flur. Es gibt nur geringe Steigungen.

**Einkehren am Weg:** Schöngeising: Zum unter'n Wirt (B), Zur Post (B).

Der Begriff Leite/Leiten wie in Amperleite, Seeleiten oder Hochleite leitet sich aus der indogermanischen Wurzel „klei" für neigen, lehnen ab. Althochdeutsch wird es zu (h)lita, mittelhochdeutsch zu lite und meint Abhang. Unsere Wörter Lehne und Leiter haben den gleichen Ursprung.

## Die Wanderung

Am Bahnhof gehen wir links die Bahnhofstraße hinunter, dann links durch die Fußgänger-Bahnunterführung und biegen gleich wieder rechts auf den Fußweg am Waldrand neben den Bahngleisen ein. Am Wegende beim Ortsteil Engelsberg gehen wir rechts die Stufen hinunter zur Straßenunterführung und nehmen nun nach links die Zellhofstraße, die uns un-

*Die Kapelle des Gutes Zellhof bei Schöngeising*

terhalb der Amperleiten zunächst durch die waldigen Amperauen, später durch freie Flur nach Zellhof und weiter zum Wasenmeister führt. Wir gehen auf der Holzhausener Straße ein Stück nach rechts, biegen dann rechts ein, überqueren auf Stegen die beiden Amperarme und kommen auf der Kirchstraße nach Schöngeising. Von hier wandern wir auf der Brucker Straße, der Amperstraße und der Bahnhofstraße leicht bergauf in nördlicher Richtung zum etwa 2 km entfernten S-Bahnhof.

## Sehenswert

Die **Pfarrkirche St. Johannis** in Schöngeising beging 1999 ihr 300-jähriges Bestehen. Sie birgt auf dem südlichen Seitenaltar eine sehr gute Muttergottesfigur von Melchior Seidl aus dem Jahr 1691. In der Kirche fand der Komponist und Münchener Hofkapellmeister Orlando di Lasso (gestorben 1594) seine letzte Ruhestätte (Grabstein).

### Orlando ruht(e) in Schöngeising

Er war einer der begabtesten Musiker und einer der fleißigsten zugleich. An die 2000 Musikwerke hat er geschrieben, darunter 1200 Motetten, 100 Magnifikatkompositionen, 50 Messen und über 450 Villanellen, Madrigale, Chansons und Lieder: der Komponist Orlando di Lasso. Etwa 1532 in Mons in den Niederlanden geboren, erhielt er seine Ausbildung in Italien, war 1553 Kapellmeister am Lateran in Rom. Herzog Albrecht V. berief ihn 1556 nach München und 1564 zum Hofkapellmeister. Von Kaiser Maximilian II. wurde er geadelt, vom Papst zum Ritter vom Goldenen Sporn ernannt. In Schöngeising besaß er ein Landhaus, ein Geschenk Herzog Wilhelms V., wo er sich von seiner unermüdlichen Arbeit erholte. 1594 starb er in München. In Schöngeising ist er begraben.

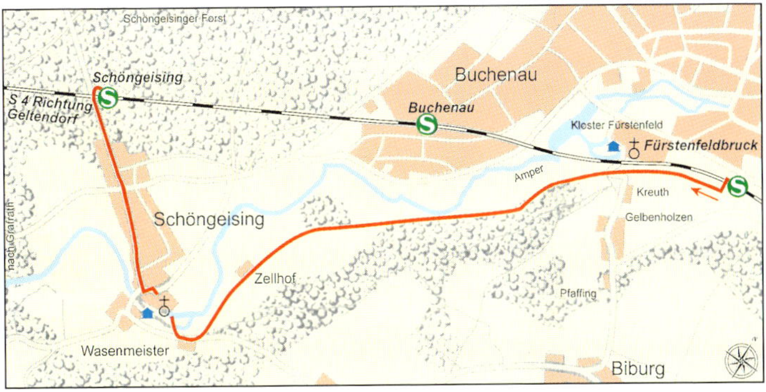

# Über Rothschwaig nach Schöngeising

*Mit rasend-blinder Eifersucht fing alles an*

**Abfahrt ab München:** alle 20 Minuten.

**Fahrzeit:** 26 Minuten.

**Fahrpreis:** 2 Zonen/4 Streifen, Tageskarte Gesamtnetz.

**Rückfahrt:** S4 ab Schöngeising (Abfahrt alle 20/40 Minuten; Fahrpreis: 3 Zonen/ 6 Streifen).

**Route:** Kloster Fürstenfeld – Rothschwaig – Bahnhof Schöngeising.

**Weglänge:** 7 km.

**Markierung:** grünes Dreieck.

**Anspruch:** Schöne Waldwanderung, meist durch hohen Mischwald und auf festen Schotterwegen.

**Einkehren am Weg:** Fürstenfeld: Klosterstüberl (B).

Eine wahrhaft barocke Bauleidenschaft kennzeichnete den frommen Mann: Balduin Helm, 1690 zum Abt des Klosters Fürstenfeld berufen. Unter seinem Vorgänger Martin Dallmayr waren zwar die übelsten Schäden ausgemerzt, die schwedische Marodeure gleich viermal während des Dreißigjährigen Krieges angerichtet hatten, und die gotische dreischiffige Backsteinkirche restauriert worden. Aber Abt Helm dachte und baute in größeren Dimensionen: 1691 erstand ein neuer Klosterbau, ab 1701 die neue gewaltige Kirche.

## Die Wanderung

Vom Bahnhof gehen wir nach links die Bahnhofstraße hinunter, dann links durch die Fußgänger-Bahnunterführung und biegen gleich wieder rechts auf den Fußweg am Waldrand neben den Bahngleisen ein. Nach einem kurzen Wegstück gehen wir rechts die Stufen der Bahnunterführung hinunter und weiter nach rechts zur Klosteranlage. Hier wandern

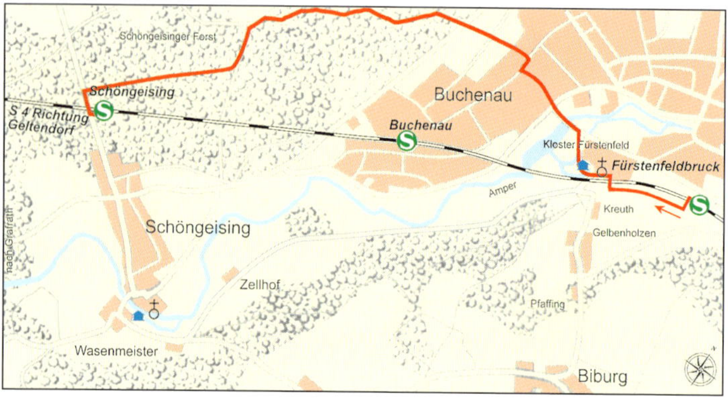

wir nach links auf der Fürstenfelder Straße, überqueren die Schöngeisinger Straße und gehen weiter geradeaus auf der Rothschwaiger Straße in westlicher Richtung. Am Ortsende überqueren wir die Durchgangsstraße (B 471) und betreten den Forst. Immer geradeaus erreichen wir das Gut Rothschwaig. Wir bleiben am Südrand der Rodungsinsel und halten uns mehr südlich auf dem Rothschwaiger Weg, bis wir beim Kreuz-Geräumt links einbiegen und nun auf schnurgeradem Waldweg bis zur Römerstraße wandern. Ein kurzes Stück weiter nach links erreichen wir von hier den S-Bahnhof Schöngeising.

**Ein verzweifelter Fürst**

Große Liebe, blinde Eifersucht, nackte Verzweiflung – das sind die Lebensstationen des unglücklichen Bayernherzogs Ludwig II. 1254 heiratet er die Tochter Marie des Herzogs von Brabant, für beide war es die große Liebe. 1256 lässt er sie, rasend vor Eifersucht, wegen vermeintlicher Untreue während seiner längeren Abwesenheit, durch das Schwert hinrichten. Kurz danach wird ihre Unschuld offenbar. Der Herzog ist verzweifelt und sucht Vergebung von seiner Schuld. Papst Alexander IV. trägt ihm als Buße die Gründung eines Klosters auf. 1263 lassen sich die Mönche (Zisterzienser aus Aldersbach) im Ampertal „auf des Fürsten eygen feldt" nieder.

## Sehenswert

An der Stelle einer mittelalterlichen Anlage von 1263, von der nichts mehr erhalten ist, steht heute die **Kirche Mariä Himmelfahrt** des ehemaligen Klosters Fürstenfeld. Das Gotteshaus zählt zu den eindrucksvollsten Barockbauten Bayerns. Es wurde 1701 nach Plänen von Giovanni Antonio Viscardi begonnen und zwischen 1718 und 1736 von J. G. Ettenhuber zu Ende geführt. 1754 wurde auch der Turm mit Helmkuppel fertiggestellt. 1766 ist die Innenausstattung mit leuchtenden Gewölbefresken, rotgrauen Stuckmarmorsäulen mit vergoldeten Kapitellen und üppiger Stuckornamentik vollendet. Bedeutende Künstler der Barockzeit schufen das Gesamtkunstwerk, in dem sich italienischer und deutscher Barock verbinden, darunter Cosmas Damian Asam (Gewölbefresken), Egid Quirin Asam (Seitenaltäre und Stuckmarmor im Langhaus), Francesco Appiani (Stuckornamentik im Altarraum), Ignaz Baldauff (Seitenaltarbilder) und Johann Fuchs (zweimanualige Orgel von 1733, die einzige vollständig erhaltene aus dieser Zeit).

*Über dem Amperstausee ragt die Klosterkirche Fürstenfeld auf*

# Zum Kaiser-Ludwig-Monument nach Puch

*Nach langer Irrfahrt fand Edigna Wohnung im Lindenstamm*

**Abfahrt ab München:** alle 20 Minuten.

**Fahrzeit:** 26 Minuten.

**Fahrpreis:** 2 Zonen/ 4 Streifen, Tageskarte Gesamtnetz.

**Rückfahrt:** S4 ab Fürstenfeldbruck.

**Route:** Kloster Fürstenfeld – Puch – Buchenau – Bahnhof Fürstenfeldbruck.

**Weglänge:** 12 km.

**Markierung:** grüner Ring.

**Anspruch:** Ein abwechslungsreicher Wanderweg, meist durch freie Flur, etwa ein Drittel durch Forst und am Waldrand entlang. In Puch geht es recht steil hinauf und bergab, deshalb für Kinderwagen nicht zu empfehlen.

**Einkehren am Weg:** Fürstenfeld: Klosterstüberl.

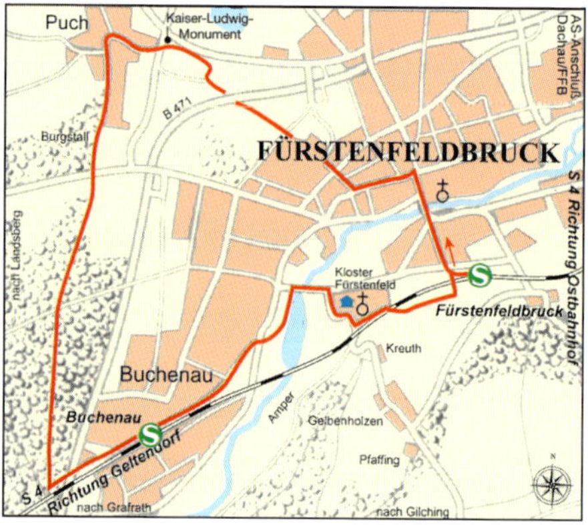


Auf dem Friedhof vor der Dorfkirche von Puch auf der Anhöhe wächst die tausendjährige Edigna-Linde. Nach der Legende kam die Tochter Heinrichs I. von Frankreich auf der Flucht vor ungewollter Ehe nach Puch und nahm einer himmlischen Eingebung folgend die hohle Linde zur Wohnung. Als Klausnerin lebte sie dort bis zu ihrem Tod im Jahre 1109. Die Legende weiß außerdem, dass einst aus dem Lindenstamm heilkräftiges Öl floss. Als die Bewohner begannen, damit Handel zu treiben, blieb es aber aus.

## Die Wanderung

Vom Bahnhof gehen wir nach links auf der Bahnhofstraße in die Stadt. Beim Stadtpark halten wir uns halblinks, überqueren die Amper und erreichen die Schöngeisinger Straße. Hier gehen wir wenige Meter nach rechts, biegen dann links in die Viehmarktstraße ein, wenig später erneut links in die Ludwigstraße. An deren Ende gehen wir rechts auf der Puchermühlstraße und ihrer Fortsetzung, der Theodor-Heuss-Straße, weiter. Am Stadtrand behalten wir die westliche Richtung auf dem Herrenweg bei. An der Weggabelung halten wir uns rechts, unterqueren die Augsburger Straße (B 2) und folgen ihr das kurze Stück bis zum Kaiser-Ludwig-Monument. Von hier wandern wir auf der Denkmalstraße in den Ort Puch und hinauf zur Kirche St. Edigna und Sebastian. Wir verlassen Puch auf der Kaiser-Ludwig-Straße, überqueren die Landsberger Straße und wandern nun durch den Forst nach Süden, bis wir die S-Bahn-Gleise erreichen. Hier schwenken wir nach links, bleiben neben den Gleisen auf der Industriestraße, später der Buchenauer Straße, der wir bis zur Schöngeisinger Straße folgen. Wir biegen links ein, nach knapp 100 Metern wieder nach rechts zum Stausee und an dessen Ufer nach links bis zur Fürstenfelder Straße, der wir nach rechts bis zur Klosteranlage folgen. Hier gehen wir erneut nach rechts, dann um das Marienmünster herum. Unterhalb der Gleise wandern wir nun ein kurzes Stück in östlicher Richtung, unterqueren die Gleise nach rechts durch die Fußgängerunterführung und folgen ihnen dann am Waldrand auf der anderen Seite. Kurz vor dem Bahnhof gehen wir erneut unter den Gleisen hindurch und auf der Bahnhofstraße nach rechts zur S-Bahn.

## Sehenswert

Die **Wallfahrtskirche St. Edigna und Sebastian** in Puch ist ein flachgedeckter Saalbau aus dem 15. Jahrhundert, der 1714 und 1740 ein neues Langhaus erhielt. Aus der Umbauzeit stammt der anmutige Stuck mit Blumen und Engeln. Den Altarraum zieren die Statuetten der beiden Kirchenpatrone aus dem 18. Jahrhundert.

**Der Tod kam bei der Bärenjagd**

Unterhalb der Anhöhe von Puch liegt der Kaiseranger. Hier erlag Kaiser Ludwig der Bayer 1347 bei der Bärenjagd in den Armen eines einfachen Bauern einem Herzschlag. Seine letzten Worte waren nach der Überlieferung: „suezze künigin, unser frouwe, bis pei miner schidung". Im Auftrag von König Ludwig I. wurde dem Kaiser 1796/97 ein Denkmal errichtet. R. A. Boos hat es entworfen. Es steht nicht im Kaiseranger, sondern etwa 200 Meter östlich von Puch an der Bundesstraße 2.

*Das Kaiser-Ludwig-Monument bei Puch*

# Durch den Forst nach Jesenwang

*In St. Willibald treten die Rösser vor den Altar*

**Abfahrt ab München:** alle 20/40 Minuten.

**Fahrzeit:** 34 Minuten.

**Fahrpreis:** 3 Zonen/ 6 Streifen, Tageskarte Gesamtnetz.

**Rückfahrt:** S4 ab Schöngeising.

**Route:** Waldhaus – Jesenwang – Landsberied – Bahnhof Schöngeising.

**Weglänge:** 11 km.

**Markierung:** grünes Quadrat.

**Anspruch:** Eine reizvolle Wanderung mit langen Waldabschnitten überwiegend auf festen Forstwegen durch leicht hügeliges Gelände, es geht aber nur einmal etwas steiler bergab (Schlossberg). Für Kinderwagen nicht geeignet.

**Einkehren am Weg:** Jesenwang: Huberwirt (Abstecher).

Die Wallfahrtskirche St. Willibald, von hohen Bäumen umstanden, allein in der Flur knapp 2 km östlich von Jesenwang (ein kurzes Stück abseits vom Wanderweg nach Norden) ist alljährlich einmal Ziel von Reitern und Gespannen aus der nahen und ferneren Umgebung. Die Kirche öffnet dann ihre beiden großen seitlichen Hügeltore, und die lange Prozession zieht durch die Kirche am Altar vorbei zur Pferdesegnung.

## Die Wanderung

Am Bahnhof überqueren wir die Römerstraße und gehen auf dem Fußweg neben den Gleisen am Waldrand in westliche Richtung (Fahrtrichtung aus München). Nach etwa einem Kilometer wenden wir uns nach rechts in den Hochwald hinein, in dem wir nun auf breitem Forstweg weiterwandern.
Bis zum Waldhaus sind etwa 2 km zu gehen. Nach einem weiteren km erreichen wir den Waldrand und gehen nach Jesenwang, das in

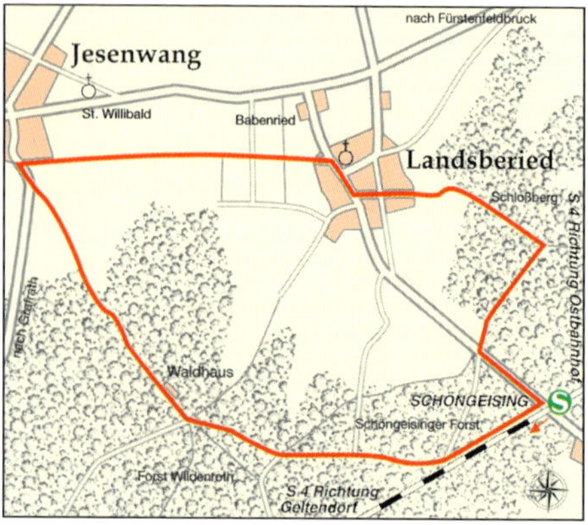

weitem Ackerland vor uns liegt. Kurz vor dem Ort biegen wir nach rechts auf einen Feldweg ein, der uns fast schnurgerade nach Landsberied führt. Wir gehen auf der Babenrieder Straße (nach rechts) und der Hauptstraße durch den Ort, biegen an der Schlossbergstraße nach links ein und treten wenig später wieder in den Forst ein. Unser Weg führt nun am Wasserturm des Schlossbergs vorbei, dann einen steilen Schluchtweg bergab und zur etwa einen Kilometer entfernten Weggabelung. Hier halten wir uns rechts und stoßen bald darauf auf die Römerstraße. Zum S-Bahnhof sind es jetzt noch etwa 500 Meter (nach links).

*Prächtig geschmücktes Fuhrwerk auf dem Weg zur Pferdesegnung in Jesenwang*

## Sehenswert

Den Grundstein zur **Wallfahrtskirche St. Willibald** legte 1414 der Fürstenfelder Abt Johann II. von Bibrach; 1478 wurde sie um das Langhaus mit zwei seitlichen Toren zum Durchführen des Viehs erweitert. Im Langhaus mit flacher gotischer Holzdecke finden sich Reste von Bemalung. Zum Hochaltar von 1671 gehört eine Sitzfigur des hl. Willibald (um 1500), darüber eine weitere Figur des Heiligen aus dem Ende des 15. Jahrhundert, an den Seitenaltären Gemälde einer Mondsichelmadonna und des hl. Bernhard aus dem Anfang des 18. Jahrhunderts. Das Gemälde des Kirchenpatrons an der Nordwand entstand 1712.

**Segen von St. Willibald**
Es ist uralter Brauch, Pferde von ihrem Schutzpatron segnen zu lassen. Nach St. Willibald kam einst sogar der Abt von Fürstenfeld geritten. Der Blick auf den Altar schütze, so glaubte man, die Tiere im kommenden Jahr vor Unheil. Sogar die Streu vor dem Altar wurde eingesammelt und unters Futter gemischt.

# Über Zellhof nach Fürstenfeldbruck

*Der Posthalter rettete das Gotteshaus vor Granaten*

**Abfahrt ab München:** alle 20/40 Minuten.

**Fahrzeit:** 34 Minuten.

**Fahrpreis:** 3 Zonen/6 Streifen, Tageskarte Gesamtnetz.

**Rückfahrt:** S4 ab Fürstenfeldbruck (Abfahrt alle 20 Minuten; Fahrpreis: 2 Zonen/ 4 Streifen).

Wie zerstört man am kostengünstigsten eine Barockkirche? Die Frage stellten sich vor fast 200 Jahren die Säkularisierer. Sie meinten das Marienmünster des Klosters Fürstenfeld. Ihre Lösung hieß: Mit Kanonensalven zusammenschießen, weil sich kein Käufer für das Gotteshaus gefunden hatte und dem Staat die Baulast zur Erhaltung zu hoch erschien. Beherzte Bürger von Bruck unter der Führung des Posthalters Philipp Weiß verhinderten die Zerstörung. Mit Hilfe des Grafen Spreti erreichten sie bei Minister Montgelas die Erhaltung des Münsters wegen seines hohen Kunstwertes. Das Marienmünster wurde 1816 königliche Landhofkirche, das Königreich übernahm die Baulast.

## Die Wanderung

Vom Bahnhof gehen wir leicht bergab zum etwa 2 km entfernten Ort Schöngeising. Wir durchqueren Schöngeising auf der Amperstraße, der Brucker Straße (links) und der Kirchstraße (rechts), überqueren die beiden Amperarme auf den Fußgängerstegen und nehmen dann beim Wa-

*Die Schöngeisinger Pfarrkirche St. Johannis*

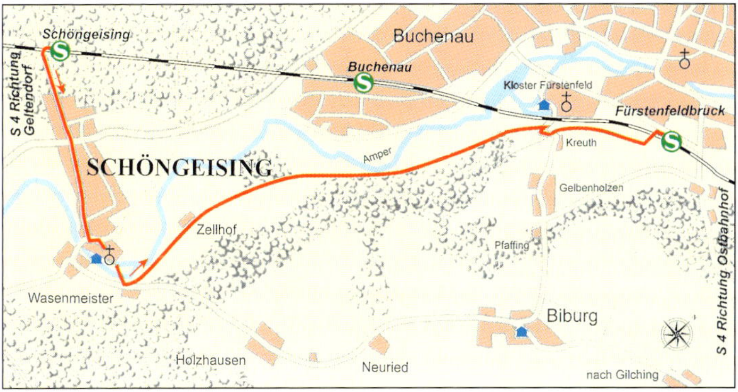


senmeister die Zellhofstraße nach links. An Gut und Kapelle Zellhof vorbei bleiben wir nun in den Amperauen unterhalb der Amperleiten. Fürstenfeldbruck erreichen wir beim Ortsteil Engelsberg. Hier unterqueren wir die Bahngleise und gehen durch das Klostergelände. Kurz hinter der ehemaligen Klosterkirche wechseln wir über die Fußgängerstiegen auf die andere S-Bahnseite und wandern bis zur nächsten Unterführung. Auf der Nordseite der Gleise erreichen wir auf der Bahnhofstraße nach etwa hundert Metern den S-Bahnhof.

## Wissenswert

„Statio ad ambras“ (Amperstation) hieß Schöngeising an der alten Salzstraße nach Augsburg einst bei den Römern. Sie hatten dort sogar ein Bad eingerichtet – das Moorwasser der Amper galt ihnen als heilkräftig, vor allem gegen den Rheumatismus, der sie im rauhen Klima Germaniens plagte. Seinen heutigen Namen hat der Ort nach dem Geschlecht der Geisinger. Die Vorsilbe „Schön“ setzte die Hofmarkverwaltung zum Unterschied von Kottgeisering hinzu. Aus mittelalterlicher Zeit stammen die beiden „Heigensäulen“ (Heiligensäulen) mit Nischenhäuschen in Schöngeising. Eine, aus vier Säulen gebildet, steht im Pfarrgarten, die andere an der Amperstraße 22.

**Route:** Schöngeising – Ort – Zellhof – Kloster Fürstenfeld – Bahnhof Fürstenfeldbruck.

**Weglänge:** 7 km.

**Markierung:** grünes Dreieck.

**Anspruch:** Ein schöner Weg durch das Ampertal, zuerst durch freie Flur, später schattig am Waldrand. Es gibt nur geringe Steigungen.

**Einkehren am Weg:** Schöngeising: Zum unter'n Wirt (B), Zur Post (B); in Fürstenfeldbruck: Klosterstüberl (B).

# Rundweg zum Kloster Fürstenfeld

*In Bruck steht eine der schönsten Barockkirchen Bayerns*

**Abfahrt ab München:** alle 20/40 Minuten.

**Fahrzeit:** 34 Minuten.

**Fahrpreis:** 3 Zonen/ 6 Streifen, Tageskarte Gesamtnetz.

**Rückfahrt:** S4 ab Schöngeising (Abfahrt alle 20/40 Minuten; Fahrpreis: 3 Zonen/ 6 Streifen).

**Route:** Schöngeising-Ort – Holzhausen – Neuried – Kloster Fürstenfeld – Zellhof – Bahnhof Schöngeising.

**Weglänge:** 15 km.

**Markierung:** grüner Ring.

**Anspruch:** Eine lohnende, aber anstrengende Wanderung mit einigen leichteren Steigungen; längere Streckenabschnitte führen durch schönen Wald. Für Kinderwagen nicht geeignet.

**Einkehren am Weg:** Fürstenfeldbruck: Klosterstüberl (B); Schöngeising: Zum unter'n Wirt, Zur Post (B).

Die Kreuzwallfahrt von Holzhausen war eine der ältesten der weiteren Umgebung. Die Kirche Hl. Kreuz geht zurück auf ein Gotteshaus, das die adelige Dame Kepahild 764 bauen und 770 von Bischof Arbeo weihen ließ. Um 1250 wurde der frühere Holzbau durch ein Steingebäude ersetzt, das wiederum um 1400 abgebrochen und in spätgotischem Stil neugebaut wurde. 1697 wurde die Kirche barockisiert, 1832 teilweise romanisiert.

## Die Wanderung

Auf der Bahnhofstraße gehen wir in südlicher Richtung die 2 km lange Strecke zum Ort Schöngeising und weiter geradeaus auf der Amperstraße. Auf der Brucker Straße (links) und der Kirchstraße (rechts) kommen wir zur Kirche und zu den Amperstegen, die wir überqueren. Etwas weiter südlich, beim Wasenmeister, wandern wir nach rechts hinauf in den Wald, auf der Höhe wieder nach links und weiter durch den Forst, dann auf der Fahrstraße nach Holzhausen. Hinter dem Ort folgen wir noch ein Stück der Fahrstraße und biegen dann in Höhe des Weilers Neuried nach links auf einen Feldweg in nordöstliche Richtung ein. Nun wandern wir am Rand der waldigen Amperleiten entlang und erreichen den Ortsteil Engelsberg von Fürstenfeldbruck. Zur Klosteranlage (Abstecher) sind es nur wenige Schritte unter den Bahngleisen hindurch. Unser Weg setzt sich vor der Bahn nach links auf der Zellhofstraße in südwestlicher Richtung durch die Ampeauen fort. Bei einem Flußbogen, der nahe an die Straße heranführt, verlassen wir den Waldrand und gehen auf einem Kiesweg

durch offene Flur zum Gut Zellhof und weiter zum Wasenmeister, wo wir auf die Route des Hinwegs stoßen und ihr zum S-Bahnhof zurück folgen.

## Sehenswert

Das ehemalige **Zisterzienserkloster Fürstenfeld** wurde 1263 von Herzog Ludwig dem Strengen gegründet. Das Kloster entstand zunächst 1258 in Thal bei Großhöhenrain und wurde mit Mönchen des Zisterzienserklosters Aldersbach belegt. Die Mönche zogen drei Jahre später in die Nähe von Olching, 1263 dann in die Nähe von Bruck „auff des Fürsten eygen feldt". Neben dem Stifter wurde auch Kaiser Ludwig der Bayer dort beigesetzt.

*Die monumentale Kirche Mariä Himmelfahrt des ehemaligen Klosters Fürstenfeld*

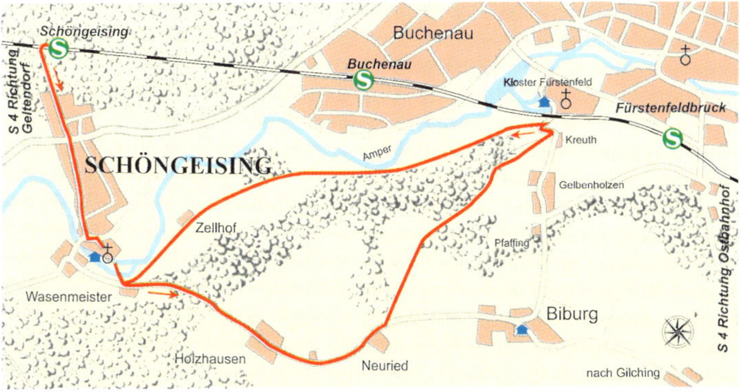

# Über Jexhof und Mauern nach Grafrath

*St. Rasso brachte die „Heilthümer" aus dem Heiligen Land*

**Abfahrt ab München:** alle 20/40 Minuten.

**Fahrzeit:** 34 Minuten.

**Fahrpreis:** 3 Zonen/ 6 Streifen, Tageskarte Gesamtnetz.

**Rückfahrt:** S4 ab Grafrath (Abfahrt alle 20/40 Minuten; Fahrpreis: 3 Zonen/6 Streifen).

**Route:** Schöngeising-Ort – Jexhof – Mauern – Unteralting.

**Weglänge:** 12 km.

**Markierung:** grüner Punkt.

**Anspruch:** Eine abwechslungsreiche Wandertour mit langen Waldabschnitten und einigen Steigungen. Für Kinderwagen nicht geeignet.

**Einkehren am Weg:** In Schöngeising: Zur Post (B), Zum unter'n Wirt (B); in Grafrath: Dampfschiff (B).

Vierzig Jahre nach dem Ende des Dreißigjährigen Krieges, 1688, wurde der Grundstein zur heutigen Kirche St. Rasso gelegt. 1695 war die Einweihung. 1677 entstand der Klosterbau, den ein Bogengang mit der Kirche verbindet. Er diente auch als Wohnung für die Wallfahrtspriester. 1836 übernahmen die Münchener Franziskaner die Betreuung von Kirche und Kloster.

## Die Wanderung

Auf der Bahnhofstraße gehen wir in südlicher Richtung die 2 km lange Strecke zum Ort Schöngeising und weiter geradeaus auf der Amperstraße. Auf der Brucker Straße (links) und der Kirchstraße (rechts) kommen wir zu den Amperstegen, die wir überqueren. Etwas weiter südlich, beim Wasenmeister, wandern wir nach rechts hinauf in den Wald, halten uns dann rechts und wandern nun immer in südlicher Richtung zum Jexhof. Wir durchqueren die Rodungsinsel und wandern in westlicher Richtung durch den Forst weiter, bis wir die weite Lichtung und Mauern erreichen. Von hier nehmen wir die Unteraltinger Straße. Von Unteralting gehen wir auf der Kirchenstraße und der Adalmuntstraße weiter, überqueren den Ampersteg und wandern auf dem Ulrichsweg zur Durchgangstraße (B 471). Zur Wallfahrtskirche St. Rasso sind es nur ein paar Schritte nach links. Um zum S-Bahnhof zu kommen, überqueren wir die Bundesstraße und wandern leicht bergauf auf der Graf-Rasso-Straße und dem Bahnhofsweg.

**Gedenken an den Stifter**

In der Mitte der Wallfahrtskirche St. Rasso ist über einer Grabtumba der Rotmarmor-Grabstein mit einem überlebensgroßen Flachrelief des Heiligen eingelassen. Er wurde 1468 von Hans Halder gestaltet und trägt die Worte: „Hie ligt begrabn der Edel Fürst und Graf sand Rasso, der diß Gotzhaus zum ersten hat gestifft zu den Eren Unseres lieben Herren und hie will warten des jüngsten Tags. Anno 974" (richtig ist 954).

## Sehenswert

Bedeutende Barockkünstler haben die Wallfahrtskirche **St. Rasso in Grafrath** mit ihrem zierlichen Dachreiter gestaltet. Sie wurde zwischen 1688 und 1695 nach Plänen des Vorarlberger Baumeisters Michael Thumb erbaut. Die reiche Barockausstattung stammt aus den Jahren 1752/53. Die vorzügliche Stuckdekoration in Ockerfarbtönen mit sparsamer Vergoldung schufen Johann Georg Übelherr und die Brüder Franz Xaver und Johann Michael Feichtmayr. Die Deckenfresken des Augsburgers Johann Georg Bergmüller schildern die Schlacht von Lepanto (im Langhaus) und das Leben und Wirken des heiligen Rasso (im Altarraum). Der Hochaltar mit dem gläsernen Reliqienschrein St. Rassos (1765/68) ist ein Werk von Johann Baptist Straub, gestiftet von der Stadt München. Besonders bemerkenswert ist ein realistisches Vesperbild von 1510. Es stammt ursprünglich aus der abgebrochenen Gruftkirche in München. Das mit reichen Blattornament und Figuren versehene Orgelgehäuse stammt aus dem Jahr 1749.

*Rasso-Statue an der Außenmauer der Apsis der Wallfahrtskirche in Grafrath*

# Zum Wörthsee und nach Steinebach

*Der Volksmund machte aus dem Ausee einen Maussee*

**Abfahrt ab München:** alle 20/40 Minuten.

**Fahrzeit:** 37 Minuten.

**Fahrpreis:** 3 Zonen/ 6 Streifen, Tageskarte Gesamtnetz.

**Rückfahrt:** S5 ab Steinebach (Abfahrt alle 20/40 Minuten; Fahrpreis: 3 Zonen/6 Streifen).

**Route:** Unteralting – Mauerner Wald – Walchstadt – Bahnhof Steinebach.

**Weglänge:** 9 km.

**Markierung:** grüner Punkt.

**Anspruch:** Eine abwechslungsreiche Wanderung, überwiegend durch Forst mit schönen Aussichtspunkten.

**Einkehren am Weg:** In Steinebach: Gasthaus Raabe, Augustiner am See (B).

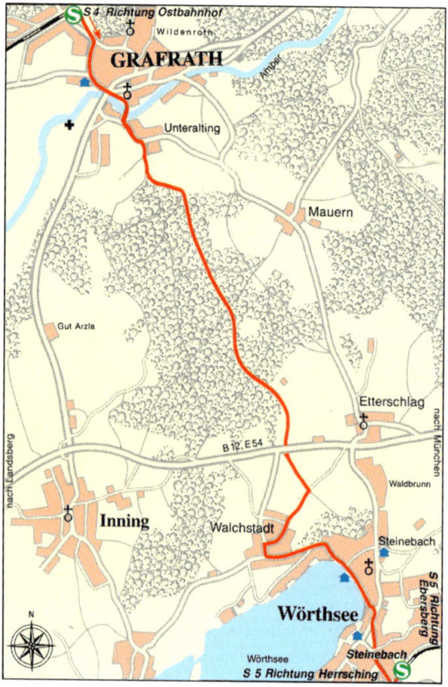


Der Wörthsee hat seinen Namen von der Insel Wörth. Die hieß früher Mausinsel und ebenso der See: Maussee. Wie aus dem einstigen Ausee ein Maussee wurde, erzählt die Sage: Auf Schloss Seefeld saß danach einst ein überaus geiziger und hartherziger Graf, der auch während einer schlimmen Hungersnot den Armen und Notleidenden nichts von seinem Reichtum abgeben wollte. Er ließ Bettler sogar einsperren und ihnen das Dach über dem Kopf anzünden. Zur Strafe wurde sein Schloss von einer Ratten- und Mäuseplage heimgesucht. Er flüchtete auf die Insel Wörth, aber auch dorthin verfolgten ihn die Nager. Erst als er reuig Stiftungen für die Armen gelobte, wurde er von der Plage befreit.

## Die Wanderung

Vom Bahnhof gehen wir auf dem Bahnhofweg und der Graf-Rasso-Straße zur Durchgangsstraße (B 471). Nur einige Schritte nach rechts (ein lohnender Abstecher) liegt die Wallfahrtskirche St. Rasso. Wir überqueren die Bundesstraße und gehen geradeaus auf dem Ulrichsweg am Amperufer bis zum Steg, wechseln auf das andere Ufer und wandern auf der Adalmuntstraße und der Kirchenstraße zum Ortsteil Unteralting. Vor der Kirche biegen wir rechts in die Krugstraße ein und verlassen Unteralting in südlicher Richtung. Am Waldrand gabelt sich der Weg. Wir nehmen die Abzweigung nach links und gehen jetzt am Waldrand leicht bergauf, bis wir nach etwa 500 Metern halbrechts in den Wald schwenken (Krug-Holz). Auf festen Forstwegen durchwandern wir dann den Mauerner Wald in südlicher Richtung. Nach knapp 3 km erreichen wir wieder freies Feld, überqueren wenig später auf der Brücke die A 96 und wandern nach Walchstadt. Im Ort folgen wir ein Stück der Hauptstraße, biegen dann links in die Wörthseestraße ein. Im Ortsbereich Steinebach geht es weiter auf dem Seeuferweg und der Seestraße. An deren Ende nehmen wir die St.-Martin-Straße nach links. Kurz vor der Hauptstraße zweigt nach rechts der beschilderte Fußweg zum S-Bahnhof ab.

*Idyllischer Badeplatz in Steinebach*

**Daher der Name Walchstadt**

Aus der Zeit der ersten Besiedlung im 5. und 6. Jahrhundert durch die Bajuwaren stammt der Ortsname Walchstadt. Er bezeichnet eine Stätte, an der die neuen Siedler eine ältere, schon ansässige Bevölkerung vorfanden. Sie setzte sich aus Kelten und Römern zusammen – für die Bajuwaren eben „Welsche". Im bairischen Sprachraum gibt es eine Reihe von Orten namens Walchstatt oder Walchstadt, aber auch andere Verbindungen mit „Walch", zum Beispiel Walchsee in Tirol.

# Zum Jexhof und nach Schöngeising

*Das Bauernmuseum weiß alles über den Flachs*

**Abfahrt ab München:** alle 20/40 Minuten.

**Fahrzeit:** 37 Minuten.

**Fahrpreis:** 3 Zonen/ 6 Streifen, Tageskarte Gesamtnetz.

**Rückfahrt:** S4 ab Schöngeising (Abfahrt alle 20/40 Minuten; Fahrpreis: 3 Zonen/ 6 Streifen).

**Route:** Unteralting – Mauern – Jexhof – Schöngeising-Ort.

**Weglänge:** 12 km.

**Markierung:** grünes Dreieck.

**Anspruch:** Eine abwechslungsreiche Wandertour mit langen Waldabschnitten und einigen Steigungen. Für Kinderwagen nicht geeignet.

**Einkehren am Weg:** In Schöngeising: Zur Post (B), Zum unter'n Wirt (B).

Der Jexhof ist ein Einödhof in einer Rodungsinsel westlich von Grafrath, der wohl schon zu Anfang des 14. Jahrhunderts bewirtschaftet wurde. 1564 kauft das Kloster Fürstenfeld das Anwesen und lässt es bis zur Säkularisation von „Dienern hüten". Das Wohnhaus wurde um 1775 errichtet.

## Die Wanderung

Am Bahnhof unterqueren wir die Gleise und nehmen den Bahnhofweg durch den kleinen Wald nach Süden. Auf der Graf-Rasso-Straße erreichen wir die Amper, überqueren die Durchgangsstraße (B 471) und gehen weiter geradeaus auf dem Ulrichsweg entlang der Amper bis zum überdachten Steg. Hier wechseln wir auf das andere Ufer und wandern auf der Adalmuntstraße und der Kirchenstraße zum Ortsteil Unteralting. Dort nehmen wir die

wenig befahrene Straße nach Mauern in östlicher Richtung. Im Weiler Mauern gehen wir ein Stück nach links auf der Römerstraße und biegen dann nach rechts in die Voglhausstraße ein, die sich als Waldweg fortsetzt und mit leichten Steigungen und Gefällestrecken in östliche Richtung zur Rodungsinsel des Jexhofs führt. Hier wenden wir uns nach links, gehen durch den Wald die Senke hinunter und wenden uns dann in nordöstliche Richtung. Wir haben jetzt bis zum Wasenmeister vor Schöngeising besonders schöne, zum Teil auch steilere Waldabschnitte vor uns. Wir verlassen den Forst beim Wasenmeister, gehen ein Stück nach links auf der Holzhausener Straße, biegen dann aber nach rechts in die Amperauen ein. Über die beiden Amperstege erreichen wir die Schöngeisinger Kirche und gehen nun auf der Kirchenstraße, der Brucker Straße (links), der Amperstraße (rechts) und ihrer Fortsetzung als Bahnhofstraße in nordwestlicher Richtung zum S-Bahnhof.

*Die Wallfahrtskirche St. Rasso in Grafrath*

## Sehenswert

Seit 1987 hat der Landkreis Fürstenfeldbruck den **Jexhof** als Bauernhofmuseum eingerichtet. Die Museumstätigkeit konzentriert sich auf die Bereiche bäuerliches Bauen und bäuerliche Wohn- und Lebensverhältnisse im Übergang vom 19. zum 20. Jahrhundert. Die umfangreiche authentische Geräte- und Einrichtungssammlung gibt ein lebendiges Bild der früheren Lebensumstände. Eine eigene interessante Sammlung ist dem Anbau und der Bearbeitung des Flachses gewidmet. Das Museum ist nicht ständig geöffnet. Die Öffnungszeiten kann man im Landratsamt erfragen: Telefon 08141/ 51 92 05.

**Kein Flachs, aber alles über Flachs**

Neben der Wolle war Flachs bis zum Anfang des 20. Jahrhunderts eine der wichtigsten Grundlagen für die Selbstversorgung mit Kleidung und Wäsche auf dem Bauernhof. Flachssamen dienten daneben innerlich wie äußerlich angewendet als Hausheilmittel und waren Futterbeigabe für die Kälberaufzucht. Vor allem aber wurden Stoffe aus der Pflanze gewebt: grobes Leinen für Kittel, Säcke und Decken, feines für Leibwäsche, Betttücher oder Kissen. Wie das gemacht wurde, ist im Jexhof zu sehen.
In der Mangelzeit des letzten Weltkrieges wurde der Anbau von Flachs noch einmal belebt. Billige Importe und die Baumwolle machten ihn in späterer Zeit unrentabel.

# Durch den Forst nach Landsberied

*Bonifatius rief den heiligen Willibald ins Land*

**Abfahrt ab München:** alle 20/40 Minuten.

**Fahrzeit:** 37 Minuten.

**Fahrpreis:** 3 Zonen/ 6 Streifen, Tageskarte Gesamtnetz.

**Rückfahrt:** S4 ab Grafrath.

**Route:** Waldhaus – Jesenwang – Landsberied – Schöngeising-Bahnhof.

**Weglänge:** 14 km.

**Markierung:** grünes Quadrat.

**Anspruch:** Eine schöne Waldwanderung, die allerdings Ausdauer und Kondition voraussetzt. Ein längerer Abschnitt führt auch durch freies Feld. Mit einer Ausnahme (Schlossberg) gibt es nur geringe Höhenunterschiede. Für Kinderwagen nicht geeignet.

**Einkehren am Weg:** In Jesenwang: Huberwirt (kurzer Abstecher).

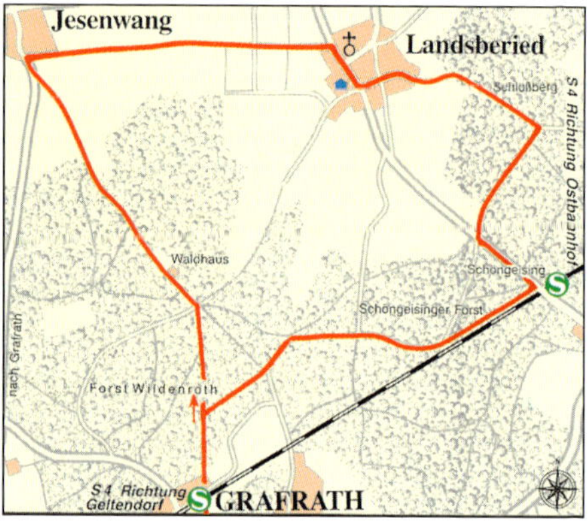


Der hl. Willibald ist einer der Schutzpatrone der Pferde (und des Viehs). Bonifatius rief den um 700 in England geborenen Wandermissionar ins Land. 741 wurde er Bischof von Eichstätt. Er starb dort 787.

## Die Wanderung

Am Bahnhof bleiben wir auf der Nordseite, gehen ein Stück nach Westen auf der Bahnhofstraße und biegen dann rechts in die Waldstraße und in den Staatsforst Wildenroth ein. Unser Weg führt nun in nördlicher Richtung auf Waldwegen bis zur breiteren Kies-Forststraße, der wir nach links folgen und in nordwestlicher Richtung, am Waldhaus vorbei, nach Jesenwang gehen. Am Ortsrand biegen wir nach rechts auf den Feldweg ein, der uns fast gerade verlaufend durch Felder nach Landsberied führt. Unterwegs steht einige hundert Meter nördlich (Abstecher), von Bäumen gesäumt, allein in der Flur die Wallfahrtskirche St. Willibald. Auf der Babenrieder Straße, der

Hauptstraße und der Schlossbergstraße gehen wir durch Landsberied und biegen dann nach links in die Schlossbergstraße ein, die bald in den Wald hineinführt. Hinter dem Wasserturm geht es steil bergab bis zur Weggabelung. Hier nehmen wir den Forstweg nach rechts, der nach etwa 1 km die geteerte Römerstraße erreicht (nach links führt ein kurzes Stück zum S-Bahnhaltepunkt Schöngeising – Möglichkeit der vorzeitigen Rückfahrt). Wir gehen geradeaus weiter, schwenken dann nach halb rechts und erreichen nach schöner Waldwanderung in südwestlicher Richtung wieder den Wanderbahnhof Grafrath.

## Sehenswert

Aus dem 18. Jahrhundert stammt die kleine **Pestkapelle in Landsberied** in der Bahnhofstraße. Der schlichte Bau besitzt eine Altarnische mit volkstümlichen Schnitzfiguren.
**St. Willibald bei Jesenwang** s. Wanderung 20.

**Mit Geld gegen den Abriss**
Der Brauch der Pferdesegnung reicht Jahrhunderte zurück, schließlich waren die Tiere wertvollster Besitz als nahezu überall einsetzbare Schwerarbeiter ebenso wie als Transportmittel. Grund genug, die Fürbitte ihres Schutzpatrons für den Segen des Himmels einzuholen. Ihre Wallfahrt wollten sich auch die Jesenwanger Bauern bei der Säkularisation 1803 nicht nehmen lassen. St. Willibald war schon zum Abbruch verurteilt, da legten alle zusammen und kauften das Gotteshaus. So blieb die Wallfahrt bis heute lebendig.

*Kleine und große Gespanne kommen zur Segnung in St. Willibald bei Jesenwang*

# Durch den Mauerner Wald zum Ammersee

*Vor Jahren nahm man in Grafrath das Schiff nach Stegen*

**Abfahrt ab München:** alle 20/40 Minuten.

**Fahrzeit:** 37 Minuten.

**Fahrpreis:** 3 Zonen/ 6 Streifen, Tageskarte Gesamtnetz.

**Rückfahrt:** S4 ab Grafrath.

**Route:** Unteralting – Inning – Stegen und zurück.

**Weglänge:** 18 km.

**Markierung:** grüner Ring.

**Anspruch:** Eine sehr abwechslungsreiche Wanderung durch freies Feld und schönen Hochwald. Es gibt lohnende Aussichten (auf den Ammersee) und einige leichte Steigungen. Für Kinderwagen nicht geeignet.

**Einkehren am Weg:** In Inning: Gaststätte Zur Post; in Stegen: Seehaus Schreyegg (B), Fischer am See (B); in Grafrath: Dampfschiff (B).

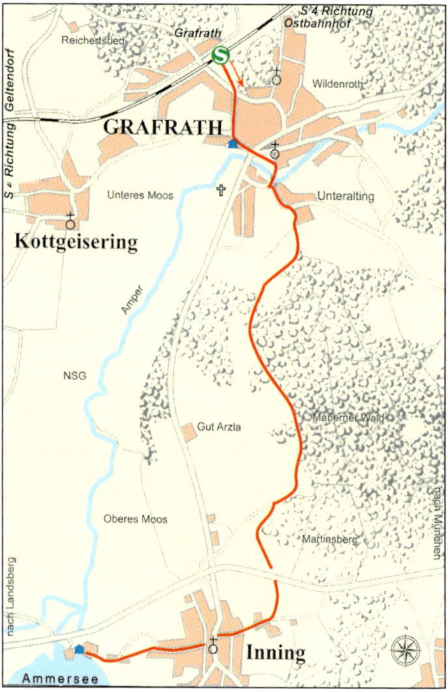


Auf seinem Feldzug nach Unteritalien (wo er die alte Reichsordnung der Staufer zu festigen hatte) machte Kaiser Heinrich II. am 15. November 1021 mit seinem 60 000 Mann starken Heer in Inning Station. Ein großes Fresko am alten Salzstadel zeugt von dem Ereignis.

## Die Wanderung

Vom Bahnhof gehen wir auf dem Bahnhofweg und der Graf-Rasso-Straße zur Durchgangsstraße (B 471). Nur einige Schritte nach rechts (ein lohnender Abstecher) liegt die Wallfahrtskirche St. Rasso. Wir überqueren die Bundesstraße und gehen geradeaus auf dem Ulrichsweg am Ampeufer bis zum Steg, wechseln hier auf das andere Ufer und wandern auf der Adalmuntstraße und der Kirchenstraße zum Ortsteil Unteralting. Vor der Kirche biegen wir rechts in die Krugstraße ein und verlassen Unteralting in südlicher Richtung. Am Waldrand gabelt sich der Weg. Wir nehmen die Abzweigung nach rechts am Waldrand entlang, der sich später durch eine Talsenke mit Wiesen und Feldern windet. Bald treten wir wieder in den Forst ein, der sich links und rechts wechselnd zu Lichtungen öffnet. Kurz vor der Autobahn erreichen wir wieder freie Flur. Auf der Teerstraße unterqueren wir die A 96 und kommen zum nördlichen Ortsrand von Inning. Auf der Münchner Straße gehen wir (nach rechts) in den Ort, biegen dann links in die Brucker, gleich darauf rechts in die Landsberger Straße ein, der wir etwa 500 Meter folgen. Dann zweigt unser Weg nach links ab als Fußpfad durch Wiesen und bergab am Waldrand entlang. Unter uns liegen nun der Ammersee und Stegen, das, am Kulturzentrum der Alten Brauerei vorbei, bald erreicht ist. Zurück wandern wir auf derselben Route.

*Herbststimmung über dem Ammersee*

## Sehenswert

Die Pfarrkirche **St. Johann Baptist in Inning**, 1765–67 erbaut, ist stilistisch eine Verwandte der alten Pfarrkirche von Starnberg und hat wohl auch den gleichen Baumeister, L. M. Giessl. Das Gotteshaus besitzt eine vorzügliche einheitliche Rokokoausstattung: die Stuckaturen schuf Thassilo Zöpf, die Deckengemälde 1767 Christian Winck. Sie stellen im Altarraum die Taufe Christi, im Langhaus die Predigt Johannes' des Täufers dar.

**Daher der Name Dampfschiff**

An der Amper in Grafrath liegt die Gaststätte „Zum Dampfschiff". Ihr Name ist alles, was von der einst blühenden Ausflugschifffahrt auf der Amper geblieben ist. Bis zum Zweiten Weltkrieg war dort die Anlegestelle der Passagierschiffe, die regelmäßig zwischen Grafrath und Stegen am Ammersee verkehrten. Die Schifffahrt mit Dampfern auf dem Ammersee hatte 1879 begonnen. Sechs Jahre zuvor hatte die Bahnlinie München – Lindau ihren Betrieb aufgenommen. Grafrath entwickelte sich zur Ausflugsstation dieser Linie. Die alte Stellwagenverbindung konnte die vielen Münchener, die Erholung am nahen See suchten, nicht mehr aufnehmen. Schon 1881 verkehrten Boote der Ammersee-Dampfschifffahrt (Großaktionär war der Lokomotivkönig Maffei) sogar dreimal täglich auf der Amper.

# Rundweg über Eresing und St. Ottilien

*Der heilige Ulrich bot den Hunnen Paroli*

**Abfahrt ab München:** alle 20/40 Minuten.

**Fahrzeit:** 45 Minuten.

**Fahrpreis:** 3 Zonen/ 6 Streifen, Tageskarte Gesamtnetz.

**Rückfahrt:** S4 ab Geltendorf.

**Route:** St.-Ulrich-Brunnen – Eresing – Kloster St. Ottilien.

**Weglänge:** 8 km.

**Markierung:** grünes Dreieck.

**Anspruch:** Ein abwechslungsreicher, ausgedehnter Spazierweg durch hügeliges Ackerland mit kurzen schönen Waldstrecken.

**Einkehren am Weg:** In Eresing: Vogelwirt (B); in St. Ottilien: Emminger Hof.

In der Schlacht auf dem Lechfeld, südlich von Augsburg, wurden die Ungarn (Hunnen), die immer wieder mordend und plündernd ins Reich eingefallen waren, von einem aus Franken, Schwaben, Sachsen, Bayern und Böhmen zusammengezogenen Heer unter König Otto I. vernichtend geschlagen. Nach dieser Niederlage am 12. August 955 kamen sie nicht wieder. Der Sieg legte den Grund für das Kaiserreich unter Otto I.

## Die Wanderung

Vom Bahnhof gehen wir ein kurzes Stück in westlicher Richtung, unterqueren nach links die Bahngleise und biegen dann gleich rechts auf einen Feldweg ein, der zunächst am Waldrand entlang, dann durch offene Flur nach Sü-

*Auf dem Weg vom Ulrichbrunnen nach Eresing*

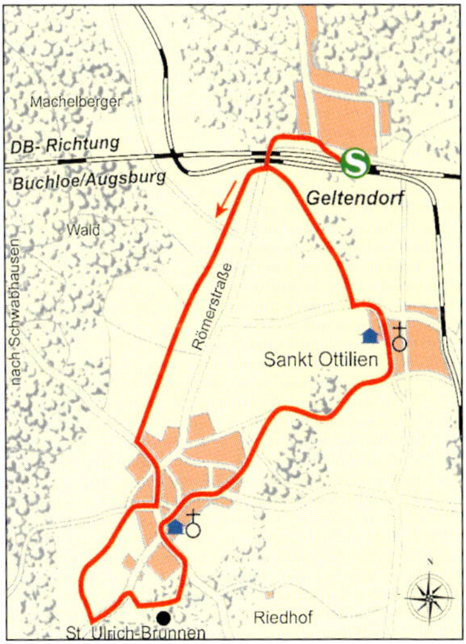


den führt. Wir lassen Eresing zunächst links liegen und gehen auf dem Faretshauser Weg in südwestlicher Richtung. Wenig später schwenken wir auf der Fahrstraße nach Osten, biegen dann rechts auf den Waldweg ein und kommen südlich von Eresing zum St.-Ulrich-Brunnen. Hier wenden wir uns nach Norden und wandern auf der Windacher Straße in den Ort Eresing. Weiter geht es auf der Kaspar-Ett-Straße, an der Pfarrkirche vorbei nach rechts und wieder nach links in die Emminger Straße. Sie führt uns nun teils durch Felder, teils durch Hochwald nach St. Ottilien. Wir durchqueren die Klosteranlage (nach links) und halten uns an ihrem Nordrand wieder links. Kurz hinter dem Parkplatz biegen wir rechts in einen Feldweg ein, auf dem wir nordwestwärts zur Bahnunterführung und nach einem kurzen Wegstück nach rechts zum S-Bahnhof zurückkommen.

## Sehenswert

Die Pfarrkirche **St. Ulrich in Eresing** gilt als interessanter Umbau (1756–57) einer spätgotischen Anlage aus dem Jahr 1488 durch Dominikus Zimmermann. Spätgotisch erhalten sind noch der Turmunterbau und der Altarraum. Beim Umbau wurde das Langhaus erhöht und mit dreiteiligen Fenstern versehen. Bemerkenswert an der Ausstattung sind vor allem die reichen Stuckaturen, die Nikolaus Schütz aus Landsberg schuf, und das Hauptmotiv der Deckengemälde von Franz Martin Kuen aus Weißenhorn im Langhaus, die Darstellung der Schlacht auf dem Lechfeld und der Übergabe des Siegeskreuzes an den hl. Ulrich. Der schöne Hochaltar stammt aus dem Jahr 1700.

**Ein wehrhafter Mann Gottes**
Dem heiligen Ulrich sind in Eresing die Pfarrkirche und eine Brunnenkapelle am Ortsrand geweiht. Der heilige Mann lebte von 890 bis 973 in Augsburg. 923 wurde er auf Vorschlag König Heinrichs I. Bischof von Augsburg. Er baute Kirchen, förderte Klöster und die Augsburger Domschule. 955 verteidigte er erfolgreich die von ihm 926 befestigte Stadt gegen die Hunnen. Schon bald nach seinem Tod wurde er vom Volk verehrt und 993 heilig gesprochen.

# Über St. Ottilien nach Türkenfeld

*Das Kloster erzählt von Menschen und Tieren Afrikas*

**Abfahrt ab München:** alle 20/40 Minuten.

**Fahrzeit:** 45 Minuten.

**Fahrpreis:** 3 Zonen/ 6 Streifen, Tageskarte Gesamtnetz.

**Rückfahrt:** S4 ab Türkenfeld (Abfahrt alle 20/40 Minuten; Fahrpreis: 3 Zonen/6 Streifen).

**Route:** Kloster St. Ottilien – Pflaumdorf – Türkenfeld.

**Weglänge:** 7 km.

**Markierung:** grüner Punkt.

**Anspruch:** Ein angenehmer Wanderweg mit einem längeren Waldabschnitt ohne nennenswerte Steigungen.

**Einkehren am Weg:** In St. Ottilien: Emminger Hof (B).

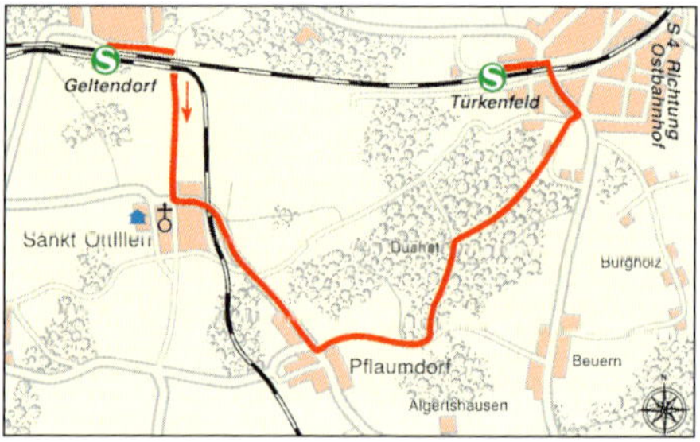


St. Ottilien ist Missionskloster der Benediktiner. 1886 erwarb Pater Andreas Amrhein das heruntergekommene Gut Emming. Die Patres kultivierten das Land, legten Moor trocken, machten in harter Arbeit ein Mustergut aus dem Anwesen. Vom einstigen Schloss Emming sind noch der barocke Rittersaal und die Ottilienkapelle erhalten. 1902 wurde das Kloster Abtei, 1903 die neugotische Abteikirche geweiht.

## Die Wanderung

Am Bahnhof wenden wir uns nach rechts in östliche Richtung bis zur Bahnunterführung und biegen dort rechts ein in die Allee, die sanft bergan nach St. Ottilien führt. Vor dem Kloster halten wir uns links, schwenken dann wieder nach rechts, umgehen die Klosteranlage und biegen erneut links ein. Nach Überqueren der Bahngleise geht es nach rechts weiter auf der kleinen Teerstraße nach Pflaumdorf durch die Hügellandschaft aus Feldern und Waldinseln. Kurz vor dem Ort biegen wir links ab und wandern nun durch Wiesen und Weiden (Reiterhof) auf der Beuerner Straße in östliche Richtung. Vor uns liegt nun ein etwa eineinhalb km langes Waldstück, das wir kurz vor Türkenfeld verlassen. Auf der Fahrstraße nach rechts erreichen wir den Ortsrand und über die Ottilienstraße den S-Bahnhof.

## Sehenswert

Schon 1911 richteten die Mönche von St. Ottilien in einem Jugendstilbau neben der Klosterkirche ein **Missionsmuseum** (zunächst Afrika-Museum) ein, um die Missionsarbeit zu veranschaulichen. Schwerpunkt der Sammlung ist heute die zoologische Abteilung mit zahlreichen Tierpräparaten (von den Missionaren selbst erlegt und präpariert) und einem Panorama der ostafrikanischen Tierwelt. Besonders sehenswert auch die völkerkundliche Sammlung mit Waffen, Kleidung, Alltagsgegenständen, Musikinstrumenten und Kultobjekten aus Afrika und einigen asiatischen Ländern. Das Museum ist täglich von 10 bis 17 Uhr geöffnet, der Eintritt frei.

Unter dem barocken Kleid lässt die **Ottilienkapelle** im Kloster noch ein spätgotisches Chorgewölbe erkennen. Das Gewölbe wurde 1786 von Johann Schmuzer mit schwerem Stuck in Wessobrunner Stil überzogen. Auf dem Hauptaltar umfasst eine halbrunde Nische die Figur der heiligen Ottilie. Die beiden Seitenaltäre erhielten bei einer Restaurierung 1946–48 ihr barocke Gestalt zurück.

**Vielseitige Mönche**

Die Kongregation der Missionsbenediktiner von St. Ottilien umfasst 20 Klöster mit insgesamt 1100 Mönchen. Sie sind in Afrika, Südamerika, Südkorea, Indien und auf den Philippinen tätig. Die Kongregation wird vom Erzabt von St. Ottilien geleitet. Von den 200 Patres des Stammhauses St. Ottilien sind 80 in Übersee im Einsatz. Die Mönche in St. Ottilien bewirtschaften ein rund 200 Hektar großes Gut mit Ackerbau, Rinderzucht, Milchproduktion, Schweinemast und Hühnerhof, sie unterhalten ein Gymnasium mit Internat und Tagesheim, betreiben die verschiedensten Handwerkswerkstätten, darunter Landmaschinen-, Kfz-, Elektrotechnik, Schlosserei, Schreinerei, Malerbetrieb, Schneiderei, Metzgerei und Bäckerei und haben einen eigenen Verlag (EOS) mit Druckerei und Buchbinderei.

*Die Klosteranlage St. Ottilien*

# Rundweg über Eismerszell und Hohenzell

*Kaltenberg lässt die Zeit der Ritter wieder aufleben*

**Abfahrt ab München:** alle 20/40 Minuten.

**Fahrzeit:** 45 Minuten.

**Fahrpreis:** 3 Zonen/ 6 Streifen, Tageskarte Gesamtnetz.

**Rückfahrt:** S4 ab Geltendorf.

**Route:** Hausen – Eismerszell – Hohenzell – Bahnhof Geltendorf.

**Weglänge:** 15 km.

**Markierung:** grünes Quadrat.

**Anspruch:** Eine ausgedehnte Tour durch Hügellandschaft aus Feldern und Wiesen mit einer schönen Waldstrecke am Schluss. Es gibt nur geringe Steigungen. Für Kinderwagen nicht geeignet.

**Einkehren am Weg:** In Kaltenberg: Bräustüberl (B, längerer Abstecher); in Geltendorf: Alter Wirt (kurzer Abstecher).

Schloss Kaltenberg, ein gutes Stück abseits der Wanderroute, ist eine königliche Braustätte. Nach dem Reinheitsgebot, das sein Vorfahre Herzog Wilhelm IV. im Jahr 1516 erließ, braut hier Prinz Luitpold von Bayern Dunkles und Weißbier, schenkt es im Biergarten, im Bräustüberl und in der Ritterschwemme aus, natürlich auch an die vielen tausend Besucher, die alljährlich im Sommer seine Ritterturnierspiele und das mittelalterliche Markttreiben besuchen. Kaltenberger Bier wird mittlerweile weltweit in Lizenz gebraut.

## Die Wanderung

Vom Bahnhof gehen wir ein kurzes Stück nach

Westen und biegen dann rechts in die Bahnhofstraße ein. Wenig später nehmen wir einen Waldweg nach links (Heuweg). Auf diesem wandern wir bis zur Einmündung in die Riedgasse, auf der wir rechts am Riedberg vorbei weitergehen und in den nördlichen Ortsbereich von Geltendorf kommen. Hier geht es weiter auf der Molkereistraße. Über die Dorfstraße wandern wir wieder in freie Flur hinaus und halten uns in nordwestlicher Richtung. Kurz hinter dem Ort queren wir mit einem U-Bogen die Fahrstraße und gehen dann weiter geradeaus, später in einem nach Westen ausgerichteten Bogen bis nach Hausen. Wir wandern in nördlicher Richtung durch den Ort auf der Straße nach Dünzelbach, überqueren die Fahrstraße und nehmen etwas weiter nördlich nach rechts den parallel zu dieser verlaufenden Feldweg nach Eismerszell. Dort halten wir uns rechts und wandern dann auf der Teerstraße nach Süden. An der Kreuzung gehen wir geradeaus auf dem Feldweg weiter. Dieser führt bald nach rechts in den Wald und weiter nach Süden nach Hohenzell. Wir gehen durch den Weiler, bleiben ein gutes Stück weiter in Südrichtung und schwenken dann nach rechts in den Wald. Nun liegen noch etwa 2 km schöner Waldstrecke bis zum Wanderbahnhof Geltendorf vor uns.

## Sehenswert

Schöne Wessobrunner Stuckarbeiten in Gold- und Türkisfarben gibt es in der **Pfarrkirche St. Stephan in Geltendorf** zu sehen. Das Gotteshaus ist ein gotischer Bau, der Mitte des 18. Jahrhunderts umgestaltet wurde. Das Deckengemälde stammt von Johann Georg Dieffenbrunner (1754).

Auch **St. Georg in Eismerszell** birgt schöne Stuckdekorationen im Wessobrunner Stil vom Anfang des 18. Jahrhunderts. In den modernen Altären sind Bilder von J. Wolcker von 1741 zu sehen.

**Mittelalter zum Miterleben**
An den ersten drei Wochenenden im Juli jedes Jahres halten auf Schloss Kaltenberg Ritter, Knappen, Spielmannzüge, Akrobaten und Marketender(innen) Einzug: Turnierzeit – Mittelalter zum Miterleben. Die Show mit über tausend Akteuren gilt als die größte dieser Art in Europa, wenn nicht der Welt. In der Freiluftarena beim Schloss können 9000 Zuschauer das Schauspiel verfolgen, weitere 4000 auf Stehplätzen.

*Schlosstor in Kaltenberg*

# Zum Gut Freiham und nach Gräfelfing

*In Hl. Kreuz hielten die Münchener gerne Hochzeit*

**Abfahrt ab München:** alle 20 Minuten.

**Fahrzeit:** 20 Minuten.

**Fahrpreis:** 1 Zone/2 Streifen, Tageskarte Innenraum.

**Rückfahrt:** S6 ab Gräfelfing (Abfahrt alle 20 Minuten; Fahrpreis: 1 Zone/2 Streifen).

**Route:** Gut Freiham – S-Bahnhof Gräfelfing.

**Weglänge:** 4 km.

**Markierung:** grünes Dreieck.

**Anspruch:** Ein schöner Spaziergang durch Felder, teilweise im Schatten von Alleekastanien und durch Hochwald ohne Steigungen.

**Einkehren am Weg:** In Freiham: Schlosswirtschaft (B).

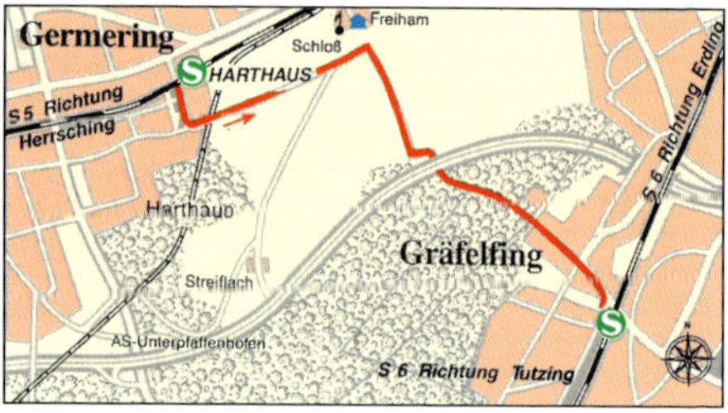


Auf Münchener Stadtgebiet gelegen, ist das Gut Freiham heute städtebauliche Bodenreserve. Es gibt Pläne, die eine große Wohnsiedlung für 15 000 Menschen zwischen Neuaubing und Freiham und auf dem Gelände südlich der S-Bahn (S 5) ein großes Gewerbegebiet vorsehen.

## Die Wanderung

Vom Bahnhof gehen wir nach links auf der Hubertusstraße und an deren Ende erneut nach links in die Hartstraße. Ihre Verlängerung, der Harthauser Weg, führt uns schnurgerade durch freies Feld zum Gut Freiham. Dort gehen wir nach rechts durch die Freihamer Allee, überqueren an deren Ende etwas weiter links die Autobahn (A 96) und wandern nun durch den Hochwald, den wir in Gräfelfing bei der Einmündung der Freihamer Straße verlassen. Kurz darauf biegen wir links in den Wallfahrerweg ein. Auf der Mathildenstraße (geradeaus über die Maria-Eich-Straße hinweg) und der Jahnstraße (nach links) erreichen wir den S-Bahnhof Gräfelfing.

## Sehenswert

Die kleine Kirche **Hl. Kreuz in Freiham** war früher als Hochzeitskirche beliebt, zunächst

*Kruzifix an der ehemaligen Schlosskapelle Hl. Kreuz in Freiham*

adeliger, später aber auch bürgerlicher Hochzeiter. Die kleine einschiffige Anlage stammt aus gotischer Zeit. Der im Westen gelegene Turm mit Blendwerkarkaden trägt eine barocke Haube. Barock verändert mit Felderstuck wurde auch das Innere. Die Altäre stammen aus der 2. Hälfte des 18. Jahrhunderts, ebenso die Kanzel. An den Wänden finden sich barocke Figuren der zwölf Apostel.

**Ein uralter Edelsitz**

Vom Edelsitz Freiham ist in Urkunden erstmals anno 1190 zu lesen. Ab 1400 wechseln sich Münchener Patrizierfamilien als Besitzer ab, darunter die Barth, Pütrich, Ligsalz und Lindauer. Im 18. Jahrhundert gehören Gut und Schloss den Reichsgrafen von Yrsch, die es 1887 an Hugo von Maffei verkauften (die Maffei sind ein aus Verona stammendes Adelsgeschlecht).

# Wanderung durch die Aubinger Lohe

*Zum Naturschutzjahr wurde ein Lehrpfad gestiftet*

**Abfahrt ab München:** alle 20 Minuten.

**Fahrzeit:** 20 Minuten.

**Fahrpreis:** 1 Zone/ 2 Streifen, Tageskarte Innenraum.

**Rückfahrt:** S8 ab Lochhausen (Abfahrt alle 20 Minuten; Fahrpreis 1 Zone/2 Streifen).

**Route:** Freiham – Moosschwaige – Aubinger Lohe.

**Weglänge:** 9 km.

**Markierung:** grünes Quadrat.

**Anspruch:** Eine besonders reizvolle Wanderung über Lehrpfade durch Naturschutzgebiet (Mooslandschaft und Hochwald). An einem Punkt bei gutem Wetter Aussicht bis zum Gebirge.

**Einkehren am Weg:** Schlosswirtschaft Freiham.

1970 war zum Jahr des Europäischen Naturschutzes erklärt worden. Der Beitrag der Landeshauptstadt dazu: ein Naturlehrpfad durch die Aubinger Lohe von Lochhausen bis zum Gut Freiham. Angelegt wurde er vom Forstamt München-Nord zusammen mit dem Bund Naturschutz und der Pädagogischen Hochschule.

## Die Wanderung

Vom Bahnhof gehen wir nach links auf der Hubertusstraße und an deren Ende erneut nach links in die Hartstraße. Ihre Verlängerung, der Harthauser Weg, führt uns schnurgerade durch freies Feld zum Gut Freiham. Dort biegen wir links ab, überqueren die S-Bahngleise und die Bodenseestraße und gehen in nördlicher Richtung auf dem Germeringer Waldlehrpfad durch freies Feld zum Gut Moosschwaige. Vor dem Gut halten wir uns rechts und wandern durch die Allee weiter nach Norden. Bei den Fischteichen im Bruchwald erreichen wir die Mooslandschaft der Aubinger Lohe, folgen dem Lauf des kleinen Baches, biegen dann nach rechts ab und kommen zum Bahndamm der S4. Wir wandern ein Stück nach rechts neben den Gleisen entlang, durchqueren ein kleines Waldstück (Beginn des Waldlehrpfads), wechseln dann auf die andere Seite der Gleise, um wenig später nach links in den Lohwaldweg einzuschwenken. Durch schönen Hochwald gehen wir nun zunächst bergauf, später bergab in nördliche Richtung zum Ortsrand von Lochhausen. Auf der Bienenstraße, der Federseestraße (nach rechts) und an deren Ende nach rechts auf der Henschelstraße kommen wir zum S-Bahnhof Lochhausen.

**Daher der Name „Lohe"**
Aus dem Alt- und Mittelhochdeutschen leitet sich Loh (Loch gesprochen) ab und bedeutet soviel wie Wald, Grund, Feld, aber auch freier Raum, Lichtung. Gemeint ist damit ein Gehölz mit lichten Stellen und Graswuchs. Der Wald wurde früher als Viehweide genutzt, als er noch überwiegend aus Laubhölzern bestand. Anstelle des heutigen Fichtenbestandes in der Aubinger Lohe wuchs im Mittelalter ein Laubwald aus Winterlinden, Hainbuchen, Zitterpappeln Ahorn und Eichen.

**Weiher wachsen zu**
Im Lauf der Zeit verlanden alle stehenden Gewässer wie Teiche, Weiher und Seen. Sie werden kleiner und flacher, weil sich Pflanzenteile und eingeschwemmte Erde am Boden ablagern und eine Faulschicht bilden. Binsen, Schilf und andere Flachwasserpflanzen wie die Seerose können sich ansiedeln und beschleunigen die Entwicklung. Die Teiche der Moosschwaige waren einst als Fischwasser angelegt. Jetzt kann man hier die Verlandung beobachten.

*Verlandende Fischweiher beim Gut Moosschwaige*

# Nach Maria Eich und Planegg

*Ein Häuserl für das Frauerl in der Eichen*

**Abfahrt ab München:** alle 20 Minuten.

**Fahrzeit:** 20 Minuten.

**Fahrpreis:** 1 Zone/2 Streifen, Tageskarte Innenraum.

**Rückfahrt:** S6 ab Planegg (Abfahrt alle 20 Minuten; Fahrpreis: 1 Zone/2 Streifen).

**Route:** Freiham – Streiflach – Maria Eich.

**Weglänge:** 5 km.

**Markierung:** grüner Ring.

**Anspruch:** Ein leichter, ausgedehnter Spaziergang durch ebene, weite Felder, teilweise unter alten Alleekastanien, und durch schönen Hochwald.

**Einkehren am Weg:** In Freiham: Schlosswirtschaft; in Planegg: Zur Eiche (B), Heide Volm (B).

Von einer besonderen Guttat des Frauerl in der Eichen berichtet eine Votivtafel an der Kapelle: „Ein abgejagter Hirsch in seiner vollen Flucht/ hat Schutz und Sicherheit an diesem Ort gesucht./ Und was er hat gesucht, das hat er auch gefunden,/ die Jäger haben sich zu seinem Tod verbunden,/ der Churfürst selber kommt und sieht das Schauspiel an,/ er gibt dem Thiere Schutz und wahrte seine Bahn. Geschehen den 12. Oktober 1775."

## Die Wanderung

Vom Bahnhof gehen wir nach links auf der Hubertusstraße und an deren Ende erneut nach links in die Hartstraße. Ihre Verlängerung, der Harthauser Weg, führt schnurgerade durch freies Feld zum Gut Freiham. Wir biegen jedoch schon bald, bei einem Hochspannungsmast, nach rechts auf einen Pfad durch die Felder ein, der uns, etwas später am Waldsaum entlang, zu einer Marien-Feldkapelle führt. Wir wandern nach nun rechts durch die Allee und

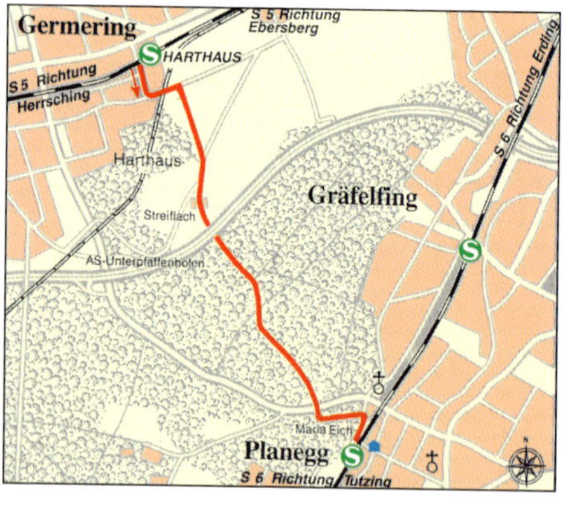

*Die Wallfahrtskirche Maria Eich*

erreichen das einstige Freihamer Vorwerk Streiflach (heute Gnadenhof der Gemeinschaft für Tiere). Wir umgehen das Gut auf der Ostseite, bleiben auf dem Feldweg und unterqueren wenig später die Autobahn (A 96). Kurz darauf erreichen wir den Hochwald des Planegger Holzes. Auf einem Forstweg, der später in den Wallfahrerweg einmündet, wandern wir nach Maria Eich. Bei der Kirche biegen wir links in die breite Allee ein, auf der wir durch den Park direkt zum S-Bahnhof gelangen.

## Sehenswert

Die **Gnadenkapelle Maria Eich** wurde 1743–46 errichtet und 1768 geweiht. Den Altar soll der berühmte Münchener Hofbildhauer Johann Baptist Straub geliefert haben. Das Schnitzwerk am Hochaltar stammt von Johann Georg Greiff. Der Münchener Hofmaler Anton Zächenberger besorgte die Fassung und Vergoldung. Von ihm sind auch die beiden Seitenaltarbilder.

**Eine Altmünchner Wallfahrt**

Im Jahre 1710 oder 1712 stellten die Söhne des Planegger Schmieds Thallmayr in die Höhlung einer alten, fast morschen Eiche ein Muttergottesbild. Plötzlich wurde der dürre Baum wieder frisch, Rinde wuchs um das Bild. Die Menschen nahmen das als wundertätiges Zeichen und begannen, die Muttergottes an dieser Stelle besonders zu verehren. 1732 erhielt das „Frauerl in der Eichen" zum Dank für eine Heilung ein „Häuserl", 1745 wurde die heutige Kapelle aus Stein gebaut; das alte Gnadenbild erhielt einen Platz im Hochaltar. Das Mirakelbuch in Planegg weiß von vielen hundert wunderbaren Ereignissen, die der Muttergottes zugeschrieben werden. Für die vielen Gläubigen, die auch heute noch nach Maria Eich wallfahren, wurde eine Kirche an die Kapelle angebaut. Und regelmäßig wird Gottesdienst unter freiem Himmel gehalten.

# Rundweg um den Weßlinger See

*Der Kleinste im Fünfseenland ist auch der wärmste*

**Abfahrt ab München:** alle 20 Minuten.

**Fahrzeit:** 35 Minuten.

**Fahrpreis:** 2 Zonen/ 4 Streifen, Tageskarte Gesamtnetz.

**Rückfahrt:** S5 ab Weßling.

**Route:** Weßling – Weßlinger See – S-Bahnhof Weßling.

**Weglänge:** 2 km.

**Markierung:** grünes Quadrat.

**Anspruch:** Ein kurzer, aber reizvoller Spaziergang am Seeufer entlang, eben und überwiegend schattig.

**Einkehren am Weg:** In Weßling: Café am See (B), Zur Post (B).

Mit einer Länge von 600 Metern und 500 Metern an der breitesten Stelle ist der Weßlinger See der kleinste der fünf Seen im Starnberger Fünfseenland. Sein Wasserspiegel liegt 582 Meter über dem Meer. An der tiefsten Stelle misst er nur 16 Meter. Er hat weder Zu- noch Ablauf und speist sich aus Quellen am Seegrund. Im Sommer erwärmt er sich auf angenehme 21 Grad, und wenn es die Sonne besonders gut meint, erreicht er auch 25 Grad. Er ist darum ein beliebtes Badesee.

## Die Wanderung

Vom Bahnhof nehmen wir geradeaus den Fußweg in den Ort, folgen der Hauptstraße ein kurzes Stück nach rechts und biegen dann links in den Seeweg ein, der bald nach rechts am Seeufer entlang führt. Eine kurze Strecke vor der Kirche Mariä Himmelfahrt mit dem markanten Turm folgen wir nach links dem Uferweg. Etwas weiter müssen wir das Ufer verlassen und ein Stück hinauf zur Kreuzwegstraße gehen, bis wir die Untere Seefeldstraße erreichen, die uns nach links wieder zum See hinunterführt. Jetzt bleiben wir am Seeufer. Am Badegelände vorbei geht es zum Nordufer und über die Fischerstraße und den Seeweg zum S-Bahnhof zurück.

## Sehenswert

Die ursprüngliche Pfarrkirche von Weßling ist Mariä Himmelfahrt aus dem Jahre 1778 mit noch gotischem Mauerwerk einer früheren Anlage. Erhalten ist der gotische Turm mit Blendengliederung und Satteldach. Sie wurde 1860 vollständig umge-

*Der idyllische Weßlinger See*

**Ein Eisblock wird zum See**
Der Weßlinger See ist ein Toteissee. Toteis nennt man Eisblöcke in Randlagen der Moränen, die gegen Ende der Eiszeit von der Hauptmasse des Gletsches abgeschnürt wurden. Wo sie in Mulden mit wasserundurchlässigem Untergrund liegen blieben, bildeten sich bei ihrem Abtauen Seen.

staltet, wertvolle Altäre und die Kanzel aus der Rokokozeit wurden durch neuromanische Ausstattungen ersetzt. Die neue **Weßlinger Pfarrkirche** mit dem charakteristischen hochgezogenen Zwiebelturm, 1939 geweiht, birgt einige schöne Gegenstände aus der alten Pfarrkirche, darunter ist ein überlebensgroßer Christus aus dem 16. Jahrhundert im Hochaltar, eine Anna Selbdritt aus der gleichen Zeit am rechten Seitenaltar. Und die Figur eines hl. Georg und eine Kreuzgruppe aus dem 17. Jahrhundert an der Nordwand. Die Madonna auf dem linken Seitenaltar stammt sogar aus dem 15. Jahrhundert.

# Rundweg zum Wörthsee

*Eine Badewanne für erholungsuchende Münchner*

**Abfahrt ab München:** alle 20 Minuten.

**Fahrzeit:** 35 Minuten.

**Fahrpreis:** 2 Zonen/ 4 Streifen, Tageskarte Gesamtnetz.

**Rückfahrt:** S5 ab Weßling.

**Route:** Steinebach – Meiling – Delling.

**Weglänge:** 11 km.

**Markierung:** grüner Ring.

**Anspruch:** Eine abwechslungsreiche Wanderung durch Bauernland und Hochwald mit einigen schönen Aussichtspunkten. Für Kinderwagen nicht geeignet.

**Einkehren am Weg:** In Steinebach: Gasthaus Raabe (B); in Meiling: Zum Sepperl (B); in Weßling: Zur Post (B).

Ein typischer Moorsee ist der Wörthsee, einer der drei kleineren im Fünfseenland. Er misst 3,5 km in der Länge und 1,7 km in der Breite, ist nur bis zu 33 m tief und darum im Sommer angenehm warm. Sein Wasserspiegel liegt 27 m höher als der des Ammersees. Die Münchner vor allem schätzen ihn als Badeplatz. Viele haben sich an seinem Ufer als Dauercamper eingerichtet.

## Die Wanderung

Vom Bahnhof nehmen wir den Fußweg in den Ort, folgen der Hauptstraße ein kurzes Stück nach rechts, biegen dann links in den Seeweg ein und gehen am See entlang bis zur Alten Kirche (Mariä Himmelfahrt). Hier halten wir uns rechts auf dem Steinebacher Weg, der uns unter der Hauptstraße hindurch in freies Feld aus dem Ort herausführt. Wir wandern nun parallel zu den Bahngleisen, erst durch Wiesen und Ackerland, dann am Waldrand entlang. Am Ende des Waldes wechseln wir auf die andere Gleisseite und bleiben neben der Bahn bis zur Weßlinger Straße, der wir nach rechts

hinunter zur Hauptstraße folgen. Hier biegen wir links ein, wandern die Straße hinunter, lassen den S-Bahnhof (Möglichkeit der Rückfahrt) links oberhalb liegen, unterqueren die Gleise und gehen nun leicht bergauf bis zur Meilinger Straße, wo wir links abbiegen. Auf der verkehrsarmen, schattenlosen Teerstraße wandern wir jetzt in östlicher Richtung sanft bergab, dann wieder steiler bergauf bei gutem Weitblick nach Meiling. An der Kirche nehmen wir den Dellinger Weg nach links, unterqueren die Fahrstraße nach Herrsching und nehmen gleich hinter dem Gut Delling die Allee alter Eichen nach links zum Kalkofenberg. Bis Weßling haben wir noch ein kurzes Stück durch Wald vor uns. Am See entlang (Untere Seefeldstraße) geht es zum S-Bahnhof zurück.

*Sommerliches Badeparadies: Weßlinger See*

## Sehenswert

Die Kirche **St. Martin in Steinebach** wurde 1735 barock ungestaltet. Die schönen Deckenfresken wurden unter mehrfacher Übermalung erst nach dem Zweiten Weltkrieg freigelegt. Sie zeigen an der Chordecke die Verehrung der Muttergottes, im Chorbogen und im Kirchenschiff Darstellungen von Leben und Werk des heiligen Martin mit großen Spruchbändern, auf denen der Heilige um Beistand gebeten wird.

**Ein Schlösschen im See**
Auf der „Mausinsel" (Insel Wörth) im Wörthsee ließ sich 1446 die mit dem Salzhandel reich gewordene Münchner Patrizierfamilie Kazmair ein Jagdschlösschen mit einer kleinen, dem hl. Georg geweihten Kapelle errichten. Auf dessen Grundmauern steht das heutige spätbarocke Schlösschen mit dem aufgesetzten Zwiebeltürmchen auf der Insel im Wörthsee. Es ist im Besitz der Grafen Törring.

# Rundweg über Meiling und Delling

*Ein berühmter Törring pflanzte die Eichenalleen*

**Abfahrt ab München:** alle 20 Minuten.

**Fahrzeit:** 35 Minuten.

**Fahrpreis:** 2 Zonen/ 4 Streifen, Tageskarte Gesamtnetz.

**Rückfahrt:** S5 ab Weßling.

Über zweieinviertel Jahrhunderte haben die Eichen an der Straße von Weßling nach Herrsching und auf dem Dellinger Weg den Kalkofenberg hinauf schon auf dem Buckel. 1776 ließ sie Anton Graf Törring von Seefeld, ein bedeutender Naturwissenschaftler und landwirtschaftlicher Reformator, anlegen. Die mächtigen Methusalems bilden eine der ältesten Eichenalleen Bayerns und werden von kundigen Baumchirurgen gehegt und gepflegt. Der Graf wurde 1765 Ehrenmitglied, 1780 Vizepräsident und 1783 Präsident der Bayerischen Akademie der Wissenschaften. Als Naturwissenschaftler beeinflusste er u. a. den Hopfenbau durch neue Methoden. 1812 ist er gestorben.

## Die Wanderung

Vom Bahnhof nehmen wir den Fußweg in den Ort, folgen der Hauptstraße ein kurzes

*Die Meilinger Kirche*

Stück nach rechts, biegen dann links in den Seeweg ein und gehen am See entlang bis zur Alten Kirche (Mariä Himmelfahrt). Hier halten wir uns rechts auf dem Steinebacher Weg, der uns unter der Hauptstraße hindurch in freies Feld aus dem Ort herausführt. Wir wandern nun parallel zu den Bahngleisen, erst durch Wiesen und Ackerland, dann am Waldrand entlang. Nach etwa einem km schwenken wir an der Wegkreuzung nach links in südliche Richtung und wandern durch Schonungen und Hochwald, dann durch sanft abfallende Wiesen zum südlichen Ortsrand von Meiling. Hier nehmen wir den Dellinger Weg nach links, unterqueren vor Delling die Fahrstraße nach Herrsching und gehen gleich hinter dem Gut Delling durch die Allee alter Eichen nach links zum Kalkofenberg. Bis Weßling haben wir noch ein kurzes Stück durch Wald vor uns. Am See entlang (Untere Seefeldstraße) geht es zum S-Bahnhof zurück.

**Route:** Weßlinger See – Meiling – Delling.

**Weglänge:** 7 km.

**Markierung:** grüner Punkt.

**Anspruch:** Eine abwechslungsreiche Wanderung mit schönen Abschnitten durch Wald und Flur mit lohnenden Aussichtspunkten. Für Kinderwagen nicht geeignet.

**Einkehren am Weg:** In Meiling: Zum Sepperl (B) kurzer Abstecher; in Weßling: Zur Post (B).

## Sehenswert

Die Dellinger **Kirche St. Georg** wurde um 1805 durch Graf Törring-Seefeld erbaut. Der Hochaltar stammt aus der zweiten Hälfte des 18. Jahrhunderts und wird Franz Xaver Schmädl zugeschrieben, ebenso die gleichzeitige Kanzel.

### Ausblicke für Maler und Fotografen

Die Dellinger Höhe zog vor allem im 19. Jahrhundert viele Künstler an. Maler hielten ihre landschaftliche Schönheit und den weiten Blick ins Land in Bildern fest. Bis zum Fuß dieses Höhenrückens im Süden von Weßling reichte in grauer Vorzeit der Ammersee, und noch heute blickt man im Süden über ausgedehnte Moore.

# Über Jexhof nach Schöngeising

*In den Wäldern des Wilderers und Räubers Hiasl*

**Abfahrt ab München:** alle 20 Minuten.

**Fahrzeit:** 35 Minuten.

**Fahrpreis:** 2 Zonen/4 Streifen, Tageskarte Gesamtnetz.

**Rückfahrt:** S4 ab Schöngeising (Abfahrt alle 20/40 Minuten; Fahrpreis: 3 Zonen/6 Streifen).

Im Schöngeisinger Forst soll vor langer Zeit der Räuberhauptmann Mathias Klostermaier, der bayerische Hiasl, Unterschlupf gefunden haben. Erst mit großem Aufgebot an Gendarmen und Soldaten konnte er dingfest gemacht werden. Im Herbst 1771 wurde er für seine Untaten durch das Schwert „vom Leben zum Tode befördert". Und immer noch geht die Sage, dass er geraubte Schätze in eben diesem Wald vergraben habe, und da sie nie gefunden wurden, heißt es im Volksmund weiter, der Teufel habe sich das Diebesgut geholt.

*Ampersteg beim „Wasenmeister", südlich von Schöngeising*

## Die Wanderung

Vom Nordausgang des Bahnhofs gehen wir auf der Bacheläckerstraße nach rechts, halten uns weiter nach rechts auf der Tannenbergstraße und biegen dann nach links in den Mischenrieder Weg ein. Vor dem Reiterhof Mischenried schwenken wir nach links. Unser Weg führt nun am Waldrand in nördliche Richtung zur Autobahn (A 96), die wir etwas weiter westlich unterqueren. Vor uns liegt nun eine lange Waldstrecke. Auf festen Schotterwegen wandern wir nach Nordwesten, vorbei an der Steinernen Säule, zum Jexhof. Wir durchqueren die weite Lichtung und gehen hinunter zum Kellerbach. Hier wenden wir uns in einer Spitzkehre nach rechts und folgen dem Bachlauf bergauf, bleiben dann in nördlicher Richtung im Bernrieder Wald. Beim Wasenmeister erreichen wir das Ampertal und gehen über die Stege der beiden Amperarme

**Reiterparadies**
Das Gut Mischenried war einst eine Schwaige des Augustinerchorherrenstifts Dießen. Heute ist es ein Reiterhof mit Reitschule und Gestüt.

**Route:** Steinerne Säule – Jexhof – Wasenmeister.

**Weglänge:** 13 km.

**Markierung:** grünes Dreieck.

**Anspruch:** Eine sehr reizvolle Waldwanderung mit einigen leichten Steigungen. Für Kinderwagen nicht geeignet.

**Einkehren am Weg:** In Schöngeising: Zum unter'n Wirt (B), Zur Post (B).

an der Kirche vorbei in den Ort Schöngeising. Auf der Kirchenstraße, der Brucker Straße (links), der Amperstraße (rechts) und ihrer Verlängerung, der Bahnhofstraße, kommen wir nach etwa 2 km zum S-Bahnhof.

## Sehenswert

Aus romanischer Zeit stammt die kleine **Kapelle St. Vitus** beim Gut Zellhof (früher ein Wirtschaftshof des Klosters Fürstenfeld) bei Schöngeising. Sie wurde Ende des 17. Jahrhunderts erweitert und barockisiert. Aus dieser Zeit stammen der Altar mit der Figur des heiligen Vitus und die Täfeldecke, auf deren Flächen gemalte Engel die Leidenswerkzeuge Christi tragen.

**Berühmter Schöngeisinger**
Volksmusikfreunde kennen seinen Namen – in Schöngeising berichtet eine Gedenktafel von seinem Wirken. Zwischen 1917 und 1937 lebte Heinrich Scherrer hier. Er gilt als einer der Wiedererwecker des deutschen Volksliedes. Schöngeising nannte auch eine Straße nach ihm. An der steht das ehemaligen Schererhaus. Es ist heute das Bürgerhaus.

# Durch das Kiental zum Kloster Andechs

*In der unwirtlichen Schlucht lebte eine fromme Einsiedlerin*

**Abfahrt ab München:** alle 20/40 Minuten.

**Fahrzeit:** 47 Minuten.

**Fahrpreis:** 3 Zonen/ 6 Streifen, Tageskarte Gesamtnetz.

**Rückfahrt:** S5 ab Herrsching.

**Route:** Kiental – Kloster Andechs – Kiental.

**Weglänge:** 7 km.

**Markierung:** grünes Quadrat.

**Anspruch:** Eine schöne Wanderung, die durch das romantische Kiental bis zum Ziel stetig bergauf führt und nur im letzten Stück etwas steiler ist.

**Einkehren am Weg:** In Andechs: Klostergasthof (B), Bräustüberl (B).

Vor rund 150 Jahren war das Kiental noch eine unzugängliche und unwirtliche Waldschlucht, die der Kienbach in Jahrhunderten tief eingekerbt hatte. Seinen Namen erhielt das Tal von den Kiefern, die hier vor allem wuchsen. Erschlossen wurde es erst durch die Schotterstraße, die 1853 durch die Schlucht zum Kloster hinauf vor allem für den Holztransport gebaut wurde und seither in Abständen immer wieder gesichert werden muss. Heute ist sie die beliebteste Pilger- und Wanderroute zum „heiligen Berg".

## Die Wanderung

Vom Bahnhof gehen wir auf der Kienbachstraße nach Osten bis zu deren Ende, überqueren die Mühlfelder Straße (Durchgangsstraße) und nehmen etwas weiter links die Andechs-

Auf dem Weg zum heiligen Berg von Andechs

straße (nach rechts). An ihrem Ende biegen wir rechts in die Kientalstraße und damit das Kiental ein, dem wir nun bis zur Höhe folgen, zunächst auf Asphalt, später auf festem Kiesweg. Auf der Höhe halten wir uns links und gehen nun etwas steiler, zuletzt über Stufen, zum Kloster hinauf. Zurück geht es auf der gleichen Route stetig bergab.

## Sehenswert

Das **Benediktinerkloster mit der Kirche Mariä Verkündigung in Andechs** ist die älteste in Deutschland bekannte und die wohl bedeutendste Wallfahrtsstätte des bayerischen Oberlandes. Die Grafen von Andechs – ihre Stammburg stand seit 1080 in Dießen, seit 1132 auf dem späteren „heiligen Berg" – hatten von Kreuzfahrten ins Heilige Land zahlreiche Heiltümer (Reliquien) mitgebracht und in der Burgkapelle aufgestellt. Besonders entwickelte sich zu den 1182 auf die Burg gekommenen drei heiligen Hostien eine Wallfahrt. Mitte des 13. Jahrhunderts folgte der Niedergang der mächtigen Andechser – sie waren auch Herzöge von Meranien und seit 1208 von Burgund. 1248 gewannen die Wittelsbacher die Alleinherrschaft in Altbayern. Die Burg Andechs wurde geschleift, die Hostien verschwanden. Erst 1388 wurden sie wieder aufgefunden, und die Wallfahrt erfuhr ungeheuren Zuspruch.

**Im Kiental hauste die Kuttenmirl**

In der Wildnis des Kientals wohnte vor langer Zeit in einer Höhle im Nagelfluh eine fromme Einsiedlerin, die Kuttenmirl. Kaum jemand soll sie je zu Gesicht bekommen haben, und irgendwann wurde sie vergessen. Erst als die Straße durch die Schlucht nach Andechs hinauf gebaut wurde, fand man ihre Höhle und einige ihrer Habseligkeiten, darunter einen Totenschädel, dessen Anblick sie, so heißt es, an die Vergänglichkeit des irdischen Lebens gemahnt hatte.

# Über Erling zum Kloster Andechs

*Herzog Albrecht gründete das Benediktinerkloster*

**Abfahrt ab München:** alle 20/40 Minuten.

**Fahrzeit:** 47 Minuten.

**Fahrpreis:** 3 Zonen/ 6 Streifen, Tageskarte Gesamtnetz.

**Rückfahrt:** S5 ab Herrsching.

Geistiges und leibliches Wohl gehören in Bayern seit eh und je zusammen. Wie in anderen Klöstern wird darum auch in Andechs seit Jahrhunderten ein gutes Bier gebraut und (nicht nur an Patres und Pilger) ausgeschenkt. Wahrscheinlich gab es bei der Klostergründung 1455 schon eine Braustätte. Die heutige – wie der gesamte Wirtschaftsbetrieb Andechs – entspricht dank der geschickten Hand des Priors und Zellerars P. Anselm Bilgri dem neuesten technischen Stand.

## Die Wanderung

Vom Bahnhof gehen wir auf der Kienbachstraße nach Osten bis zu deren Ende, überqueren die Mühlfelder Straße (Durchgangsstraße) und nehmen etwas weiter links die Andechsstraße (nach rechts). Vor St. Martin auf der Höhe biegen wir rechts in die Leitenhöhe ein, der wir nun durch ein Wiesental sanft bergan folgen, bis wir nach halblinks auf den Hörndlweg einbiegen und am Rand der waldigen Schlucht bergauf gehen, schließlich ein waldum-

**Route:** Klosterleite – Kloster Andechs – Kiental.

**Weglänge:** 9 km.

**Markierung:** grünes Dreieck.

**Anspruch:** Eine sehr schöne Wanderung – bergauf über die waldige Höhe der Klosterleite, zurück durch das romantische Kiental.

**Einkehren am Weg:** In Andechs: Klostergaststätte (B), Bräustüberl (B).

grenztes Wiesental durchwandern und die Erlinger Höhe erreichen. Wir bleiben am Rand des Ortes, schwenken bei den ersten Häusern nach links in den Wartaweiler Weg und steigen an seinem Ende die Stufen ins Kiental hinunter. Beim alten Stauwehr überqueren wir den Kienbach und wandern dann nach rechts zum Kloster hinauf. Den Rückweg nehmen wir von der Einmündung unterhalb des Wehrs durch das Kiental (vgl. Wanderweg 38).

*Seepromenade in Herrsching*

## Sehenswert

Die **Klosterkirche Andechs** ist ein erstrangiges Meisterwerk des bayerischen Rokoko. Grundsubstanz ist eine gotische Hallenkirche aus den 15. Jahrhundert, die durch Brand 1669 völlig zerstört und bis 1675 wieder aufgebaut wurde. 1679 wurde der Hochaltar mit Stuckarbeiten von Andreas Remmer fertig. 1703 malte der Münchener Hofmaler Andreas Wolff die Bilder des Benediktus- und des Rassoaltars. Die Umbauarbeiten zum 300-jährigen Klosterjubiläum 1755 leitete der Baumeister Lorenz Säppel aus München. Johann Baptist Zimmermann schuf den Stuck und die Fresken der Kirche, unterstützt von den Stuckateuren Joseph Marian und dem Wessobrunner Johann Georg Übelher. Werke des Münchener Bildhauers Johann Baptist Straub sind die Nikolaus- und Elisabethstatuen, zwei Anbetungsengel am unteren Hochaltar und die vier Seitenaltäre. Der Weilheimer Franz Xaver Schmädl schuf die Figuren des oberen Hochaltars.

**Kurze Klostergeschichte**

Die Geschichte des Klosters Andechs beginnt 1438 mit der Gründung eines Kanonikerstifts durch Herzog Ernst von Bayern. Sein Sohn Herzog Albrecht III. wandelt das Stift in ein Benediktinerkloster um, nachdem Kardinal Nikolaus von Cues ein Votum für die Echtheit der drei heiligen Hostien abgegeben hatte. Im Dreißigjährigen Krieg wird das Kloster von den Schweden übel zugerichtet. 1669 brennen Kloster und Kirche nach Blitzschlag nieder und werden bis 1675 wieder aufgebaut. 1803 wird Andechs wie alle Klöster Bayerns säkularisiert. 1846 erwirbt König Ludwig I. die Klosterbaulichkeiten und übergibt sie als Wirtschaftsgut der von ihm neu begründeten Abtei St. Bonifaz in München.

# Rundweg zum Ramsee-Gedenkstein

*Die Siedlung im Wald wurde ein Raub der Flammen*

**Abfahrt ab München:** alle 20/40 Minuten.

**Fahrzeit:** 47 Minuten.

**Fahrpreis:** 3 Zonen/ 6 Streifen, Tageskarte Gesamtnetz.

**Rückfahrt:** S5 ab Herrsching.

Im Wald südlich von Herrsching, hoch über dem See, stand bis 1849 der kleine Weiler Ramsee. Zuletzt hatte er noch 42 Einwohner, die in sechs Gehöften lebten. 1860 gab es einen verheerenden Brand. Ein Teil der Siedlung brannte völlig nieder. Die beiden letzten Höfe kaufte der Staatsforst und ließ sie abreißen, 1864 auch die kleine Kirche. Nur ein Gedenkstein am „Roßleitenweg" erinnert noch an Ramsee.

## Die Wanderung

Vom Bahnhof gehen wir nach rechts auf der Straße „Zum Landungssteg", dann nach rechts auf der Seestraße zur Seepromenade, der wir nach links folgen. Vor dem Seglerhafen verlassen wir das Ufer und gehen nach rechts neben der Mühlfelder Straße zum Schloss Mühlfeld. Dort halten wir uns rechts auf der Straße nach Wartaweil. Wir überqueren den Mühltalbach und biegen vor dem Pumpwerk nach links in den Waldweg (Ramsee-

**Route:** Seepromenade – Schloss Mühlfeld – Ramseestein – Seepromenade.

**Weglänge:** 9 km.

**Markierung:** grüner Ring.

**Anspruch:** Eine abwechslungsreiche Wanderung mit schönen Waldabschnitten, die bei sonnigem Wetter viel Schatten bieten. Es gibt einige leichte Steigungen. Für Kinderwagen nicht geeignet.

**Einkehren am Weg:** In Herrsching: Seehotel (B), Landgasthof Mühlfeldbräu.

*Schloss Mühlfeld*

straße) ein. Unser Weg führt nun leicht bergauf, nahezu gerade, bis zum Wegkreuz auf der Höhe. Links, etwas abseits, findet sich der kleine gemauerte Gedenkstein, der an das einstige Dorf Ramsee erinnert. Wir wandern nun nach links entlang der Schonung wieder bergab bis zur Schwellbrücke. Dort schwenken wir nach links und gehen nun in nördliche Richtung. Über kurze Waldstücke und weite Lichtungen erreichen wir die Fahrstraße von Erling. Wir folgen ihr ein kurzes Stück nach rechts, biegen dann scharf links in die Panoramastraße ein, die uns zur Seepromenade zurückführt. Von dort geht es auf der Route des Hinwegs zur S-Bahn zurück.

## Sehenswert

Das **Schlösschen Mühlfeld** gehörte früher den Andechser Benediktinern. Herzog Wilhelm V. hatte es ihnen 1597 geschenkt. Es diente ihnen zur Sommererholung und – 1627 – als Zuflucht vor der Pest. Die Schlosskapelle Mühlfeld in Herrsching, Ende des 16. Jahrhunderts erbaut und 1626 von Andechser Benediktinern restauriert, hat eine schöne Barockausstattung. Sie überstand die Säkularisation unbeschadet und ist seit 1803 zusammen mit dem Schloss in Privatbesitz und nicht öffentlich zugänglich.

**Der Letzte verprasste alles**

In Herrsching war der Gasthof „Zur Post" Sitz der Hundtberger. Einer von ihnen zog als Student am Ende des 15. Jahrhunderts von Andechs nach Ingolstadt. Ein anderer, Johann, war 30 Jahre lang Pfarrer in Oberalting, ein Georg Hundtberger Landrichter in Pähl. Der letzte Sproß der Familie, Jörg, verprasste Hab und Gut. Mit dem Erlös fast des gesamten Landbesitzes wandelte er seinen Edelsitz in eine Wirtschaft um und starb als sein bester Kunde.

# Auf dem Wallfahrerweg nach Gräfelfing

*Herzog Wilhelm III. kaufte eine Behausung in Planegg*

**Abfahrt ab München:** alle 20 Minuten.

**Fahrzeit:** 22 Minuten.

**Fahrpreis:** 1 Zone/2 Streifen, Tageskarte Innenraum.

**Rückfahrt:** S6 ab Gräfelfing (Abfahrt alle 20 Minuten; Fahrpreis: 1 Zone/2 Streifen).

**Route:** Wallfahrtskirche Maria Eich – Wallfahrerweg – Gräfelfing.

**Weglänge:** 3 km.

**Markierung:** grüner Punkt.

**Anspruch:** Ein sehr leichter, erholsamer Spazierweg ohne Steigungen auf festen Wegen.

**Einkehren am Weg:** In Planegg: Zur Eiche (B), Heide Volm (B).

Aus dem Jahre 1409 gibt es einen Kaufbrief, dem zufolge Jörg Tömlinger „seine Behausung in Planegk" an Herzog Wilhelm III. verkaufte. Der ließ noch im gleichen Jahr Schloss Planegg, ein stattliches Herrenhaus, errichten und überließ es 1425 samt Hofmark seinem Sohn Konrad von Egenhofen. Zu Beginn des 17. Jahrhunderts ist Hans Georg Berewarth von Hohenburg, bayerischer Rat und später Kanzler, der Besitzer. Im 17. und 18. Jahrhundert erhält die Anlage ihre heutige Gestalt. Seit Mitte des 19. Jahrhunderts ist das Schloss im Besitz der Familie von Hirsch.

*St. Stephan in Gräfelfing*

## Die Wanderung

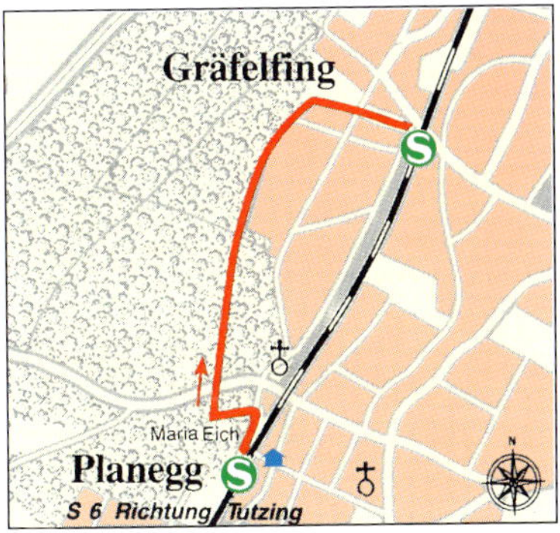


Wir verlassen den Bahnhof über den westlichen Tunnelausgang, gehen dann halblinks weiter durch die breite Parkallee zur von hohen Eichen umstandenen Wallfahrtskirche Maria Eich. Wir halten uns nun halbrechts, unterqueren die Fahrstraße (Germeringer Straße) und schwenken dann halblinks auf den schnurgeraden Wallfahrerweg nach Norden ein. Wir bleiben auf diesem schönen, breiten Waldweg (anfangs auch Kreuzweg) bis zur Geigerstraße, biegen dort rechts ein und erreichen über die Geigerstraße und die Ruffiniallee den S-Bahnhof Gräfelfing.

## Sehenswert

Die Pfarrkirche **St. Stephan in Gräfelfing** (kurzer Abstecher) wurde um 1500 erbaut und im 17. Jahrhundert barock umgestaltet. Der ungegliederte Turm mit Satteldach an der Türseite des Altarraumes birgt im Erdgeschoss die Sakristei. Im Inneren sind spätgotische Flachornamente an der Brüstung der Westempore, ein spätgotischer Taufstein und barocke Altäre zu sehen. Vor dem Altarraum fällt ein in den Boden eingelassener Grabstein von 1515 mit Renaissancerahmen ins Auge.

## Wissenswert

Das Hofmarksgeschlecht der Hörwarth führte in seinem Wappen als frühere „Ulentaler" eine Eule als Wappentier. Nachdem das Geschlecht der Hörwarth im Mannesstamm ausgestorben war, durfte die Gemeinde Planegg 1951 das Wappen übernehmen: Auf einem grünen Feld (= Plan) sitzt vor einem blauen Fluss (= Würm) eine rote, goldbewehrte Eule. 1914 wurde in Gräfelfing das Waldheim der Bäckerinnung eröffnet. Das Heim ist noch heute zentrale Ausbildungs- und Lehrstätte für das Bäckerhandwerk in ganz Bayern.

**Da war sie gleich gesund**

1733 war eine Dienstmagd beim Hofbauer in Planegg erkrankt. In ihrem elenden Zustand fiel ihr ein, „wann mir halt bei dem Frauerl in der Eichen geholfen würde, wollte ich gern vom Mühlfeld anfangend bis zur Eichen hinauskriechen und darunter beten". Kaum hatte sie diesen Vorsatz gefasst, ist sie wieder frisch und gesund geworden, so berichtet die Chronik. Dieses Wunder wurde schnell bekannt und verursachte einen großen Zulauf von Hilfsbedürftigen.

# Durch den Forst nach Gauting

*Einzigartige Kunstschätze wurden zu gering geachtet*

**Abfahrt ab München:** alle 20 Minuten.

**Fahrzeit:** 22 Minuten.

**Fahrpreis:** 1 Zone/2 Streifen, Tageskarte München XXL.

**Rückfahrt:** S6 ab Gauting (Abfahrt alle 20 Minuten; Fahrpreis: 2 Zonen/4 Streifen).

**Route:** Wallfahrtskirche Maria Eich – Waldsanatorium – Gauting.

**Weglänge:** 7 km.

**Markierung:** grünes Dreieck.

**Anspruch:** Eine sehr schöne Waldwanderung auf ebenen Forstwegen, ein kurzes Stück neben belebter Fahrstraße, jedoch überwiegend durch Büsche und Bäume getrennt, auf Fußwegen.

Die Glasfenster von St. Benedikt in Gauting sollten 1884 an einen Kunsthändler verkauft werden. Der damalige Pfarrer meinte in einer Eingabe an das Ordinariat, die angebotenen 12 000 Mark könnten der ohnehin nicht gut situierten Kirche pekuniär zustatten kommen. Die Gemälde seien zwar ein Schatz, doch wie ein Diamantring an einem Bettelweib. Das Ordinariat beschied ihn kurz angebunden, der Verkauf der Glasgemälde könne durchaus nicht gestattet werden.

## Die Wanderung

Wir verlassen den Bahnhof über den westlichen Tunnelausgang und gehen dann halblinks durch die breite Parkallee zur Wallfahrtskirche Maria Eich. Dort wenden wir uns in westliche Richtung und nehmen den Fußweg, der anfangs parallel zur Germeringer Straße, dann weiter halblinks parallel zur Sanatoriumstraße verläuft. An ihrem Ende umgehen wir das Waldsanatorium nach links. Dann folgen wir

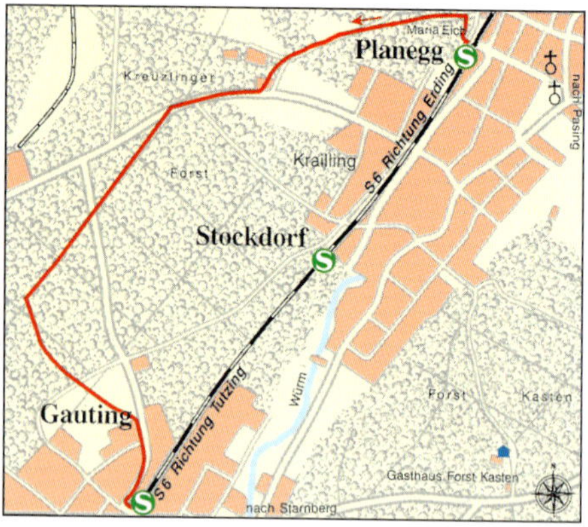

*Schloss Fußberg in Gauting*

ein Stück der Pentenrieder Straße nach Westen und biegen später nach links in den Forst ein. Hier geht es ein Stück südwestwärts, dann südostwärts und wieder südwestwärts wechselnd durch Schonungen und Hochwald bis in die Höhe von Gauting. Über die Birkenstraße und die Germeringer Straße kommen wir zum Pippinplatz, gehen durch die Bahnunterführung und erreichen nach wenigen Schritten nach rechts den S-Bahnhof Gauting.

## Sehenswert

Die nahe der Würm gelegene **Pfarrkirche St. Benedikt** in Gauting wurde an der Stelle einer früheren gotischen Kirche erbaut, von der nur der Satteltum erhalten blieb. Aus der früheren Kirche wurden insbesondere neun überaus wertvolle Glasfenster übernommen. Sie sind allesamt Stiftungen von Münchener Patrizierfamilien (Ligsalz, Pütrich, Weiler, Knöll), die im Würmtal Besitz hatten, und stammen aus der ersten Hälfte des 16. Jahrhunderts. Drei davon werden dem Meister Jakob Kistenfeger zugeschrieben, der 1515 die Fenster der Münchener Frauenkirche schuf.

**Einst Militärstation**

Gauting liegt am Schnittpunkt zweier wichtiger Römerstaßen: von Kempten über Epfach und von Augsburg über Gauting nach Salzburg. Zur Zeit des Kaisers Tiberius (14–37 n. Chr.) gab es hier wohl eine Militärstation, später sogar eine wichtige Straßenstation mit Wirtschaftsgebäude, Badehäusern und Töpferei.

# Rundweg über Forsthaus Kasten

*Weit draußen kann man Bier auf Stadtgrund trinken*

**Abfahrt ab München:** alle 20 Minuten.

**Fahrzeit:** 22 Minuten.

**Fahrpreis:** 1 Zone/2 Streifen, Tageskarte Innenraum.

**Rückfahrt:** S6 ab Planegg.

**Route:** Forst Kasten – Stockdorf – Krailling.

**Weglänge:** 10 km.

**Markierung:** grünes Quadrat.

**Anspruch:** Eine ausgedehnte Waldwanderung mit nur geringen Höhenunterschieden. Ein längeres Stück führt durch Wohnsiedlungen mit Einzelhäusern. Für Kinderwagen nicht geeignet.

**Einkehren am Weg:** Gasthaus Forst Kasten; in Planegg: Heide Volm (B), Zur Eiche (B).

Im Jahre 1308 verkaufte Heinrich von Schmiechen 32 Tagwerk Wiesenmahd und gepflegten Wald aus dem heutigen Forstenrieder Park an das Heiliggeistspital in München. Inmitten dieser Waldrodung steht das Forst(Wirts-)haus Kasten. Seit damals ist deshalb die heutige Erholungsoase im Forst eine Exklave der Landeshauptstadt als Verwalterin der Heiliggeist-Stiftung.

## Die Wanderung

Vom östlichen Tunnelausgang gehen wir geradeaus auf der Bahnhofstraße bis zur Bräuhausstraße kurz vor der Würm. Hier biegen wir rechts ein, wandern auf der Verlängerung

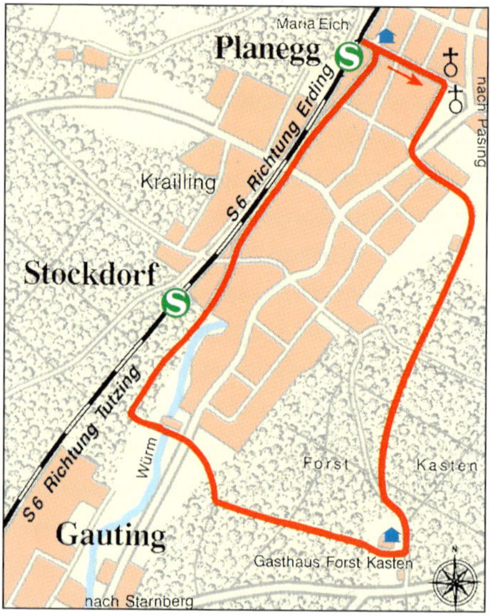

(Margaretenstraße) weiter bis zur Ludwig-Nagel-Straße. Dort schwenken nach links, überqueren die Würm, gehen auf der Gautinger Straße (Durchgangsstraße) ein kurzes Stück nach links und biegen dann rechts in die Forst-Kasten-Straße ein. Nun geht es sanft bergan zum östlichen Ortsrand, dort nach rechts und dann immer durch den Hochwald in südlicher Richtung bis zum Gasthaus Forst Kasten. Wir gehen weiter in Südrichtung durch den Wirtschaftshof, erreichen wieder den Wald und behalten nun immer westliche Richtung bei bis in Höhe des nördlichen Ortsrandes von Gauting. Hier halten wir uns halb rechts, treten bergab aus dem Wald heraus, gehen einige Schritte durch Weideland, kreuzen die Gautinger Straße und nehmen die Allee nach Grubmühl hinüber. Hier überqueren wir die Würm und wenden uns etwas später nach rechts. Vor uns liegt noch einmal ein schönes Waldstück, das wir am Ortsrand von Stockdorf bei der Kirche St. Vitus verlassen. Nun geht es immer in nördlicher Richtung durch die Waldstraße und ihre Verlängerung, die Bergstraße, zum S-Bahnhof zurück.

*Denkmal für den Todesmarsch Dachauer KZ-Häftlinge durch das Würmtal*

## Sehenswert

Die **Margarethenkirche** in Krailling mit ihrem Zwiebelturm ist das Wahrzeichen des Ortes. Ihre Apsis ist noch gotisch, das Langhaus wurde 1580 angebaut, der Turm im 18. Jahrhundert erneuert. Der barocke Hochaltar aus der ersten Hälfte des 18. Jahrhunderts birgt eine spätgotische Madonna (um 1500).

**Fürstliches Jagdrevier**

Der Forstenrieder Park war einst ein bevorzugtes und ergiebiges Jagdrevier der bayerischen Fürsten. Seit dem Ende des 14. Jahrhunderts bis in die Zeit des Ersten Weltkriegs gab es hier regelmäßig Treibjagden, auch größeren Stils, nicht selten mit Strecken von hundert Stück Schwarzwild. Es war genug Wild da, wie eine etwa 125 Jahre alte Bestandsliste ausweist: 700 Stück Edelwild, 600 Stück Damwild, 50 bis 70 Rehe und 1000 Wildschweine.

# Über Gut Streiflach nach Harthaus

*Die heilige Kümmernis ist nur eine Legende*

**Abfahrt ab München:** alle 20 Minuten.

**Fahrzeit:** 22 Minuten.

**Fahrpreis:** 1 Zone/2 Streifen, Tageskarte Innenraum.

**Rückfahrt:** S5 ab Harthaus (Abfahrt alle 20 Minuten; Fahrpreis: 1 Zone/2 Streifen).

**Route:** Wallfahrtskirche Maria Eich – Streiflach – Harthaus.

**Weglänge:** 5 km.

**Markierung:** grüner Ring.

**Anspruch:** Ein leichter, ausgedehnter Spaziergang ohne nennenswerte Höhenunterschiede durch Hochwald und freie Flur.

**Einkehren am Weg:** In Freiham: Schlosswirtschaft (B Abstecher).

Die Urzelle des heutigen Ortes Planegg ist eine kleine Siedlung an der Würm: Steinkirchen, schon 954 urkundlich erwähnt. Planegg tritt erst 1409 ins Licht der schriftlichen Überlieferung, als Planegk, danach in immer anderen Schreibweisen: Planeck (1441), Blaneck und Blanegg (1524), Planeckh (1574). Seit 1732 gilt die heutige Schreibweise.

## Die Wanderung

Wir verlassen den Bahnhof durch den westlichen Tunnelausgang und gehen dann halb links durch die breite Parkallee zur Wallfahrts-

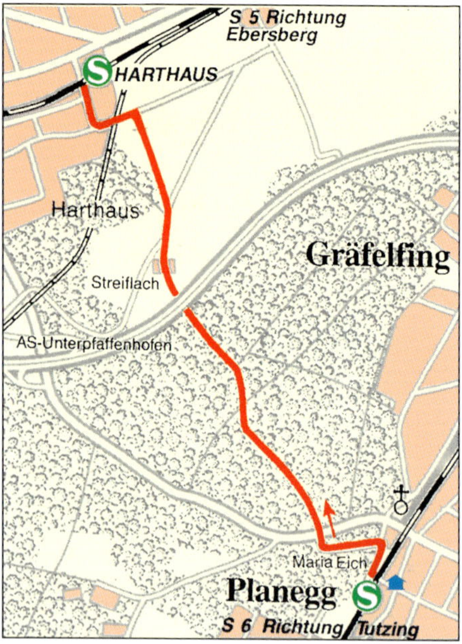

kirche Maria Eich. Dort halten wir uns halb rechts, unterqueren die Durchgangsstraße (Germeringer Straße) und schwenken halb links auf den Wallfahrerweg ein. Nach einem kurzen Stück zweigt unser Weg nach links ab in nordwestliche Richtung. Kurz vor der Autobahnunterführung verlassen wir den Wald und erreichen auf der anderen Seite der A 96 das ehemalige Gut Streiflach, das wir ostseitig umgehen. Durch die Allee alter Kastanien kommen wir zur Wegkapelle. Hier halten wir uns links und gehen dann am Waldrand in nördliche Richtung bis zur Hartstraße, der wir nach links bis zur Hubertusstraße folgen. Dort biegen wir rechts ein und kommen nach etwa hundert Metern zum S-Bahnhof Harthaus.

*Park auf dem Weg nach Maria Eich*

## Wissenswert

In der Kapelle Maria Eich ist eine gute Schnitzfigur der **St. Kümmernis** aus dem 18. Jahrhundert zu sehen. Und mit der hat es eine besondere Bewandtnis. Bis ins 12. Jahrhundert stellte man vielfach Christus am Kreuz in einem langen Königsmantel und mit einer Krone auf dem Haupt dar. Später, im 15. Jahrhundert, kannte man den Gekreuzigten nur mit Lendenschurz bekleidet; folglich hielt man den bekleideten Christus nun für eine weibliche Heilige, und rasch entspann sich eine Legende. Die hl. Kümmernis oder Wilgefortis war die zum Christentum bekehrte Tochter eines heidnischen Königs. Um nicht einen heidnischen Prinzen heiraten zu müssen, bat sie Gott um die Entstellung ihres Äußeren. Über Nacht wuchs ihr ein Bart. Der wütende Vater ließ sie kreuzigen.

# Zum Gut Rieden und nach Starnberg

*Ein Museum zeigt die Geschichte der Leute am See*

**Abfahrt ab München:** alle 20 Minuten.

**Fahrzeit:** 31 Minuten.

**Fahrpreis:** 2 Zonen/ 4 Streifen, Tageskarte Gesamtnetz.

**Rückfahrt:** S6 ab Starnberg (Abfahrt alle 20 Minuten; Fahrpreis: 2 Zonen/4 Streifen).

**Von Dichtern umschwärmt**

Schon früh war der Starnberger See ein Anziehungspunkt auch für Maler und Dichter. Sie hielten die Schönheit seiner Landschaften in Wort und Bild fest. Einer von ihnen, der berühmte Alpenschilderer Noe, schrieb: „Der Morgenstrahl rollt die Karte des ganzen Sees auf, die blau ins grüne Land gezeichnet ist, eine meilenlange, blitzende Wasserfläche und dahinter das gestreckte Panorama der sübairischen Gebirge. Es ist als ob zwischen dem See und den Bergen nichts läge, als ob Dich selbst die Fluth zu ihnen hinziehen wollte, und doch erheben sich hinter dem verschwimmenden Ufer und jenen gewaltigen Bergen noch der Wälder und Hügel gar viele."

Der Würmsee (heute Starnberger See) füllte einstmals das Leutstettener Moos bis zur Endmoräne aus und reichte im Süden weit in die Niederung von Seeshaupt. Heute ist er 22 km lang und an seiner breitesten Stelle, beim Karpfenwinkel, 5 km breit. Seine tiefste Stelle misst 123 Meter. Mit seinen 57 km$^2$ ist er der größte im Land der fünf Seen.

*Frühlingsahnung am See*

## Die Wanderung

Vom Bahnhof nehmen wir die Straße nach Süden (in Fahrtrichtung Starnberg). Sie führt uns zunächst am Rande des Waldes entlang und zweigt im freien Feld etwas von der Bahnlinie ab. Beim Gut Rieden mit der kleinen Kirche St. Peter und Paul wandern wir am Golfplatz entlang, dann leicht bergab weiter nach Süden. Wir passieren ein Waldstück, an dessen Ende die Außenbereiche von Starnberg beginnen. Am Waldfriedhof am Hang, der Tennisanlage und den Sportplätzen vorbei wandern wir auf dem Riedener Weg bis zur Leutstettener Straße, der wir nun nach rechts und über die Münchener Straße hinweg folgen. Auf der Kaiser-Wilhelm-Straße durch das Zentrum von Starnberg erreichen wir den S-Bahnhof am See.

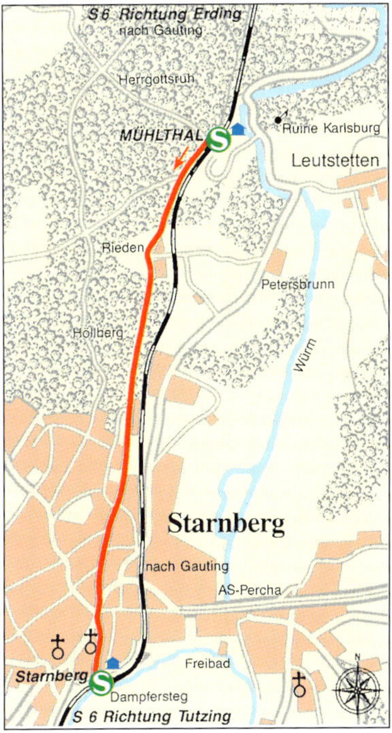


## Sehenswert

Das **Würmgaumuseum** der Stadt Starnberg ist nahe bei der Unterführung zum Undosa jenseits der Bahn in einem früheren Fischerhaus untergebracht, das in seinem ältesten Teil aus dem 15. Jahrhundert stammt und nach dem alten Hausnamen Lochmannhaus heißt. Es zeigt altes Gerät und Geschirr, bäuerliche Einrichtungen von einst in Küche, Wohnstube und Schlafkammer. Im oberen Stock sind alte Stiche und Lithografien, Fischertrachten, Schiffsmodelle, darunter der „Bucentaur“, und interessante Funde aus der Vor- und Frühgeschichte zu sehen. Angelegt wurde das Museum vom Verein für Volkstum und Heimat (1915). Seit 1938 ist die Stadt der Träger.

**Route:** Mühlthal – Gut Rieden – Starnberg.

**Weglänge:** 4 km.

**Markierung:** grünes Dreieck.

**Anspruch:** Ein Spaziergang überwiegend am Waldrand entlang auf befestigten Straßen mit leichten Steigungen.

**Einkehren am Weg:** In Starnberg: Seerestaurant Undosa (B, kurzer Abstecher).

# Über Herrgottsruh nach Starnberg

*Im Schloß residiert heute das Finanzamt*

**Abfahrt ab München:** alle 20 Minuten.

**Fahrzeit:** 31 Minuten.

**Fahrpreis:** 2 Zonen/ 4 Streifen, Tageskarte Gesamtnetz.

**Rückfahrt:** S6 ab Starnberg (Abfahrt alle 20 Minuten; Fahrpreis: 2 Zonen/4 Streifen

Zwischen dem Seebahnhof und dem Seerestaurant Undosa, ein Stück landeinwärts, lag einst das Dorf Achheim. Auf einem der beiden Moränenhügel westlich, dem Starenbichl (Starenberg), bauten die Grafen von Andechs-Meranien im 12. Jahrhundert eine strategisch wichtige Burg. Nach deren Eroberung durch den Wittelsbacher Herzog Otto II. bildete sich aus den Häusern der Dienstleute, Vasallen und Wachmannschaften die erste Siedlung unter der Burg. Arbeiter, Handwerker und Künstler kamen hinzu, als die Burg unter Kurfürst Ferdinand Maria zur Sommerresidenz der Herzöge umgebaut wurde, wo man grandiose Feste feierte; sogar eine eigene Vergnügungsflotte wurde gebaut.

## Die Wanderung

Vom Bahnhof gehen wir nach rechts in nördliche Richtung, treten bald nach links schwenkend in den Wald ein und behalten nun westliche Richtung bei, bis wir das Wegkreuz und die Kapelle Herrgottsruh erreichen. Dort wenden wir uns

*Der Hochaltar von St. Josef in Starnberg*

**Route:** Mühlthal – Kapelle Herrgottsruh – Starnberg.

**Weglänge:** 10 km.

**Markierung:** grünes Quadrat.

**Anspruch:** Eine schöne Waldwanderung mit einigen leichten Steigungen, auf Forstwegen und Waldpfaden. Für Kinderwagen nicht geeignet.

**Einkehren am Weg:** In Mühlthal: Wirtshaus Obermühlthal (B).

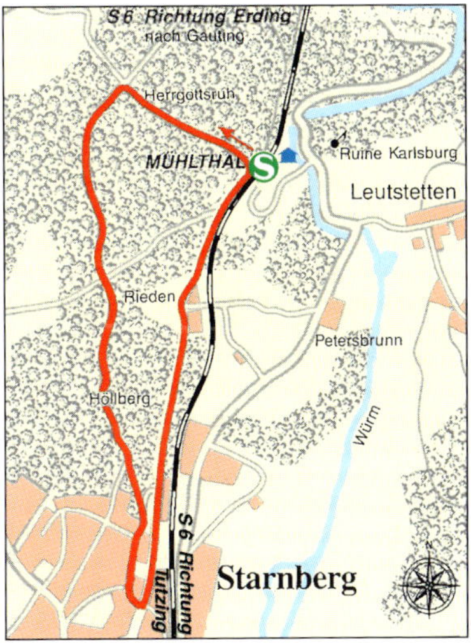


nach links uns bleiben nun für etwa 2,5 km, immer im Wald, in südlicher Richtung. Wir erreichen Starnberg auf der Straße Am Hofbuchet bei der Schießstätte. Wir biegen nach links in die Wernbergstraße, dann nach rechts in die Josef-Sigl-Straße ein, die in die Ferdinand-Maria-Straße mündet. Von hier ist es nicht mehr weit bis zum S-Bahnhof. (Nach links zweigt etwas später der Riedener Weg nach Norden ab, auf dem man über Gut Rieden zum Wanderbahnhof Mühlthal zurückgehen kann; s. Wanderung 45).

## Sehenswert

Unter Herzog Stephan II. ging die **Burg Starnberg** 1365 (von den Andechsern) in den Besitz der Wittelsbacher über. Albrecht III. wählte die Burg 1446 zu seinem Sommersitz, ebenso seine Söhne. 1541 ließ Herzog Wilhelm IV. Die Burg niederreißen und (innerhalb von sechs Jahren) einen Schlossneubau errichten. Trotz seiner mächtigen Befestigung wurde das Schloss 1646 von den Schweden erstürmt und zerstört. Kurfürst Ferdinand Maria ließ es wieder aufbauen und machte es zum Schauplatz glanzvoller Hoffeste. Seit dem 19. Jahrhundert dient das Schloss Amtszwecken. Heute „residiert" hier das Finanzamt.

**Fisch-Rangfolge**

Zu den beliebtesten Fischen des Starnberger Sees zählen früher wie heute die Renken. Der Historiker Lorenz Westenrieder berichtet 1784: „Die Fische, welche man im dem Würmsee antrifft, werden in das edle, in das geringere und das letzte Fischwerk eingetheilt. Zum ersten zählet man die Lachse oder Lachsferchen und die Renken; zu der zweiten Gattung die Waller, Karpfen, Hechte, Rutten und Praxen; und zu der dritten die Alten, Pirschlinge, Rotaugen oder Haseln, Laugen und andere kleinere Bachfische."

# Nach Leutstetten und ins Wildmoos

*Petersbrunn war einst ein beliebtes Ausflugsziel*

**Abfahrt ab München:** alle 20 Minuten.

**Fahrzeit:** 31 Minuten.

**Fahrpreis:** 2 Zonen/ 4 Streifen, Tageskarte Gesamtnetz.

**Rückfahrt:** S6 ab Mühlthal.

Auf der Anhöhe bei Leutstetten stand einst die stattliche Karlsburg. Von ihr sind nicht einmal Reste erhalten. Trümmer sollen zum Bau von Schloss Leutstetten gedient haben. Nach der Sage war Karl der Große Erbauer der Burg. Nach einer anderen Überlieferung soll sie Geburtsort des großen Kaisers gewesen sein, einer von vielen, von denen ein anderer ganz in der Nähe liegt: die Reismühle (Siehe Weg 48)

## Die Wanderung

Vom Bahnhof gehen wir unter den Gleisen hindurch und gleich wieder nach links bis zum alten Bahnhofsgebäude. Dort führt unser Weg als Waldpfad nach rechts steil hinunter zur Fahrstraße. Vor der Würmbrücke biegen wir rechts ein und wandern nun auf halber Höhe bis zur Fahrstraße nach Starnberg. Hier wenden wir uns nach links, gehen über die Würmbrücke und dann nach rechts die Straße nach Leutstetten hinauf. An der Wangener Straße biegen wir rechts ein und etwas

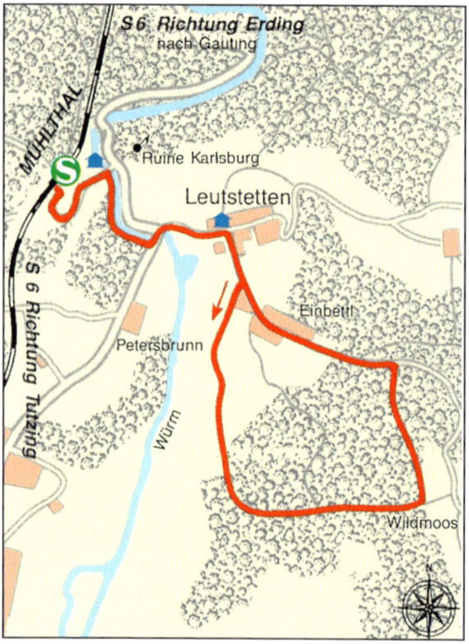


**Route:** Leutstetten – Wildmooshaus – Leutstetten.

**Weglänge:** 8 km.

**Markierung:** grüner Ring.

**Anspruch:** Eine sehr abwechslungsreiche Wanderung durch Wiesen, Mooslandschaft und hohen Mischwald mit einigen leichten Steigungen. Für Kinderwagen nicht geeignet.

**Einkehren am Weg:** In Leutstetten: Schlossgaststätte (B); In Mühlthal: Wirtshaus Obermühlthal (B).

später erneut rechts in den Moosweg, der uns in südlicher Richtung durch Wiesen zum Wald führt. Wir bleiben ein kurzes Stück am Waldrand, biegen dann nach links in den Wald ein. Auf schmalem Pfad geht es nun durch sumpfige Lichtungen und Waldstücke bis zu einem idyllischen Rastplatz mit schöner Aussicht. Dort halten wir uns wieder links in östlicher Richtung und erreichen schließlich auf Knüppeldämmen, Stegen und überwurzelten Pfaden den befestigten Waldweg, der nach rechts schnurgerade zum Wildmooshaus führt. Hier biegen wir links ein und wandern auf dem Dammweg nach Norden durch Bruchwald, der nach etwa 1 km in Buchenhochwald übergeht. Wenig später erreichen wir die Fahrstraße nach Wangen, folgen ihr nach links und wandern wieder nach Leutstetten hinein. Beim Moosweg treffen wir auf die Route der Hinwegs, die uns zum S-Bahnhof zurückführt.

*Leutstetten ist einer der möglichen Geburtsorte Karls des Großen*

## Sehenswert

Die spätgotische, im 17. Jahrhundert barock veränderte **Leutstettener Kirche St. Alto** birgt als kostbarsten Schatz ein Holzrelief des Pfingstwunders, das zwischen 1480 und 1490 entstand und wahrscheinlich ein Werk Erasmus Grassers ist. Zwei weitere wertvolle Figuren von 1520 zieren den Hochaltar: St. Alto und die hl. Elisabeth. Die Decke des Altarraumes schmückt ein Stuckkranz aus Engelsköpfen. Das Deckenfresko im Schiff trägt die Jahreszahl 1789.

Das **Schloss Leutstetten**, 1565 vom herzoglichen Rat Hans Urmüller erbaut, ging 1875 in Besitz des Prinzen Ludwig über. Die königliche Familie bewohnt es noch heute.

**Nur eine Kapelle blieb vom Glanz**

An der Straße von Mühlthal nach Starnberg, ein paar Schritte vom Wanderweg nach rechts, steht die kleine Kapelle Petersbrunn. Herzog Wilhelm IV. baute sie 1510 für die Besucher des Heilbades, das hier bis ins 19. Jahrhundert bestand. Die Schwefelquelle soll schon von den Römern genutzt worden sein. Albrecht V. verkaufte das Bad 1565 an die Urmüller aus Leutstetten. Im Dreißigjährigen Krieg suchte man hier Linderung von der Lepra. 1632 zerstörten es die Schweden. 1810 wurde es erneut eröffnet, brannte 1863 nieder und wurde erneut aufgebaut. Im 19. Jahrhundert war es ein beliebter Ausflugsort, an dem rauschende Künstlerfeste gefeiert wurden. Geblieben ist nur die kleine Kapelle.

# Nach Königswiesen und Gauting

*Die Reismühle gilt als Geburtsort Karls des Großen*

**Abfahrt ab München:** alle 20 Minuten.

**Fahrzeit:** 31 Minuten.

**Fahrpreis:** 2 Zonen/ 4 Streifen, Tageskarte Gesamtnetz.

**Rückfahrt:** S6 ab Gauting (Abfahrt alle 20 Minuten; Fahrpreis: 2 Zonen/4 Streifen).

**Liebesglück in der Reismühle**

Im Jahre 740, so heißt es in den „Chroniken des Königreichs Bayern" von J. H. Wolf, richtete der Frankenkönig Pipin in Weihenstephan sein Hoflager ein. Seinen Oberhofmeister hatte er lange zuvor als Brautwerber um die Hand der Königstochter Bertha nach Britannien geschickt. Der wollte jedoch dem König die eigene Tochter vermählen und übergab Bertha im Wald bei Gauting Knechten, die sie umbringen sollten. Die aber hatten Mitleid und ließen sie frei. Sieben Jahre lebte sie darauf als Magd in der Reismühle, bis eines Abends Pipin nach der Jagd hier einkehrte und die schöne Bertha an dem ihr übersandten Ring erkannte. Noch in derselben Nacht empfing sie von Pipin den Sohn, der 742 das Licht der Welt erblickte: Karl, den man später den Großen nannte.

Gauting ist eine der ältesten Siedlungen im Würmtal. Gegründet wurde sie von den Römern an der Gabelung der Handelsstraßen von Augsburg nach Salzburg und nach Kempten. Nach den Römern kamen die Bajuwaren. Erste urkundliche Erwähnung Gautings: 763.

## Die Wanderung

Vom Bahnhof gehen wir nach rechts neben den Gleisen her, treten bald nach links in den Wald ein und wenden uns gleich darauf an der Weggabelung nach rechts in nördliche Richtung. Wir passieren die Wasserbehälter und wandern wieder nach links durch Buchenwald leicht bergauf und schnurgerade wieder den abfallenden Forstweg hinunter zu Wegkreuz und Kapelle Herrgottsruh. Wir nehmen den nächsten der fünf hier zusammentreffenden Wege nach rechts und gehen zunächst nach Nordosten, später mehr nach Norden durch Schonungen und hohen Nadelwald. In einiger Entfernung vom Gautinger Zentral-Krankenhaus erreichen wir eine weite Lichtung, wenden uns nach Osten, dann nach Südosten wieder in den Wald hinein. Nach etwa 1 km erreichen wir die ersten Häuser der Siedlung Königswiesen. Unser Weg mündet in die Mühlstraße ein. Wir unterqueren die Bahngleise (S6) und nehmen gleich danach links die Königswieser Straße, der wir nach Gauting hinein folgen. An der Zugspitzstraße biegen wir halb links ein, an ihrem Ende links in die Bahnhofstraße, und sind nach wenigen Schritten an der S-Bahnstation Gauting.

## Sehenswert

Die **Liebfrauenkirche** (obere Kirche) in Gauting wurde 1465 erbaut und war einst Wall-

**Route:** Herrgottsruh – Königswiesen – Gauting.

**Weglänge:** knapp 6 km.

**Markierung:** grüner Punkt.

**Anspruch:** Eine abwechslungsreiche Waldwanderung auf Forstwegen mit einigen leichten Steigungen.

**Einkehren am Weg:** In Mühlthal: Wirtshaus Obermühlthal (B).

fahrtstätte. Den Altarraum deckt noch ein spätgotisches Rippengewölbe. Auf dem Hochaltar steht eine spätgotische Muttergottes aus dem Ende des 15. Jahrhunderts. Der rechte Seitenaltar mit der Büste des Judas Thaddäus stammt von Johann Baptist Straub, der linke stammt aus dessen Schule. Bei Restaurierungsarbeiten wurden ab 1961 Fresken aus gotischer Zeit, aus der Renaissance und dem Barock freigelegt. Sie zeigen die Verherrlichung Mariens.

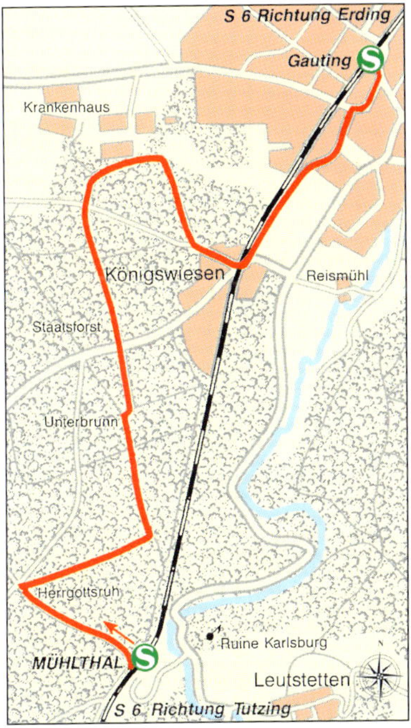

Das Starnberger Seepanorama mit St. Josef, links, und Schloss

# Zum Gut Rieden und nach Mühlthal

*Aus Wiesen und Feldern wurde Golfgreen*

**Abfahrt ab München:** alle 20 Minuten.

**Fahrzeit:** 36 Minuten.

**Fahrpreis:** 2 Zonen/ 4 Streifen, Tageskarte Gesamtnetz.

**Rückfahrt:** S6 ab Mühlthal (Abfahrt alle 20 Minuten; Fahrpreis: 2 Zonen/4 Streifen).

Auf dem Friedhof von Rieden fanden auch Herzog Ferdinand von Calabrien und seine Frau, Prinzessin Maria von Bayern, ihre letzte Ruhestätte. Das Oberhaupt des Hauses Bourbon-Sizilien starb 1960 in Lindau.

## Die Wanderung

Wir verlassen den Bahnhof über den Bahnhofsvorplatz nach rechts und biegen dann nach links in die Kaiser-Wilhelm-Straße ein. In nördlicher Richtung gehen wir weiter auf der Leutstettener Straße, überqueren die Münchner Straße und gehen schließlich nach rechts auf dem Riedener Weg aus dem Ort. Immer nahe den S-Bahngleisen wandern wir nun nach Norden, am Sportplatz, den Tennisanlagen und dem Waldfriedhof am Hang und der Driving Range des Golfplatzes vorbei zum Gut Rieden mit der kleinen Kirche St. Peter und Paul. Im einstigen landwirtschaftlichen Großbetrieb residiert heute ein Golfclub. Von

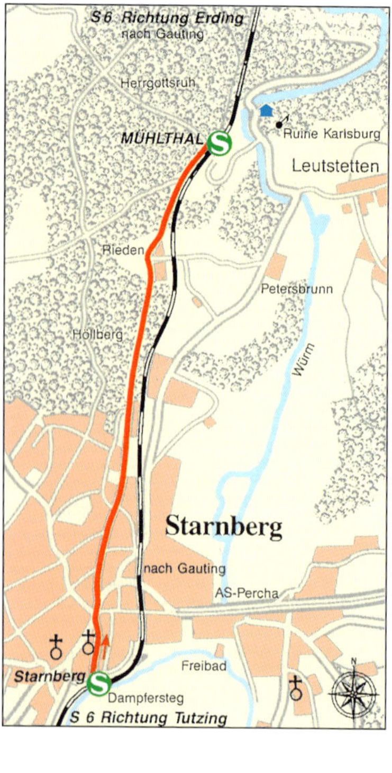


**Route:** Starnberg – Gut Rieden – Mühlthal.

**Weglänge:** 4 km.

**Markierung:** grünes Quadrat.

**Anspruch:** Ein leichter Spaziergang auf befestigten Wegen, meist am Waldrand entlang mit einigen leichten Steigungen (Gegenrichtung zu Weg 45).

**Einkehren am Weg:** In Mühlthal: Wirtshaus Obermühlthal (B).

*An der Starnberger Seepromenade*

hier geht es sanft bergab immer nach Norden zwischen Waldrand und Bahngleisen zum Wanderbahnhof Mühlthal und zur S-Bahn nach München.

## Sehenswert

Die Anfänge der kleinen **Kirche St. Peter** im Hofgut Rieden reichen bis in die spätgotische Zeit zurück. Im 17. Und 18. Jahrhundert wurde das Kirchlein umgebaut. Der Hochaltar von 1669 ist ein Werk des Malers und Bildhauers Georg Wunderl aus Wolfratshausen. Das Altarbild zeigt St. Petrus mit den Bischöfen Erasmus und Nikolaus. Vor dem Altar ist das Marmorgrabmal der Prinzessin Mathilde von Sachsen-Coburg-Gotha, einer Tochter des letzten bayerischen Königs Ludwig III. Sie starb 1906. Rieden war ursprünglich eine Propstei.

**Golf auf dem Gutshof**
Auf dem einstigen Hofgut Rieden residiert heute der Golf- und Landclub Gut Rieden. Die einstige Durchfahrtsstraße parallel der S-Bahnlinie endet von Nord und Süd im Golfareal und ist für den Durchfahrtsverkehr gesperrt. Unser Wanderweg führt durch das Gelände, vorbei an der Driving Range, dem abschüssigen Abschlagübungsplatz der Golfer.

# Wanderung durch die Maisinger Schlucht

*Aus Sisis Schloss wurden Eigentumswohnungen*

**Abfahrt ab München:** alle 20 Minuten.

**Fahrzeit:** 36 Minuten.

**Fahrpreis:** 2 Zonen/ 4 Streifen, Tageskarte Gesamtnetz.

**Rückfahrt:** S6 ab Starnberg.

**Route:** Maisinger Schlucht – Maising – Pöcking – Possenhofen.

**Weglänge:** 16 km.

**Markierung:** grünes Dreieck.

**Anspruch:** Eine abwechslungsreiche Tour durch Wald, Wiesen, Felder und am Seeufer entlang mit einigen Steigungen. Besonders reizvoll ist der Abschnitt durch die romantische Maisinger Schlucht. Für Kinderwagen nicht geeignet.

**Einkehren am Weg:** In Possenhofen: Maisinger Seehof (B), Schiffsglocke; in Starnberg: Seerestaurant Undosa (B).

Herzog Max in Bayern, Chef einer Nebenlinie der Wittelsbacher, der Novellen und Gstanzln schrieb, komponierte und ausgezeichnet Zither spielte, kaufte 1834 das alte Hofmarkschloss Possenhofen. Berühmtheit erlangten drei seiner acht Kinder, die hier eine unbeschwerte Kindheit verbrachten: Elisabeth (Sisi, geb. 1837), die spätere Kaiserin von Österreich, Sophie (geboren 1847), die unglückliche Verlobte Ludwigs II., und Marie (geboren 1841), die letzte Königin von Neapel. Schloss Possenhofen birgt heute Eigentumswohnungen.

## Die Wanderung

Wir verlassen den Bahnhof auf der Stadtseite, nehmen die Bahnhofstraße nach links und gehen dann auf der Söckinger Straße weiter, bis wir nach links in die Maisinger-Schlucht-Straße einbiegen. Wir gehen bis zum Wasserwerk, wandern dann am Werkkanal entlang und folgen schließlich dem Lauf des Maisinger Baches aufwärts durch die Maisinger Schlucht. An ihrem Ende geht es ein Stück bergauf aus dem Wald heraus und zum Ortsrand von Maising. Auf der Ortsstraße (nach rechts) gehen wir in den Ort, verlassen kurz vor der Kirche die nach rechts abbiegende Fahrstraße und nehmen geradeaus den Feldweg durch Wiesen und eingezäunte Weiden zum Maisinger See. Von hier gehen wir in östlicher Richtung auf Waldwegen und durch Wiesen, später durch freies Ackerland nach Pöcking, das wir auf dem Ascheringer Weg erreichen. An der Hauptstraße gehen wir ein Stück nach links, dann auf der Hindenburgstraße hinunter zum S-Bahnhof Possenhofen und weiter auf der Schlossbergstraße, der Karl-Theodor-Straße und dem Seeweg zum See. Bei der Anlegestel-

le wandern wir nach links durch den Schlosspark und das Erholungsgelände, schwenken dann bei den Parkplätzen nach links in den Possenhofener Wald, am Ende Parkplätze wieder nach links und gehen nun auf dem Forstweg in nordöstlicher Richtung nach Niederpöcking. Hier überqueren wir nach links die Bahngleise und nehmen dann nach rechts die Wilhelmshöhenstraße. An ihren Ende wenden wir uns nach rechts, unterqueren auf der Possenhofener Straße die Bahn und gehen dann links auf dem Unteren Seeweg und der Seepromenade zum S-Bahnhof Starnberg zurück. Ein markierter Abkürzer führt von Pöcking über den Keferweg, den Prinzenweg und den Heimeranweg zur Wilhemshöhenstraße.

*In der Maisinger Schlucht*

## Sehenswert

Die alte Pfarrkirche **St. Josef in Starnberg** mit ihrem hohen, kuppelgekrönten Turm, dem Wahrzeichen der Stadt auf beherrschender Lage, entstand zwischen 1764 und 1770. Die Kirche gilt dank der vollendeten Einheit der Innenausstattung als eine der besten Lösungen des ländlichen bayerischen Barock. Baumeister war der Münchener Meister Leonhardt Matthäus Giessl. Die vornehmen und zurückhaltenden Stuckarbeiten sind von Franz Xaver Feichtmayr. Den Hochaltar mit den Statuen des Johann Nepomuk und des Franz Xaver und wohl auch die Kanzel schuf Ignaz Günther zwischen 1766 und 1769. Die Fresken sind das Werk des Müncheners Christian Winck.

# Nach Berg und zum Bismarckturm

*Ein Kreuz im See und eine Kapelle erinnern an Ludwig II.*

**Abfahrt ab München:** alle 20 Minuten.

**Fahrzeit:** 36 Minuten.

**Fahrpreis:** 2 Zonen/ 4 Streifen, Tageskarte Gesamtnetz.

**Rückfahrt:** S6 ab Starnberg.

Der bayerische Staatsrat Franz von Kenner vermachte Anfang des 19. Jahrhunderts seine Villa in Assenbuch dem italienischen Sänger Giuseppe Leoni. Der stellte sich in seiner Freizeit gern an den Herd, brachte es zu vielgerühmter Meisterschaft und baute schließlich mit seiner Frau Rosina die Villa zum Restaurant mit Pension aus. Ab 1825 zogen Leonis Kochkünste Prominente aller Art in Scharen an. Es galt als schick, in „Leonihausen" oder „beim Leoni" zu speisen. Und so erhielt Assenbuch nach und nach den Namen Leoni.

## Die Wanderung

Wir verlassen den Bahnhof an der Seeseite und gehen auf der Seepromenade nach links. Über die Dampfschiffstraße und den Nepomukweg (nach rechts) erreichen wir hinter den

**Route:** Kempfenhausen – Berg – Leoni.

**Weglänge:** 15 km.

**Markierung:** grüner Ring.

**Anspruch:** Eine schöne Wanderung, meist am Seeufer entlang, mit lohnenden Ausblicken über den See bis zu den Bergen. Am Schluss ein steiler Aufstieg. Für Kinderwagen nicht geeignet.

**Einkehren am Weg:** Hotel Schloss Berg (B), Leoni (B).

Ziehbrücken über die Würm und den Lüßbach das Erholungsgelände Kempfenhausen, durch das wir nun immer südwärts am Seeufer entlang wandern. In Höhe der Klinik setzt sich die Route uferferner auf dem Uferweg, dann auf der Seestraße fort. In Berg gehen wir auf der Wittelsbacherstraße am Schloss vorbei, dann leicht bergauf auf der Grafstraße und dem König-Ludwig-Weg zum Schlosspark, den wir, an der Votivkapelle für Ludwig II. vorbei, durchqueren. Wir lassen den Park auf der Parkstraße hinter uns und gehen auf der Assenbucher Straße weiter, am Freibad und der Anlegestelle Leoni vorbei bis zur Seeleiten. Nun geht es nach links steil den Schluchtweg hinauf zur Parkanlage mit dem Bismarckturm an deren Südende und schöner Aussicht weit ins Land. Zurück gehen wir auf der gleichen Route.

**Ein Denkmal für den Dichter**

Berg ist der Geburtsort von Oskar Maria Graf. 1894 kam er hier auf die Welt. Seine Eltern Max und Theres betrieben eine angesehene Bäckerei und Kolonialwarenhandlung. Graf starb 1967 in New York. Die Gemeinde Berg benannte eine Straße, einen Platz und eine Schule nach ihm und widmete ihm ein Denkmal (am Ende der Lindenallee im Wallfahrtsort Aufkirchen, einem Ortsteil von Berg).

## Sehenswert

Der **Bismarckturm** wurde 1899 auf Anregung Franz von Lenbachs vom Bismarckverein „auf den Höhen des Starnberger Sees" am Südrand von Assenhausen zu Ehren des ersten Reichskanzlers errichtet. Architekt war Theodor Fischer. Park und Turm befinden sich im Besitz der Landeshauptstadt München, die auch Unterhalt und Pflege der Anlage trägt.

*Der Bismarckturm über dem See bei Assenhausen*

Friedrich von Hörwarth baute 1640 **Schloss Berg**, seit 1676 ist die Anlage im Besitz der Wittelsbacher. 1849 bis 1851 wird sie im Stil englischer Neugotik umgebaut, vier Zinnentürme angefügt. Der schöne, öffentlich zugängliche Schlosspark geht auf eine Anlage Kurfürst Ferdinand Marias zurück und wurde unter Max I. Joseph 1807 erweitert. Die **Votivkapelle** für Ludwig II. über der Unglückstelle im See (er fand hier am 13.6.1886 den Tod) wurde 1900 errichtet. Es ist ein neuromanischer Zentralbau (Architekt Julius Hofmann). Die Fresken schuf August Spiess.

# Rundweg zum Deixlfurther See

*Ein altgedientes Schiff ging für immer vor Anker*

**Abfahrt ab München:** alle 20/40 Minuten.

**Fahrzeit:** 48 Minuten.

**Fahrpreis:** 3 Zonen/ 6 Streifen, Tageskarte Gesamtnetz.

**Rückfahrt:** S6 ab Tutzing.

**Ein Verleger im Schloss**
Tutzing wurde 1519 Hofmark. Zuletzt (seit 1732) sprachen hier die Grafen von Vieregg Recht und trieben Steuern ein. Graf Franz Josef ließ Anfang des 19. Jahrhunderts das frühere barocke Herrenhaus zur heutigen Anlage umbauen. 1869 verkaufte die Schwester Ilka des letzten Grafen von Vieregg nach dessen Tod das Schloss an den Stuttgarter Verleger Eduard Hallberger, der überdies einige Papierfabriken besaß, an Kohlegruben und Eisenhütten beteiligt war und auch die Güter Kerschlach und Monatshausen erwarb. 1880 starb Hallberger in Tutzing an einem Hirnschlag. Sein Verlag erhielt ein Jahr später den Namen, den er heute noch trägt: Deutsche Verlags-Anstalt.

1999 ging die „Tutzing" als Museumsschiff in ihrem „Heimathafen" endgültig vor Anker. Begonnen hatte die Schifffahrt auf dem Starnberger See dank der Initiative des königlichen Baurats, Architekten, Unternehmers, Reeders und Kapitäns Johann Ulrich Himbsel. Er baute die Bahnstrecken München – Augsburg und München – Starnberg und ließ – auf eigenes Risiko – den Raddampfer „Maximilian" für 300 Passagiere (bei Joseph Anton Maffei) bauen und ab 1851 auf den See verkehren.

## Die Wanderung

Vom Bahnhof gehen wir nach links in die Heinrich-Vogl-Straße, die unter den Gleisen hindurch und nach rechts neben der Bahn verläuft. Wir überqueren die Kustermannstraße, gehen bis zur Traubinger Straße, dort durch die Bahnunterführung und dann gleich links die Treppe hinauf Richtung Waldschmidt-Schlucht. Der Fußweg führt entlang der Bahn. Wieder über eine Treppe und durch eine Fußgängerunterführung kommen wir auf die andere Bahnseite, gehen dort auf der Fahrstraße bis zu einer Senke und biegen dann

*Am Deixlfurther See*

links in die Waldschmidt-Schlucht ein, der wir bergauf folgen. Auf der Höhe gehen wir dann auf einem Waldweg oberhalb des Bachlaufes weiter und erreichen wenig später, nahe der Siedlung an der Luswiese, freies Feld. Hier wandern wir geradeaus und erreichen, immer am Waldrand bleibend, bei der Rotkreuz-Station die Fahrstraße nach Traubing. Auf ihr gehen wir ein Stück nach rechts, biegen aber wenig später nach links auf den Forstweg ein, der uns nach kurzer Wanderung zum Deixlfurther See führt. Vorbei an mehreren kleinen Weihern kommen wir zur Kustermannstraße. Hier biegen wir nach links ein und wandern bergab auf Waldpfaden neben der Straße nach Tutzing zurück. Auf der Heinrich-Vogl-Straße (nach rechts) geht es zur S-Bahn zurück.

**Route:** Waldschmidt-Schlucht – Deixlfurter See.

**Weglänge:** 5 km.

**Markierung:** X1.

**Anspruch:** Ein sehr abwechslungsreicher Spaziergang durch eine romantische Schlucht, über Wiesen und eine Uferallee mit längeren Waldabschnitten. Für Kinderwagen nicht geeignet.

**Einkehren am Weg:** In Tutzing: Tutzinger Hof.

## Sehenswert

Die alte **Tutzinger Kirche St. Peter und Paul** wurde 1738-39 auf den Fundamenten eines gotischen Baus errichtet. Im 19. Jahrhundert ging fast die gesamte Inneneinrichtung verloren. Der Turm musste 1893 abgerissen werden. 1901 erstand er nach den alten Plänen neu. Die heutige Inneneinrichtung ist dem Sammeleifer des Pfarrers Katzenschwanz zu verdanken. Dazu gehören die Barockplastik Maria vom Siege im Hochaltar (früher im Tutzinger Schloss), die barocken Statuen der Kirchenpatrone, die den Hauptaltar flankieren, und spätgotische Figuren der Heiligen Sebastian und Barbara.

# Höhenberg-Rundweg

*In Tutzing schuf Brahms wichtige Kompositionen*

**Abfahrt ab München:** alle 20/40 Minuten.

**Fahrzeit:** 48 Minuten.

**Fahrpreis:** 3 Zonen/ 6 Streifen, Tageskarte Gesamtnetz.

**Rückfahrt:** S6 ab Tutzing.

**Route:** Martelshof – Erlengraben.

**Weglänge:** 4 km.

**Markierung:** 2 im Kreis.

**Anspruch:** Ein Spaziergang durch reizvolle Landschaft mit schönen Aussichtsplätzen, teilweise durch Wald, mit Steigungen und Gefälle.

**Einkehren am Weg:** In Tutzing: Tutzinger Hof.

„Tutzing ist weit schöner, als wir uns neulich vorstellen konnten" – teilte Johannes Brahms 1873 einem Münchener Freund mit. Einen Sommer lang fand er im Balkonzimmer mit Kabinett in einem Gasthaus in Tutzing die einfache Umgebung, die er für seine Arbeit brauchte. In Tutzing schuf er drei wichtige Werke: die Variationen über ein Thema von Haydn und zwei Serenaden (op. 11 und 16), außerdem einen Teil der Lieder op. 59.

## Die Wanderung

Vom Bahnhof gehen wir nach links, auf der Heinrich-Vogl-Straße unter den Gleisen hindurch und biegen dann nach links auf den Behringerweg ein, wenden uns jedoch gleich wieder nach rechts auf den Martelsgrabenweg. Wir folgen dem Bachlauf bergauf, überqueren

schließlich den Bach und gehen weiter bis zum Martelshof. Hier wenden wir uns nach links, gehen bis zur Höhenbergstraße und dort nach rechts weiter bergauf. Bei den letzten Häusern weitet sich die Straße zur Allee, auf der wir durch Weiden zum etwa 400 Meter entfernten Waldrand gehen. Nun liegt ein reizvolles Waldstück vor uns (z.T. Trimmpfad), bis wir die Lichtung erreichen, an der ein Forstweg kreuzt. Hier wandern wir nach links weiter, überqueren bald die Fahrstraße nach Monatshausen und gehen geradeaus durch die alte Allee. Rechts oberhalb liegt nun der Kamm der Ilkahöhe. Nach etwa 100 Metern biegen wir links in den Wald ein und wenden uns nun auf gewundenem Waldpfad bergab bis zum Ortsrand. Am Erlengraben halten wir uns rechts und gehen hinunter zu den Bahngleisen, schwenken dort auf dem Behringerweg nach links, unterqueren die Bahngleise und gehen nach rechts auf der Heinrich-Vogl-Straße zur S-Bahn zurück.

*Gedenkstein für Johannes Brahms an der Tutzinger Seepromenade*

## Sehenswert

Eine „Brahmspromenade" führt zum kleinen, hübschen **Seepark** am Tutzinger Ufer des Starnberger Sees. Darin findet sich ein Gedenkstein für den großen Komponisten und seinen schaffensreichen Sommer in Tutzing.
Einer anderen Großen der Musik ist ebenfalls ein Gedenkstein gewidmet: der berühmten Pianistin Elly Ney, die Jahrzehnte in Tutzing lebte und zusammen mit Willem van Hoogstraten und Ludwig Hoelscher die Tutzinger Musiktage ins Leben rief.

# Rundweg zur Ilkahöhe

*Die Erbin derer von Vieregg gab dem Hügel den Namen*

**Abfahrt ab München:** alle 20/40 Minuten.

**Fahrzeit:** 48 Minuten.

**Fahrpreis:** 3 Zonen/ 6 Streifen, Tageskarte Gesamtnetz.

**Rückfahrt:** S6 ab Tutzing

**Route:** Großer Stein – Ilkahöhe – Oberzeismering.

**Weglänge:** 6 km.

**Markierung:** weißes Dreieck.

**Anspruch:** Eine Wanderung durch besonders schöne Wald- und Wiesen-Landschaft mit zahlreichen Steigungen. Bei gutem Wetter bietet sich herrliche Fernsicht über den Starnberger See bis zu den Alpen.

**Einkehren am Weg:** Forsthaus Ilkahöhe (B); in Unterzeismering: Zum Bauerngirgl (B).

Die Aussichtshöhe oberhalb von Oberzeismering liegt 728 Meter über dem Meer und etwa 150 Meter über dem Wasserspiegel des Starnberger Sees. Sie trägt ihren Namen nach der Erbin des letzten Grafen von Vieregg, der Fürstin Ilka von Wrede.

## Die Wanderung

Vom Bahnhof gehen wir nach links auf der Heinrich-Vogl-Straße unter den Gleisen hindurch und weiter bis zur Kustermannstraße. Dort biegen wir links ein und gehen geradeaus aus dem Ort und zum Waldrand. Nun geht es, immer in der Nähe der Fahrstraße, auf Waldpfaden weiter bergauf, bis wir nach links auf den Tutzinger Waldsportweg (Trimmpfad mit 20 Stationen) einbiegen. Von hier wandern wir durch Hochwald, Schonungen und über Lich-

Blick von der Ilkahöhe auf Oberzeismering und den See

tungen weiter in südlicher Richtung bis zum Großen Stein und zur Monatshauser Straße, der wir ein kurzes Stück nach rechts folgen. Dann zweigt nach links der Kammweg durch die Weiden und Wiesen der Ilkahöhe (728 m) ab. Wir wandern bis zum Aussichts- und Rastplatz unter alten Bäumen. Für den Rückweg können wir die gleiche Route oder die des Höhenberg-Rundwegs (Weg 52) wählen oder auch auf dem Feldweg unterhalb der Ilkahöhe nach Oberzeismering gehen und ab dort der Route der Tutzinger Runde (Weg 55) nach Unterzeismering und zur S-Bahn folgen.

## Sehenswert

Die Kirche **St. Nikolaus in Oberzeismering** ist ein mehrfach veränderter, heute verputzter mittelalterlicher Tuffsteinbau. 1723 kam der Chor, 1773 die Sakristei hinzu. 1857/58 wurde die Kirche grundlegend restauriert und dabei Unechtes entfernt. Figuren aus gotischer und barocker Zeit wurden dadurch ins rechte Licht gerückt: St. Florian (um 1500), das Kruzifix gegenüber der Kanzel, St. Ulrich und St. Katharina neben dem Hauptaltar, die stoffbekleidete Madonna am linken Seitenaltar und die Schmerzhafte Maria aus dem 18. Jahrhundert. Die Nordwand ziert eine barocke Plastik der „heiligen Kümmernis".

**Stummer Zeuge der Eiszeit**
Der Johannishügel mit seiner herrlichen Aussicht auf den See ist ein „Drumlin" (in der Eiszeit von der Gletscherbewegung geformter langgestreckter Hügel). Er war früher im Besitz des Kunsthändlers Marcel von Nemes; 1928 hat er ihn der Gemeinde vermacht.

# Eine große Tutzinger Runde

*Tristan und Isolde – das waren Heinrich und Therese Vogl*

**Abfahrt ab München:** alle 20/40 Minuten.

**Fahrzeit:** 45 Minuten.

**Fahrpreis:** 3 Zonen/ 6 Streifen, Tageskarte Gesamtnetz.

**Rückfahrt:** S6 ab Tutzing.

Unterhalb des Südendes des Johannishügels beginnt auf dem Weg nach Unterzeismering die Lindenallee. Sie wurde von der einstigen Tutzinger Schlossherrin Gabriele Gräfin Landberg-Hallberger angelegt.

## Die Wanderung

Vom S-Bahnhof gehen wir auf der Heinrich-Vogl-Straße ein Stück nach links, biegen dann rechts in den Schluchtweg ein und wieder links in die Kirchenstraße. Weiter geradeaus auf der Oskar-Schüler-Straße und dem Fischergaßl erreichen wir das Seeufer. Hier halten wir uns links, gehen auf dem Brahmsweg und der Brahmspromenade durch den Seepark bis zum Freibad Garatshausen. Dort nehmen wir die Stufen nach links zum Kreisaltenheim hinauf, biegen links in die Allee ein, überqueren die Fahrstraße nach Feldafing und wandern nun auf der Traubinger Straße bergauf aus dem Ort heraus. Hinter der Bahnunterführung biegen wir links auf den Forstweg ein. Auf Waldwegen geht es nun zum Pfaffenberg. Auf der Höhe schwenken wir in südliche Richtung, kommen zur Waldschlucht, die wir durchqueren, und erreichen auf der gegenüberliegenden Seite die Wegkreuzung bei der Siedlung an der Luswiese. Hier gehen wir nach rechts, bleiben am Waldrand bis zur Fahrstraße nach Traubing bei der Rotkreuz-Station. Einige Schritte weiter rechts zweigt unser Weg dann links in den Wald ab. Auf breitem Forstweg erreichen wir die Deixlfurter Weiher. Hinter dem ersten (Langer Weiher) biegen

*Winterliches Panorama auf dem Johannishügel*

**Route:** Garatshausen – Deixlfurt – Obertraubing – Monatshausen – Unterzeismering.

**Weglänge:** 20 km.

**Markierung:** X3.

**Anspruch:** Eine sehr abwechslungsreiche Tour mit zahlreichen Waldabschnitten, Steigungen, Gefällestrecken und schönen Aussichtsplätzen, die gute Kondition erfordert. Für Kinderwagen nicht geeignet.

**Einkehren am Weg:** In Tutzing: Häring's Wirtschaft im Midgardhaus (B); in Unterzeismering: Zum Bauerngirgl (B).

wir rechts ein, wandern zwischen den Weihern hindurch, dann in weitem Bogen um das Gut und See herum wieder in südliche Richtung nach Obertraubing. Hier folgen wir ein kurzes Stück der Kustermannstraße nach rechts und gehen dann links auf der Haltabergstraße weiter, bis wir die Fahrstraße nach Monatshausen erreichen und nach rechts in den Ort gehen. Beim Feuerwehrhaus halten wir uns links und schwenken beim Trafohaus erneut nach links in freies Gelände. Nach etwa 2 km durch hügelige Wiesen und Weideland erreichen wir wieder den Wald, den wir, weiter westwärts bleibend, etwas unterhalb der Ilkahöhe wieder verlassen. Beim Gut Oberzeismering biegen wir rechts auf den Forstweg bergab zur Lindemannstraße ein, folgen ihr ein Stück nach links und nehmen dann nach rechts die Diemendorfer Straße nach Unterzeismering. Wir überqueren die Bernrieder Straße und wenden uns nun wieder nach Norden. Auf der Dorfstraße (nach links), dem Unteranger (nach rechts), dem Höhenrieder Weg (nach links), der Lindenallee (nach rechts) und ihrer Fortsetzung, dem Georg-Roth-Weg unterhalb des Johannishügels, kommen wir nach Tutzing zurück. Den Bahnhof erreichen wir auf der Hauptstraße, dem Gröberweg (links), der Pommernstraße (halbrechts) und dem Kellerweg (rechts).

### Pferd Grane nahm die Bahn nach München

Das Gut Deixlfurth ist mit dem Namen des berühmten Sängerehepaars Heinrich und Therese Vogl untrennbar verbunden. Sie stammte aus der Alttutzinger Lehrerfamilie Thoma, er war Sohn eines Schulmeisters in der Münchener Au. Ihre Paraderollen in Wagners Tristan und Isolde dominierten sie über viele Jahre ganz allein. Therese benutzte für Opernaufführungen sogar ihr eigenes Pferd „Grane", es wurde vom Gut Deixlfurth, das die beiden erwarben, eigens zu jeder Aufführung nach Tutzing und per Bahn nach München gebracht. Im Pavillon am Tutzinger Dampfersteg sang das Ehepaar 1873 mit Brahms am Flügel erstmals dessen neue Lieder.

# Nach Höhenried und Bernried

*In Wilhelminas Schloss kuren jetzt Herzkranke*

**Abfahrt ab München:** alle 20/40 Minuten.

**Fahrzeit:** 48 Minuten.

**Fahrpreis:** 3 Zonen/ 6 Streifen, Tageskarte Gesamtnetz.

**Rückfahrt:** S6 ab Tutzing.

### Ein Park von der Biererbin

Kloster Bernried wurde 1120 von Graf Otto von Valley als Augustinerchorherrenstift gegründet. Nach der Säkularisation 1803 wechselte Kloster Bernried mehrmals den Besitzer. 1852 erwarb der bayerische Gesandte am französischen Hof, August Freiherr von Wendland, die Anlage und ließ den Südtrakt zum Schloss umbauen. 1914 kaufte die deutsch-amerikanische Erbin des Bierimperiums Anheuser-Bush, Wilhelmina Bush-Woods, den Großteil des einstigen Klosterbesitzes. Im Nordteil ließ sie sich 1937 ein Schloss bauen: Höhenried. Dort entstand nach ihrem Tod 1952 die Herzklinik. Den herrlichen großen Park im Süden von Bernried mit einem zum Teehaus umgebauten einstigen Fischerhaus stiftete sie 1952 dem bayerischen Staat für die Öffentlichkeit.

Das einstige Kloster Bernried erwarben 1949 die Tutzinger Missionsbenediktinerinnen. Sie widmen sich hier neben der Novizinnenausbildung (seit 1953 Noviziet von Tutzing) vor allem der Erwachsenenbildung und der Familienerholung. Bernried ist damit für viele Menschen ein Ort der Begegnung

## Die Wanderung

Vom Bahnhof gehen wir auf dem Kellerweg (nach rechts), der Pommernstraße (links) und dem Gröberweg (halb rechts) zur Hauptstraße, der wir nach rechts folgen, um beim Kustermannpark links auf den Johannishügel einzubiegen. An seinem Ende gehen wir auf der Lindenallee, dann der Erlenstraße (links) und dem Höhenrieder Weg (rechts) weiter nach Unterzeismering. Hinter dem Ort wandern wir ein Stück neben der Bernrieder Straße (Durchgangsstraße), nehmen dann den Fußweg abseits der Straße nach Höhenried. Am Ende des Geländes der Kuranstalt müssen wir erneut ein Stück auf dem Rad-/Fußweg neben der Fahr-

*Die ehemalige Klosterkirche von Bernried*

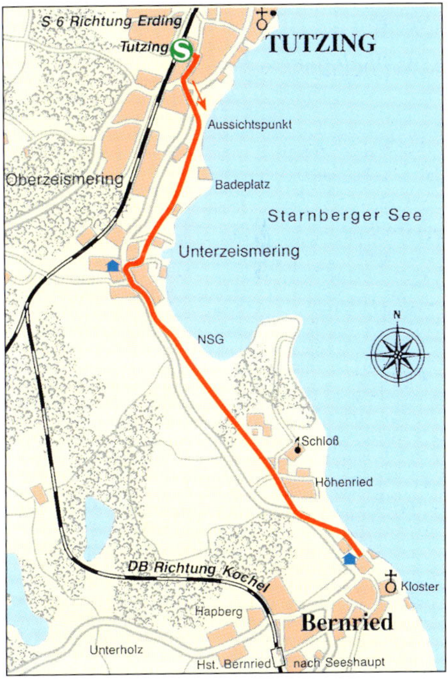


straße bleiben, bis wir beim Segelhafen wieder zum Ufer hinunterwandern können und diesem nach Süden folgen. Am Dampfersteg führt ein Fußweg zum Kloster hinauf. Zurück geht es auf der Route des Herwegs.

## Sehenswert

Das ehemalige Augustinerchorherrenstift Bernried wurde 1121 als Doppelkloster gegründet. Die **Klosterkirche St. Martin** von 1659 erhielt 1662 die Weihe. Ende des 18. Jahrhunderts wurde sie teilweise neu ausgestattet. Im Altarraum befindet sich ein gut erhaltener Flügelaltar von 1510 mit einem Relief der heiligen Familie in der Mitte. Den Hochaltar ziert ein reiches Rokokotabernakel. Die Seitenaltäre im Chor und im Langhaus stammen von 1796 und 1799. Die ehemalige Hofmarkskirche **Mariä Himmelfahrt** im Süden des Klosterhofes entstand Mitte des 17. Jahrhunderts an der Stelle einer gotischen Kirche von 1382. Der Hochaltar stammt aus dem Ende des 17. Jahrhunderts, die Seitenaltäre von 1769 werden Tassilo Zöpf zugeschrieben. Zur Ausstattung gehören ein Kruzifix und eine kleine Muttergottes im Rosenkranz am Triumphbogen aus dem 16. Jahrhundert. Etwa rechtwinklig angefügt ist die **Gruftkirche von 1672** mit schönen Stuckaturen (1689) und einem Vesperbild aus der ersten Hälfte des 15. Jahrhunderts.

**Route:** Unterzeismering – Höhenried – Bernried.

**Weglänge:** 12 km.

**Markierung:** X4.

**Anspruch:** Eine reizvolle Wanderung mit zahlreichen schönen Ausblicken ohne nennenswerte Steigungen.

**Einkehren am Weg:** In Bernried: Seerestaurant Marina (B).

# Zum Gut Kerschlach und nach Pähl

*Im Hochschloss wurde Recht gesprochen*

**Abfahrt ab München:** alle 20/40 Minuten.

**Fahrzeit:** 48 Minuten.

**Fahrpreis:** 3 Zonen/ 6 Streifen, Tageskarte Gesamtnetz.

**Rückfahrt:** S6 ab Tutzing.

Nach dem Sturz der Andechser begannen die Wittelsbacher mit dem Ausbau der landesherrlichen Macht. Wo früher Verwaltung und Gerichtsbarkeit den Gaugrafen oblagen, wurden nun Beamte eingesetzt. Wichtigste Instanz in den untergeordneten Gebieten wurde der Landrichter. Der von den Wittelsbachern übernommene Andechser Besitz wurde zusammen mit dem der bayerischen Herzöge im Würmtal zunächst im Landgericht Pähl vereinigt. 1253 ist der erste Landrichter auf dem Hochschloss Pähl belegt.

## Die Wanderung

Vom Bahnhof gehen wir nach rechts auf dem Schönmoosweg zur Lindemannstraße, unterqueren die Bahngleise und biegen wenig später nach rechts in die Monatshauser Straße ein, der wir nun bergauf, später eben durch Wald und über Lichtungen folgen. Kurz vor Monatshausen biegen wir rechts auf die Verbindungsstraße des Ortes zur B 2 nach rechts ein, neh-

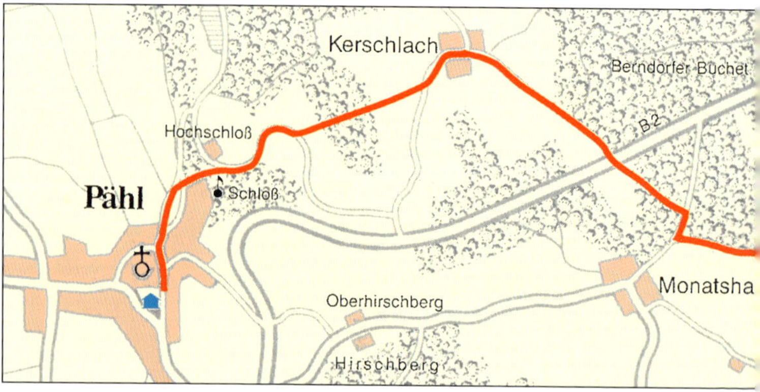

men aber nach etwa 100 Metern den Feldweg nach links in westliche Richtung. Wenig später überqueren wir die Bundesstraße und gehen durch eine schöne Allee alter Bäume zum Gut Kerschlach. Im Gutsbereich wandern wir geradeaus auf der kleinen Teerstraße weiter, die bald nach links einschwenkt. Nach etwa 50 Metern nehmen wir den Feldweg halb rechts die Höhe hinauf. Nun gehen wir, immer südwestliche Richtung beibehaltend, durch Waldstücke und weite Lichtungen zum Gut Hochschloss, wenden uns vor dem Gehöft nach rechts und sehen nach kurzem Weg Pähl und die weite Ebene mit den weißen Antennenkugeln der Raistinger Erdfunkstation vor uns. Wir erreichen Pähl unterhalb des Hochschlosses (es steht nicht mehr der ursprüngliche Bau) und gehen auf der Straße Am Gasteig in den Ort zur Kirche St. Lorenz. Zurück wandern wir auf der gleichen Route.

## Sehenswert

Die Pfarrkirche **St. Lorenz in Pähl**, ein ehemals gotischer Bau, wurde 1723–34 unter Joseph Schmuzer neu erbaut und 1772 nochmals überarbeitet. Der Turm ist im unteren Teil noch romanisch, der Aufbau barock mit Zwiebelhaube. Das Gewölbe im Langhaus und im Altarraum wurde von Johann Baader 1772 mit Fresken ausgemalt. Der Hochaltar (ohne Figuren) stammt aus der Erlinger Kirche. Aufmerksamkeit verdient die schöne Rokokokanzel mit jubilierenden Engeln und ein lebensgroßer Kruzifixus aus dem 16. Jahrhundert an der Südwand.

**Ein Dorf mit drei Schlössern**
Bis Anfang des 16. Jahrhunderts war das Hochschloss Pähl Sitz des Landgerichts, dessen Zuständigkeit aber immer mehr verkleinert wurde. Die Burg verlor ihre Bedeutung als Mittelpunkt der Verwaltung für das umliegende Gebiet. Ab 1689 gehörte sie zum Kloster Andechs, verfiel im 17. und 18. Jahrhundert fast vollständig. Der heutige Bau entstand erst 1895 im neugotischen Stil. Das „mittlere" Schloss ist gänzlich verschwunden. Im Dorf steht aber noch das „untere" Schloss aus dem 16. Jahrhundert.

**Route:** Gut Kerschlach – Hochschloss Pähl –Tutzing.

**Weglänge:** 20 km.

**Markierung:** x5.

**Anspruch:** Eine Wandertour durch reizvolle Landschaft, vielfach durch Wald, die mit zahlreichen, auch steilen Bergauf- und Bergabstrecken aufwartet. Gute Kondition ist erforderlich. Für Kinderwagen nicht geeignet.

**Einkehren am Weg:** In Pähl: Alte Post.

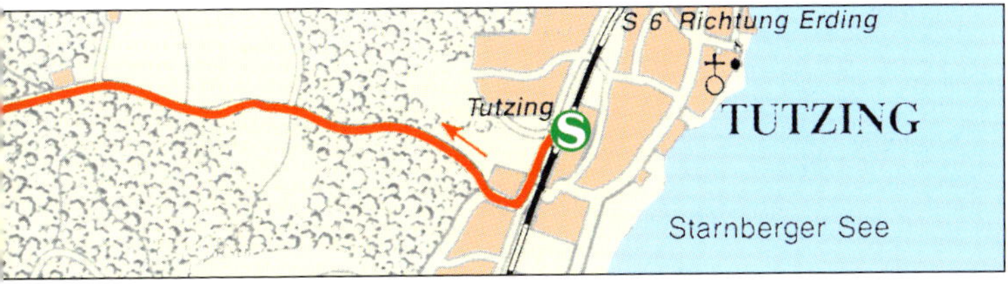

# Nach Andechs und Herrsching

*Bierlob aus Professorenmund gab es schon vor hundert Jahren*

**Abfahrt ab München:** alle 20/40 Minuten.

**Fahrzeit:** 48 Minuten.

**Fahrpreis:** 3 Zonen/ 6 Streifen, Tageskarte Gesamtnetz.

**Rückfahrt:** S5 ab Herrsching (Abfahrt alle 20/40 Minuten; Fahrpreis: 3 Zonen/6 Streifen).

Über die Qualität des Andechser Bieres gab es schon vor über hundert Jahren von einem Münchener Professor höchstes Lob: „Der physiologische Versuch, an mir und einigen anderen Personen angestellt, fiel bestens aus. Das Getränk schmeckt angenehm mild, nicht rau und übermäßig bitter wie so manche andere auf Haltbarkeit berechneten Sommerbiere, und hinterließ bei keinem eine unangenehme Nachwirkung. Die chemische Prüfung stieß auf nichts Fremdartiges oder gar Schädliches, sondern ergab, dass dieses Bier lediglich aus Gerstenmalz und Hopfen kunstgerecht bereitet worden ist."

## Die Wanderung

Vom Bahnhof gehen wir nach rechts auf dem Schönmoosweg zur Lindemannstraße, unterqueren die Bahngleise und biegen wenig später nach rechts in die Monatshauser Straße ein,

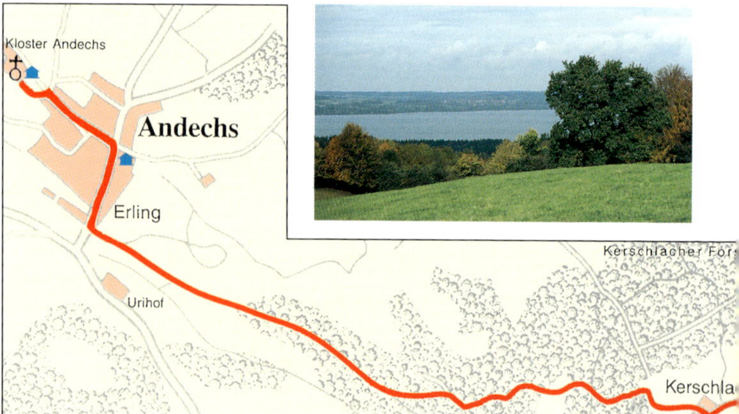


*Blick auf den Ammersee von der Erlinger Höhe*

der wir nun bergauf, später eben durch Wald und über Lichtungen folgen. Kurz vor Monatshausen biegen wir rechts auf die Verbindungsstraße des Ortes zur B 2 nach rechts ein, nehmen aber nach etwa 100 Metern den Feldweg nach links in westliche Richtung. Wenig später überqueren wir die Bundesstraße und gehen durch die Allee alter Bäume zum Gut Kerschlach. Im Gutsbereich wandern wir an der Wegkreuzung nach rechts in nördliche Richtung durch weite Wiesen auf den Waldrand zu und biegen dort nach links auf einen Waldpfad ein, der bald in einen Forstweg einmündet und nun immer nach Norden weiterführt. Beim Wegkreuz mit Marterl und Ruhebank halten wir uns rechts, später bei der Gabelung auf der kleinen Lichtung wieder links in Richtung Hartkapelle, an der wir links vorbeiwandern. Wenig später lösen Wiesen und Weiden, nach Westen abfallend, den Wald ab und geben den Blick auf den Ammersee bis hinüber nach Dießen frei. Am Ende des Höhenweges passieren wir noch einmal ein Waldstück, dann gehen wir leicht bergab nach Erling hinein, folgen nach rechts der Herrschinger Straße und gehen auf der Andechser Straße nach links zum Kloster hinauf. Von dort geht es durch das romantische Kiental nach Herrsching und zur S-Bahn.

**Route:** Hartkapelle – Erling – Kloster Andechs – Kiental – Herrsching.

**Weglänge:** 18 km.

**Markierung:** X6, ab Kloster Andechs grünes Quadrat (wie Weg 38).

**Anspruch:** Eine besonders schöne, wenn auch anstrengende Wandertour durch abwechslungsreiche Landschaft. Sie bietet zahlreiche Abschnitte bergauf und bergab, viele Waldstrecken und lohnende Ausblicke.

**Einkehren am Weg:** In Kloster Andechs: Klostergasthof (B) und Bräustüberl (B).

### Der Andechser Schatz

Die Heilige Kapelle im Nordteil der Andechser Klosterkirche ist der Aufbewahrungsort des Andechser Reliquienschatzes. Dazu gehören die Dreihostienmonstranz aus dem 15. Jahrhundert mit den 1388 wiederaufgefundenen drei heiligen Hostien, das Siegeskreuz Karls des Großen aus dem 12. Jahrhundert, das Brustkreuz und das Brautkleid der heiligen Elisabeth aus sarazenischem Damast und die goldene Tugendrose von Herzog Albrecht III., ein Geschenk des Papstes an den Stifter der Benediktinerabtei Andechs. Viele der Reliquien brachte der hl. Rasso aus Jerusalem und Rom mit; in Andechs brachte er sie später vor den Hunnen in Sicherheit.

# Wanderung zum Kloster Schäftlarn

*Im Isartal steht eine der schönsten Kirchen Bayerns*

**Abfahrt ab München:** alle 20/40 Minuten.

**Fahrzeit:** 39 Minuten.

**Fahrpreis:** 2 Zonen/ 4 Streifen, Tageskarte Gesamtnetz.

**Rückfahrt:** S7 ab Ebenhausen (Abfahrt alle 20/40 Minuten; Fahrpreis: 2 Zonen/4 Streifen).

**Route:** Holzen – Kloster Schäftlarn – Ebenhausen.

**Weglänge:** 5 km.

**Markierung:** grünes Dreieck.

**Anspruch:** Eine abwechslungsreiche Wanderung durch Wiesen, Felder und Wald mit einigen Steigungen und Gefällestrecken; ein Steilstück. Für Kinderwagen nicht geeignet.

**Einkehren am Weg:** In Schäftlarn: Klosterbräustüberl (B); in Ebenhausen: Zur Post (B).

Skeftilari hieß das kleine Benediktinerkloster, das um 762 am linken Isarufer erstand. Unter dem ersten Abt Waltrich wurde es ein bischöfliches Eigenkloster von Freising. In den Ungarnwirren wurde es wie viele andere Klosterniederlassungen zerstört.

## Die Wanderung

Am Bahnhof unterqueren wir die Gleise und gehen in östlicher Richtung über die Bundesstraße (B 11) hinweg, einige Schritte auf dem Isarweg, dann bei der alten Ickinger Kirche (Hl. Kreuz) links auf dem Feldweg (Gregoriweg) weiter, der nahezu eben durch eingezäunte Weiden nach Norden führt. Wir passieren den Rastplatz „Dreispitz" des Isartalvereins (ein kleiner Birkenhain) und wandern in nördlicher Richtung auf breitem, befestigtem Weg nach Holzen. Im Weiler halten wir uns links und gehen auf der breiten Allee aus dem Ort heraus. Bei der Weggabelung bleiben wir auf dem geradeaus führenden Feldweg zum Waldrand.

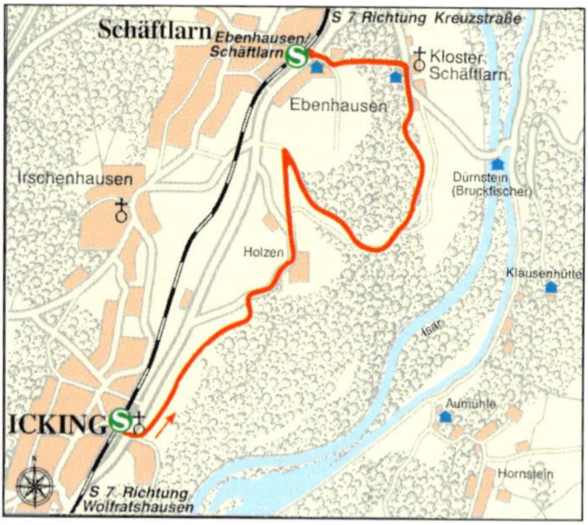

Hinter den Einzelgehöften wandern wir in einer Spitzkehre nach rechts in den Forst hinunter. Die Forststraße führt nun etwa 2 km gewunden bergab durch den Hochwald. Etwa 1 km südlich von Schäftlarn erreichen wir den Waldrand und die Talsohle. Wir wandern nun nach links in nördlicher Richtung am Rand des Waldes zum Kloster. Einige Schritte hinter der Klosterkirche führt ein steiler Waldpfad nach links bergauf, der uns, zum Teil über Stiegen, nach Ebenhausen und zur S-Bahn führt.

*Biergarten vor der berühmten Schäftlarner Kirche*

## Sehenswert

Die **Klosterkirche Schäftlarn** zählt zu den bedeutendsten Barockschöpfungen Bayerns. Die besten Künstler der Zeit gaben ihr edelste Prägung. Der Bau entstand zwischen 1733 und 1760. Den Kirchenbau führte zunächst (1733-40) der Hofbaumeister François Cuvilliés d. Ä. durch. Die zweite Bauphase von 1751–60 leiteten der Hofbaumeister Johann Georg Gunetsrhainer und der wohl genialste Architekt der Zeit, Johann Michael Fischer. Die Stuckaturen und Deckenfresken schuf der aus Wessobrunn stammende Hofstuckateur und Hofmaler Johann Baptist Zimmermann. Die Altäre gelten als das reifste Werk des Hofbildhauers Johann Baptist Straub; auch Kanzel, Chorgestühl, Kirchenbänke, Beichtstühle und Orgelgehäuse entstanden in seiner Werkstatt. Die Gemälde für Hochaltar, Rosenkranz- und Kreuzaltar fertigte der Hofmaler Balthasar Augustin Albrecht.

### Der König erneuerte das Kloster

Nach einer früheren erloschenen Benediktinergründung erneuerte Bischof Otto von Freising um 1140 das Kloster Schäftlarn nach der Regel der Prämonstratenser. Bis 1598 bestand dies Kloster als Propstei, danach bis zur Säkularisation 1803 als Abtei. Aus den Klostergebäuden wurde eine Fabrikanlage. 1866 errichtete König Ludwig I. Schäftlarn als selbständiges Benediktinerpriorat mit der Verpflichtung, eine höhere Schule zu unterhalten.

# Die Wolfratshauser Aussichtsrunde

*Jahrhundertelang gaben die Flößer den Ton an*

**Abfahrt ab München:** alle 20/40 Minuten.

**Fahrzeit:** 39 Minuten.

**Fahrpreis:** 2 Zonen/ 4 Streifen, Tageskarte Gesamtnetz.

**Rückfahrt:** S7 ab Icking

**Route:** Spatzenloh – Schlederloh – Dorfen – Wolfratshausen – Wiedach – Riemerschmidpark – Ickinger Wehr – Icking

**Weglänge:** 11 km.

**Markierung:** grünes Quadrat.

**Anspruch:** Ein besonders schöner und abwechslungsreicher Weg am Isarhochufer entlang, überwiegend schattig, mit zahlreichen lohnenden Aussichtsplätzen. Für Kinderwagen nicht geeignet.

**Einkehren am Weg:** In Icking: Zur Post; in Wolfratshausen: Humplbräu, Grüner Baum (B).

Über 700 Jahre war die Flößerei das Hauptgewerbe des auf dem schmalen Uferstreifen zwischen Fluss und Berghang gelegenen Marktes Wolfratshausen. Mitte des 16. Jahrhunderts wurde in einem einzigen Jahr von 1400 Flößen Zoll erhoben. Erst als 1891 die Isartalbahn Wolfratshausen erreichte, starb die Flößerei als Wirtschaftszweig aus. Geblieben ist sie als beliebtes Sommer-Freizeitvergnügen, das vor allem Münchner lange im voraus buchen.

## Die Wanderung

Am Bahnhof gehen wir zum südlichen Bahnsteigende und auf der die Gleise kreuzenden Ortsstraße nach links zur Bundesstraße (B 11) hinunter. Hier biegen wir rechts ein und wechseln nach etwa hundert Metern nach links auf die alte Teerstraße, der wir nun bis Spatzenloh folgen. Auf einem Waldpfad bleiben wir weiter nahe den Gleisen in Südrichtung im Hochwald bis unterhalb von Schlederloh, wo unser Weg die Bahnstrecke unterquert. Gleich hinter der Unterführung nehmen wir den Waldpfad nach links bergauf in den Ort Schlederloh. An der Ortstraße biegen wir links ein, wandern durch den Ort und gehen am Ortsende nach links auf dem Pfad zum Aussichtsplatz am Isarhochufer. Nun wandern wir am Hochuferrand entlang

Am Ickinger Wehr

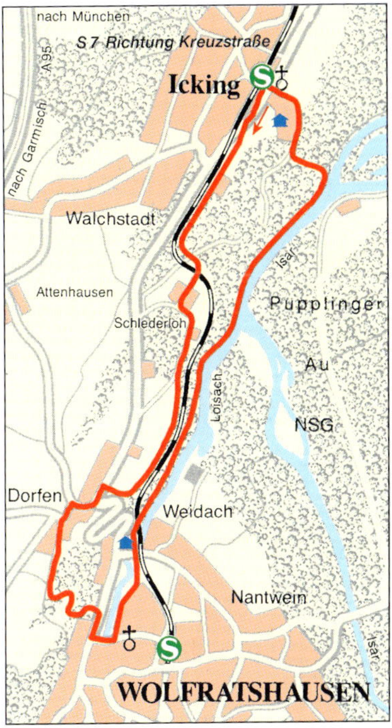


nach Süden bis zum Mettinplatz vor Dorfen. Dort gehen wir nach rechts zur Bundesstraße, auf dieser links nach Dorfen hinein, an der Kirche vorbei und an der Kreuzung (Maibaum) nach links. Wir wandern nun ein Stück nach Süden auf der Starnberger Straße, biegen dann nach links ab auf den Schlossbergweg, dem wir knapp 1 km folgen; beim Findling gehen wir nach links auf dem Wiesenweg zum Buchenwald. Unser Pfad führt nun durch eine schluchtartige Senke, quert auf der anderen Seite eine Weidelichtung und setzt sich dann wieder in einem Buchenwald fort bis zum Wolfratshauser Kreuzweg. Auf diesem wandern wir, zum Teil über Stiegen, in die Stadt hinunter zum Untermarkt. Dort gehen wir nach rechts, biegen dann links in die Bahnhofstraße ein, überqueren die Loisach und nehmen gleich hinter der Brücke den Uferweg nach links in nördliche Richtung. (Geradeaus kommt man zum S-Bahnhof Wolfratshausen, S7). Unsere Route führt nun weiter zum Ortsteil Weidach; dort wechseln wir auf das andere Ufer und gehen hinter der Brücke rechts auf dem Schlederleitenweg unterhalb der Bahngleise bergauf. Unser Weg mündet in einen Waldpfad, der am Hang durch schönen Hochwald zum Aussichtsplatz Riemerschmidpark über dem Zusammenfluss von Isar und Loisach führt. Hier geht es über Stiegen steil hinunter zum Isarufer und an ihm entlang bis zum Ickinger Wehr. Dort verlassen wir das Ufer und gehen den steilen gewundenen Forstweg nach Icking und zur S-Bahn hinauf.

**Vor tausend Jahren gegründet**
Ein „Wolferadeshusun" taucht in einer Urkunde Heinrichs II. im Jahr 1003 auf: Die erste Erwähnung des Ortes. 1116 errichten die Grafen von Wolfratshausen (eine Nebenlinie der Grafen von Andechs-Dießen) auf dem Bergrücken westlich der Loisach eine Burg (sie wurde 1734 endgültig durch Explosion des Pulverturms zerstört). Zu ihren Füßen entstanden Markt und Siedlung; seit 1961 ist Wolfratshausen Stadt.

# Durch die Pupplinger Au nach Aumühle

*Isar und Loisach brachten die Blumen aus den Bergen*

**Abfahrt ab München:** alle 20/40 Minuten.

**Fahrzeit:** 42 Minuten.

**Fahrpreis:** 3 Zonen/ 6 Streifen, Tageskarte Gesamtnetz.

**Rückfahrt:** S7 ab Wolfratshausen.

**Route:** Puppling – Pupplinger Au – Aumühle – Puppling.

**Weglänge:** 14 km.

**Markierung:** grünes Quadrat.

**Anspruch:** Eine Wanderung durch das Naturschutzgebiet der Pupplinger Au auf ebenen, meist asphaltierten Wegen mit Teilstrecken durch Kiefernwald und einem längeren Abschnitt durch Wohnsiedlungen. Für Kinderwagen nicht geeignet.

**Einkehren am Weg:** In Puppling: Aujäger (B), Pupplinger (B); Aumühle (B).

Von Botanikern werden sie im Alpenvorland als Raritäten angesehen, aber in der Pupplinger Au gedeihen sie in großer Zahl: Gipskraut, Alpenleinkraut, Silberwurz, Steinbrech, Frühlingsenzian, Felsenbirne, Alpenrebe, der seltene Frauenschuh und andere Orchideenarten.

## Die Wanderung

Am Bahnhof gehen wir nach links zur Sauerlacher Straße, der wir nun bis St. Nantwein folgen. Dort biegen wir links in die Weidacher Hauptstraße ein, gleich wieder rechts in die Jordanstraße und an deren Ende rechts in die Isarstraße, die uns wieder zur Sauerlacher Straße bringt. Wir wandern auf ihr nach links weiter und über die Isarbrücke nach Puppling.

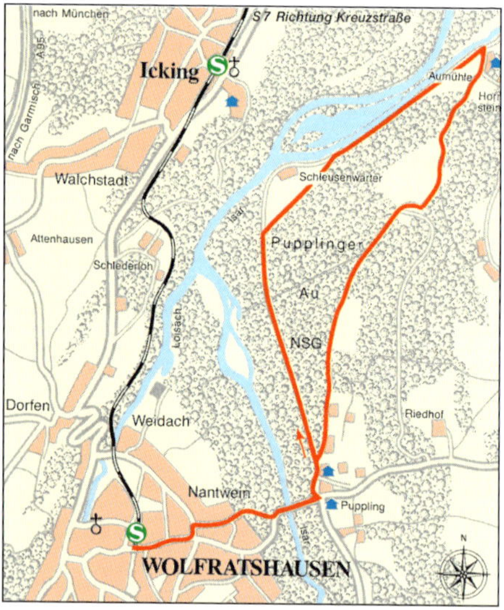

*St. Nantwein in Wolfratshausen*

Dort biegen wir links ein, halten uns später an der Weggabelung links und wandern nun durch den lichten Kiefernwald der Pupplinger Au in nördliche Richtung, bis wir die Isar beim Ickinger Wehr erreichen. Auf dem Damm des Isarkanals wandern wir nun nach Nordosten zur Aumühle, wo wir in einer Spitzkehre wieder nach Süden schwenken und durch Kiefernwald, den einige kleine Lichtungen unterbrechen, nach Puppling zurückwandern. Beim Gasthaus Aujäger erreichen wir die Route des Hinwegs und gehen auf ihr zur S-Bahn zurück.

## Sehenswert

Die Kirche **St. Nantwein** wurde 1624 aus Tuffstein unter Verwendung einer älteren spätgotischen Anlage gebaut. Die reizvolle Innenausstattung aus der Entstehungszeit bietet einen harmonischen Gesamteindruck mit Stuckaturen, Rankenwerk und Engelsköpfen an den Gewölbeflächen. Der Hochaltar, nach einer Inschrift 1634 restauriert, trägt ein Gemälde der Marter des Kirchenpatrons, das dem Wolfratshauser Meister Leonhard Griesmann zugeschrieben wird. In einer Wandnische im Altarraum ruht der Schrein des hl. Nantwein (Nantovinus). Er stand früher auf dem Hochaltar.

**Eine schutzbedürftige Flußaue**

Zwischen Wolfratshausen und Icking erstreckt sich auf dem rechten Isarufer die Pupplinger Au. In einem Gebiet von etwa 14 Kilometern Länge und 4,5 Kilometern Breite hat sich eine urtümliche, eigenartige Landschaft mit reicher alpiner Flora entwickelt. Isar und Loisach, die hier zusammenfließen, brachten die Pflanzen aus dem Gebirge mit. Auf den Kiesbänken der Niederung konnten sie Fuß fassen – ein Paradies für Erholungsuchende, das sorgsam behandelt werden will.

# Rundweg über Neufahrn zum Holzwirt

*In Wolfratshausen vereinigen sich Isar und Loisach*

**Abfahrt ab München:** alle 20/40 Minuten.

**Fahrzeit:** 42 Minuten.

**Fahrpreis:** 3 Zonen/ 6 Streifen, Tageskarte Gesamtnetz

**Rückfahrt:** S7 ab Wolfratshausen.

**Route:** Puppling – Neufahrn – Holzwirt – Haarschwaige.

**Weglänge:** 13 km.

**Markierung:** grünes Dreieck.

**Anspruch:** Eine sehr reizvolle Wanderung überwiegend durch Wald mit zahlreichen Aussichtspunkten. Steigungen und Gefällestrecken wechseln sich ab. Für Kinderwagen nicht geeignet.

**Einkehren am Weg:** In Puppling: Aujäger (B), Pupplinger (B); in Ascholding: Holzwirt (B).

Nichts Gutes geschah dem frommen Pilger Conradus Nantovinus auf seiner Reise nach Rom im Jahre 1286 in Wolfratshausen: Ein herzoglicher Richter ließ ihn – warum auch immer – zu Tode martern. Seine Unschuld muss sich dann rasch herausgestellt haben: Schon nach einem Dutzend Jahren wird er als Heiliger verehrt. Im Mittelalter verebbt der Kult, bis 1604 seine Reliquien wieder aufgefunden werden und die Wallfahrt wieder einsetzt. Die silbergefasste Hirnschale des Heiligen – in ihr wurde der Wein gereicht – ist seit 1927 im Münchener Stadtmuseum zu besichtigen.

## Die Wanderung

Am Bahnhof gehen wir nach links zur Sauerlacher Straße, der wir nun bis St. Nantwein folgen. Dort biegen wir links in die Weidacher Hauptstraße ein, gleich wieder rechts in die Jordanstraße und an deren Ende rechts in die Isarstraße, die uns wieder zur Sauerlacher Straße bringt. Wir wandern auf ihr nach links weiter und über die Isarbrücke nach Puppling. Dort gehen wir ein Stück auf der Austraße nach rechts, dann nach links zum Ort Puppling hinauf. An der alten Pupplinger Kirche halten wir uns links und nehmen etwas später den Feldweg nach rechts bergauf, der sich bald als Waldweg fortsetzt und nach einigen hundert Metern wieder in freie Flur heraustritt. Vor uns liegt nun Neufahrn, das wir auf geradem Weg sanft bergab, dann wieder ansteigend erreichen. Wir durchqueren den Ort auf dem Pupplinger Weg und der Hauptstraße (nach rechts). Nun schlagen wir südliche Richtung ein und gehen auf den Wald zu, den wir in Höhe der rechts in einiger Entfernung deutlich erkennbaren Keltenschanze erreichen und nun immer in Südrichtung durchqueren bis zu seinem Rand beim Holzwirt. Dort gehen wir nach rechts auf dem Hohlweg bergauf wieder in den Wald hinein und in weitem Rechtsbogen zum Gut Haarschwaige. Wir durchqueren die Rodungsinsel und gehen nun immer in nordwestlicher Richtung auf Waldpfaden und -wegen nach Puppling zurück, das wir bei der alten Kirche erreichen. Zur S-Bahn geht es dann auf der Route des Hinwegs.

**Eine liebliche Österreicherin**

Ihr Name kommt aus dem Keltischen und heißt „die Liebliche": die Loisach. Ihren Ursprung hat sie in Österreich am Fuß des Wettersteingebirges, das sie im Westen umfließt. Vor Garmisch verlässt sie das Hochgebirge, zollt bei Farchant und Oberau dem Münchener Wasserbedarf ihren Tribut und erreicht bei Ohlstadt das Voralpenland und bei Schlehdorf den Kochelsee. Von hier fließt sie gemächlich nordwärts, teilt sich bei Beuerberg in Fluss und Kanal, bis sie ihr Wasser nach einer Reise von 120 km bei Farchet (Kanal) und in der Pupplinger Au der Isar übergibt.

*Die Pupplinger Kirche*

## Sehenswert

Die **Frauenkapelle** am Berghang nördlich der Pfarrkirche von Wolfratshausen ist der Beginn des Kreuzwegs, sie wurde 1643–49 errichtet und geht auf ein Gelöbnis des Weißgerbers Raab zurück. Es ist ein schlichter, achtseitiger Zentralbau mit Kuppellaterne über dem Dach. Innen ist sie mit guter, einfacher Stuckierung ausgestattet.

# Nach Eurasburg und Degerndorf

*Wo einst die Ritter hausten, steht heute ein Wohnschloss*

**Abfahrt ab München:** alle 20/40 Minuten.

**Fahrzeit:** 42 Minuten.

**Fahrpreis:** 3 Zonen/ 6 Streifen, Tageskarte Gesamtnetz.

**Rückfahrt:** S7 ab Wolfratshausen.

Schloss Eurasburg entstand als ansehnlicher Renaissancebau 1626–30 nach Plänen von Peter Candid unterhalb der alten Burg der Iringer. 1976 brannte das Schloss vollständig aus. Seit 1978 ist es wieder instand gesetzt und in den 90er Jahren in Eigentumswohnungen aufgeteilt worden.

## Die Wanderung

Am Bahnhof gehen wir nach rechts, dann nach links auf der Bahnhofstraße in die Stadt. An der Loisachhalle biegen wir links auf den Uferweg ein. An der Sauerlacher Straße gehen wir nach rechts über die Brücke und durch die Fußgängerunterführung auf die andere Straßenseite. Hier setzt sich unser Weg auf der westlichen Uferpromenade fort. Beim neuen Gewerbepark gehen wir nach links über die Loisachbrücke und auf dem Bahnweg nach Gelting. Wir folgen ein Stück nach rechts der Buchberger Straße und biegen dann rechts in die Herrnhauser Straße ein, auf der wir Gelting verlassen und nun etwa 2 km nach Süden durch Wiesen und Ackerland wandern. Bald nach Erreichen des Waldes gehen wir an der Kreuzung auf der Fahrstraße nach links ein Stück bergauf und biegen dann nach rechts auf den Waldweg ein, der sich als Feldweg zum Gut Adelsreuth fortsetzt. Von dort nehmen wir den Feldweg südwestwärts nach Unterherrnhausen. Am südlichen Ortsrand biegen wir nach rechts auf die Fahrstraße ein, die mit starkem Gefälle ins Loisachtal nach Baierlach und nach Eurasburg führt. Wir gehen dort ein Stück nach rechts auf der Wolfratshauser Straße, biegen dann links in die Beuerberger Straße ein

*Kapelle bei Degerndorf für den amerikanischen Flieger, der im Absturz die Siedlung schonte*

und etwas später auf die Straße Am Schloßberg, die nun steil auf das westliche Hochufer hinaufführt. Wir gehen am Schloss vorbei zur Aussichtshöhe, weiter zur Fahrstraße, unter der Autobahn (A95) hindurch und gleich rechts auf dem Feldweg durch Waldstücke, Wiesen und Äcker nach Degerndorf. Wir wandern durch den Ort in nördlicher Richtung, schwenken dann nach rechts in östliche Richtung und gehen auf dem befestigten schmalen Fahrweg nach Bolzwang, überqueren wenig später die Autobahn und wandern nun nach links auf den Wald zu, dann in Serpentinen bergab zur Beuerberger Straße in Achmühle. Dort halten wir uns ein Stück nach links, biegen dann nach rechts auf das Loisachufer ein, dem wir nun nach Norden folgen, bis wir bei der Brücke nach Gelting die Route des Hinwegs erreichen und auf ihr zum S-Bahnhof zurückwandern.

## Sehenswert

Eine wechselvolle Geschichte hat die **Pfarrkirche St. Andreas in Wolfratshausen**. 1484 erbaut, musste sie nach einem Brand 1619 bis 1631 und kaum ein Jahr später nach Verwüstung durch die Schweden erneut wieder aufgebaut werden. Der dreischiffige Hallenbau erhielt eine geometrische Stuckierung mit geflügelten Engelsköpfen, Gehängen und Bandranken. Den Hochaltar fertigte der einheimische Kistler Lukas Herle (1661), die Figuren dazu Kaspar Niederreiter, das Altargemälde, die Kreuzigung des Kirchenpatrons, Adam Griesmann.

**Route:** Gelting – Unterherrnhausen – Eurasburg – Degerndorf – Achmühle.

**Weglänge:** 20 km.

**Markierung:** grüner Ring.

**Anspruch:** Eine sehr reizvolle, aber auch anstrengende Wandertour vielfach mit lohnenden Ausblicken und zahlreichen Steigungen und Gefällestrecken. Für Kinderwagen nicht geeignet.

**Einkehren am Weg:** In Berg: Landgasthof Berg (B, Abstecher).

# Nach Wörnbrunn und Grünwald

*In der Kugleralm wurde die Radlermaß erfunden*

**Abfahrt ab München:** alle 20 Minuten.

**Fahrzeit:** 27 Minuten.

**Fahrpreis:** 2 Zonen/ 4 Streifen, Tageskarte München XXL

**Rückfahrt:** Tram 25 ab Grünwald (Abfahrt alle 10 Minuten; Fahrpreis: 1 Zone/ 2 Streifen).

**Route:** Kugleralm – Forsthaus Wörnbrunn – Grünwald.

**Weglänge:** 7 km.

**Markierung:** grünes Quadrat.

**Anspruch:** Eine leichte Wanderung ohne Steigungen durch ruhige Siedlungen und auf festen Waldwegen.

**Einkehren am Weg:** In Deisenhofen: Kugleralm (B); Forsthaus Wörnbrunn (B); in Grünwald: Alter Wirt.

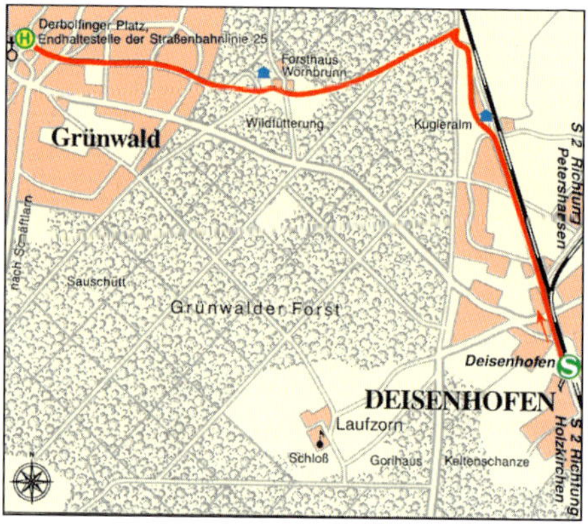


Auch die Isar hat ihren Namen von den Kelten: „isara" bedeutete bei ihnen „schneller, reißender Gebirgsfluss". Die Isar entspringt im Karwendelgebirge in Tirol, kommt südlich von Mittenwald auf bayerischen Boden und wird von nun an durch den Sylvensteinspeicher und eine Vielzahl von Kraftwerken „gebändigt". Bei Bad Tölz erreicht sie die Voralpenhochebene. Bei Grünwald hat die Isar erst etwa die Hälfte ihres Weges „geschafft". 283 km legt sie insgesamt bis zur Mündung in die Donau bei Deggendorf zurück.

## Die Wanderung

Vom westlichen Bahnhofausgang gehen wir auf der Sauerlacher Straße nach rechts, überqueren an der Bahnschranke die Laufzornstraße und gehen auf der Linienstraße neben Gleisen weiter geradeaus nach Norden. Vor der Kugleralm schwenken wir nach links ein und kommen wenig später rechtsabbiegend in den Wald. Eine kurze Strecke bleiben wir noch am Waldrand, dann biegen wir an der kleinen Lichtung mit der Informationstafel nach links ein und folgen nun dem geraden befestigten Kiesweg in westliche Richtung durch den Wald. Der Weg mündet in der Lichtung des Forsthauses Wörnbrunn. Wir wandern in westlicher Richtung weiter, erneut durch ein Waldstück, dann auf der Wörnbrunner Straße durch Einzelhaussiedlungen nach Grünwald. Am Ende der Wörnbrunner Straße führt uns ein Fußsteig zur Südlichen Münchener Straße hinunter, die wir überqueren und nach wenigen Schritten die Endhaltestelle der Straßenbahnlinie 25 erreichen.

**Die Bierehe mit der Limo**
In der Kugleralm, einem beliebten Ausflugsziel der Radler, so heißt es, wurde die Radlermaß erfunden, und das kam so: An einem heißen Sommertag drohte dem Wirt das Bier auszugehen. Not macht bekanntlich erfinderisch. So auch hier: Er streckte kurzerhand den Biervorrat mit Limo. Den durstigen Radlern schmeckte es – und seither nicht nur Radlern.

## Sehenswert

Die **Burg Grünwald** (kurzer Abstecher) ist der einzige im wesentlichen erhaltene und zugängliche mittelalterliche Burgsitz im Münchener Umland. Über dem östlichen Steilufer der Isar hatte schon Ludwig der Strenge 1293 eine Burganlage (an einer wohl schon von den Römern befestigten Stelle) errichtet. 1486/87 erhielt sie durch Aus- und Umbau ihre heutige Gestalt. 1602 bis 1857 diente sie als Gefängnis und als Pulvermagazin. 1879 erwarb sie die Bildhauerfamilie Zeiller. Seit rund hundert Jahren ist sie wieder Staatsbesitz und heute ein Zweigmuseum der Prähistorischen Sammlung mit Exponaten über die Vor- und Frühgeschichte der Grünwalder und Münchener Region. Der Turm kann nicht besichtigt werden.

*Die Burg Grünwald*

# Wanderung durch das Gleißental

*Am Deininger Weiher ist immer Ausflugsaison*

**Abfahrt ab München:** alle 20 Minuten.

**Fahrzeit:** 27 Minuten.

**Fahrpreis:** 2 Zonen/ 4 Streifen, Tageskarte München XXL.

**Rückfahrt:** S2 ab Deisenhofen.

**Route:** Gleißental – Jettenhausen – Deininger Weiher – Kreuzpullach.

**Weglänge:** 17 km.

**Markierung:** grünes Dreieck.

**Anspruch:** Eine sehr reizvolle Wandertour, überwiegend durch Wald, zum Teil auf wurzeldurchzogenen Pfaden mit einigen leichten Steigungen. Für Kinderwagen nicht geeignet.

**Einkehren am Weg:** Waldhaus Deininger Weiher (B).

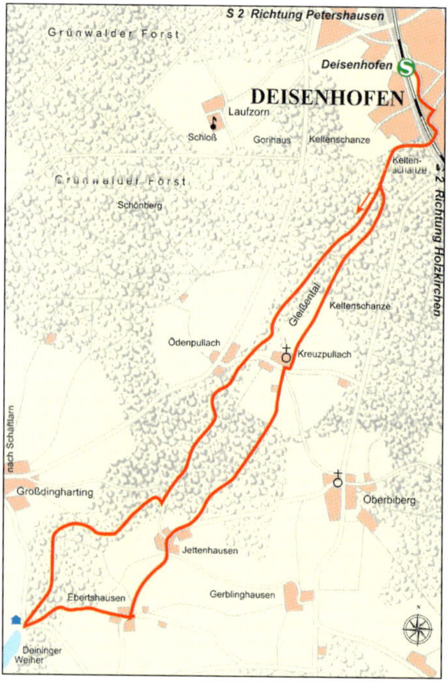


Aus dem Ortsnamen Pullach (in Kreuzpullach) lässt sich erkennen, was früher das Landschaftsbild bestimmte: Buchenwald. Das Wort Pullach entstand aus poch-loh (Poch = Buche und Lohe = Wald).

## Die Wanderung

Vom Bahnhofsplatz gehen wir nach rechts auf der Gleißentalstraße nach Süden, bis sie in der Talsenke nach links abbiegt. Hier wandern wir nach rechts durch die kleine Parkanlage weiter, unterqueren wenig später die Bahngleise und erreichen das Gleißental. Wir wandern noch ein Stück geradeaus, halten uns dann an der Wegkreuzung links. Nun bleiben wir immer auf dem Grund des Gleißentals in südlicher Richtung. Nach etwa zwei Kilometern überqueren wir die Verbindungsstraße von Kreuzpullach und Ödenpullach, bleiben weiter geradeaus bis zum Forstweg, der links nach Jettenhausen führt. Hier schwenken wir ein kurzes Stück nach rechts und biegen dann nach links auf den Forstweg nach Süden (Schranke) ein, der uns nach etwa zwei Kilometern zum Deininger Weiher bringt. Den Rückweg gehen wir, oberhalb des Weihers von der Fahrstraße nach links abbiegend, über Ebertshausen und weiter auf der Fahrstraße über Jettenhausen. Dort folgen wir ein kurzes Stück der Straße nach Oberbiberg nach rechts, biegen aber am Ortsende links in den Wald ein, der sich sich nach etwas mehr als 1 km zur weiten Lichtung von Kreuzpullach öffnet. Wir durchwandern den Weiler, wenden uns wieder nach links, erreichen erneut ein Waldstück und folgen nun einem Forstweg, bis wir die Route des Hinwegs erreichen und auf ihr zur S-Bahn zurückgehen.

*Idyllisches Ensemble: Bauernhof und Kirche Kreuzpullach*

## Sehenswert

Die **Kreuzpullacher Barockkirche**, eine der schönsten Landkirchen in der Münchener Umgebung, geht auf das Jahr 1710 zurück. Ihr Erbauer soll der Münchener Baumeister Philipp Kögelsperger gewesen sein. Die Stuckdekoration schuf der bekannte Wessobrunner Meister Johann Georg Baader. Imposant ist der Gesamteindruck der Kirche mit den Fresken der Himmelfahrt Christi (Altarraum) und Mariä (im Langhaus), den Altären aus der Erbauungszeit und der Kanzel in Weiß-Goldfassung.

**Ein idyllischer Badesee**

Der Deininger Weiher ist ein kleiner, rundum von Wald umgebener Moorsee mit Strandbad, Restaurant und Uferterrasse an seiner Nordseite, schmalen Wiesenstreifen zum Sonnen am West- und Ostufer und schilfüberzogenen Verlandungszonen an der Südflanke. Er ist besonders warm und deshalb von Mai bis September ein beliebtes Ziel von Badeausflüglern.Im Winter gehört der See, wenn es nur genügend kalt ist, den Eisstockschützen.

# Über Erlkam und Aberg zur Kreuzstraße

*Schon vor 1100 Jahren gab es eine „Kirche im Holz"*

**Abfahrt ab München:** alle 20/40 Minuten.

**Fahrzeit:** 40 Minuten.

**Fahrpreis:** 3 Zonen/ 6 Streifen, Tageskarte Gesamtnetz.

**Rückfahrt:** S7 ab Kreuzstraße (Abfahrt alle 40/80 Minuten; Fahrpreis: 3 Zonen/6 Streifen).

**Route:** Erlkam – Aberg – Kreuzstraße.

**Weglänge:** 8 km.

**Markierung:** grünes Quadrat.

**Anspruch:** Eine leichte Wanderung durch schöne Hügellandschaft mit reizvollen Ausblicken und einem langen Teilstück durch Hochwald.

**Einkehren am Weg:** In Kreuzstraße: Barte-Wirt (B).

Auch in Holzkirchen soll Karl der Große einige Male gewesen sein. Die Überlieferung weiß von einem karolingischen Hof, aus dem der heutige Marktflecken hervorgegangen ist. Eine andere Geschichte berichtet, dass König Ludwig als Kind hier Anfang des 10. Jahrhunderts drei Jahre residiert hat. Sicher ist eine urkundliche Erwähnung aus dem Jahre 906. Da gab es schon ein „Holzkiricha", eine Kirche im (nicht aus) Holz (Wald).

## Die Wanderung

Vom Bahnhof wandern wir in südlicher Richtung auf der Münchener Straße, biegen dann links in die Erlkamer Straße ein, der wir nun unter den Bahngleisen hindurch und weiter nach links in nördliche Richtung nach Neuerlkam und Erlkam folgen. Von Erlkam wandern

wir auf dem Abergweg in östlicher Richtung durch Wiesen und Felder, an einem Einzelgehöft von Mölgg-Aberg vorbei, dann über die Autobahn (A 8) hinweg und, nach links schwenkend, nach Aberg. Dort halten wir uns rechts und behalten nordöstliche Richtung im Forst bei, bis wir die Fahrstraße von Otterfing erreichen. Wir überqueren sie und nehmen einen parallelen Forstweg etwas weiter nördlich nach rechts. Kurz vor der Kreuzung, die dem Ort Kreuzstraße den Namen gab, kehren wir nach rechts auf die Fahrstraße zurück und wandern nach links in den Ort. An der Kreuzung gehen wir nach rechts die Miesbacher Straße hinunter und sind mit wenigen Schritten nach rechts am Endpunkt der S1.

*Die Pfarrkirche St. Laurentius am Marktplatz von Holzkirchen*

## Sehenswert

Die **Pfarrkirche St. Laurentius in Holzkirchen** war ursprünglich eine Nebenkirche der Pfarrei Hartpenning. Seit 1855 ist sie selbständig. Die heutige Kirche entstand 1711, viele ihrer Vorgängerinnen brannten ab, so 1490, 1532, 1582 und 1663. Der Turm wurde 1840 abgetragen und erneuert. Ende des 19. Jahrhunderts wurde die alte Ausstattung entfernt. Das Altarblatt und die Altarfiguren kamen ins nahe Föching. Zu sehen ist eine um 1500 entstandene Gruppe Anna Selbdritt, im Langhaus ein Kruzifix mit Schmerzensmutter aus dem 18. Jahrhundert.

**Iro-Schotten im Holzland**
Im 6. und 7. Jahrhundert war das Alpenvorland von dichten Wäldern überzogen. Siedlungen und Einzelhöfe lagen als Rodungsinseln mitten darin und waren schwer zugänglich. Die Heilslehre erreichte sie trotzdem, dank der „Pionierleistung" iroschottischer Wandermissionare. Im Holzkirchner Land betrieben die Mönche Anian und Marianus vom Irschenberg die Missionierung.

# Rundweg über Roggersdorf

*Der Markt im Holzland brannte schon neunmal nieder*

**Abfahrt ab München:** alle 20/40 Minuten.

**Fahrzeit:** 40 Minuten.

**Fahrpreis:** 3 Zonen/ 6 Streifen, Tageskarte Gesamtnetz.

**Rückfahrt:** S2 ab Holzkirchen.

**Route:** Haid – Roggersdorf – Holzkirchen.

**Weglänge:** 6 km.

**Markierung:** grünes Dreieck.

**Anspruch:** Ein ausgedehnter Spaziergang durch überwiegend ebenes Acker- und Weideland mit schönen Waldpassagen; stellenweise auf unbefestigten, feuchten Pfaden. Für Kinderwagen nicht geeignet.

**Einkehren am Weg:** In Holzkirchen: Alte Post, Oberbräu.

Schon unter Kaiser Ludwig dem Bayern erhielt Holzkirchen die Marktrechte. Die Urkunde darüber ist zwar bei einem der vielen Brände, die die Stadt heimsuchten, verlorengegangen. Sicher ist, dass der Ort 1329 schon anerkannter Marktflecken war – in diesem Jahr erließ der Abt des Klosters Tegernsee eine Marktordnung für Holzkirchen.

## Die Wanderung

Am Bahnhof wenden wir uns nach rechts und wandern auf der Münchener Straße in nordwestlicher Richtung bis zur Kohlstattstraße, in die wir links einbiegen. Sie führt uns nach Roggersdorf, dessen wenige Gehöfte zum Markt Holzkirchen gehören. Hier halten wir uns links, wandern in südlicher Richtung auf den Wald zu, schwenken dann erneut nach links und gehen nun zunächst durch ein Waldstück, dann durch Wiesen, Weiden und Felder in östlicher Richtung nach Holzkirchen zurück.

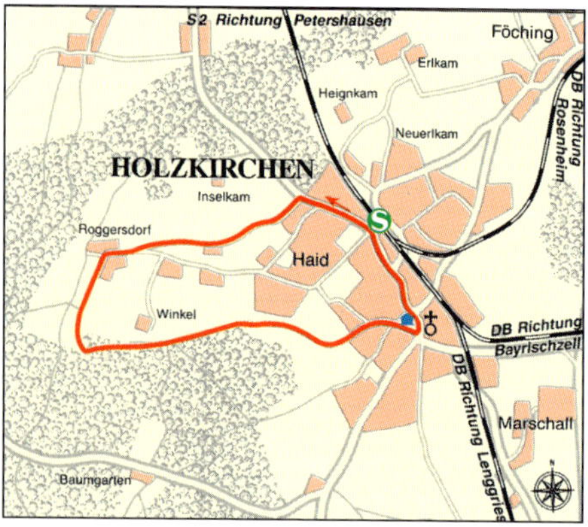

**Arg gebeutelt**
Die Holzkirchner haben in ihrer langen Geschichte Schlimmes durchgestanden: Im Dreißigjährigen Krieg musste sich der Markt nicht nur (vergeblich) von der Plünderung freikaufen, er wurde auch gleich dreimal von der Pest heimgesucht. Feuersbrünste zerstörten den Ort mehrmals: Die Chronik erzählt von neun verheerenden Bränden, die den Ort ganz oder teilweise in Schutt und Asche legten. 1562 verbrannte dabei das gesamte Archiv. Die letzte Brandkatastrophe ereignete sich 1895.

*Die „Pestkapelle" von 1639 auf dem Holzkirchner Friedhof*

Über die Roggersdorfer Straße, ein kurzes Stück nach links auf der Baumgartenstraße und erneut nach links auf der Münchener Straße kommen wir zum Wanderbahnhof zurück.

## Sehenswert

Die **Liebfrauenkapelle** auf dem Friedhof in Holzkirchen wurde 1639 als Pestkapelle erbaut. Es ist ein einfacher Gewölbebau mit einem hölzernen Dachreiter. Den Altar zieren fünf schlichte Holzfiguren. Sie erinnert daran, dass Holzkirchen während des Dreißigjährigen Krieges 1630, 1632 und 1633 von der Pest heimgesucht wurde.

# Zum Kloster Reutberg und zum Kirchsee

*Petrus Canisius brachte den Loretokult nach Deutschland*

**Abfahrt ab München:** alle 20/40 Minuten.

**Fahrzeit:** 40 Minuten.

**Fahrpreis:** 3 Zonen/ 6 Streifen, Tageskarte Gesamtnetz

**Rückfahrt:** S2 ab Holzkirchen.

Nur an Feststagen ist das „Reutberger Christkindl" auf einem Altar der Klosterkirche zu sehen, sonst wird es im Nonnenchor aufbewahrt. 1743 brachte es Pater Nicephorus Vischer aus Bethlehem mit. Es ist eine wohl aus Spanien stammende Holzfigur. Sie lag zuvor hundert Jahre in der Geburtskirche Christi.

## Die Wanderung

Wir wenden uns am Bahnhof nach links und gehen auf der Münchener Straße zum Marktplatz mit der Pfarrkirche St. Laurentius. Dort biegen wir rechts in die Tölzer Straße, später nach rechts in die Holzstraße, dann nach links in die Baumgartenstraße ein. Bei der Wohnsiedlung zweigt unser Weg nach rechts ab und führt in einigen Windungen hinunter zum Wald. Wir wandern nun auf einem Waldweg weiter, erreichen die Lichtung des Weilers Baumgarten und wenden uns noch vor dem Gehöft nach rechts. Unser Feldweg führt nun wieder in den Wald, den wir aber bald verlassen und in einer weiten Lichtung mit Wiesen und Feldern zum Weiler Buch kommen. Hier geht es nach links weiter in südliche Richtung auf geteerter Straße nach Kleinhartpenning. Wir durchqueren den Ort und wenden uns bei den letzten Höfen nach rechts. Nun geht es bergab hinunter zum idyllisch gelegenen Hackensee. Von hier nehmen wir wieder mehr südliche Richtung und kommen auf Waldwegen zum Hof Pelletsmühl. Wir gehen auf den Hof zu, biegen aber dann noch vor dem Kirchseebach nach rechts ein und wandern jetzt am Waldrand entlang auf festem

*Auf dem Wanderweg nach Reutberg*

**Route:** Baumgarten – Buch – Kleinhartpenning Kögelsberg – Reutberg und zurück.

**Weglänge:** 26 km.

**Markierung:** grüner Ring.

**Anspruch:** Eine abwechslungsreiche, aber lange Wandertour, die gute Kondition erfordert. Die Route belohnt den Wanderer mit idyllischen Flecken, schöner Aussicht und guter Einkehr am Wanderziel. Für Kinderwagen nicht geeignet.

**Einkehren am Weg:** Reutberg: Bräustüberl (B); in Holzkirchen: Alte Post, Oberbräu.

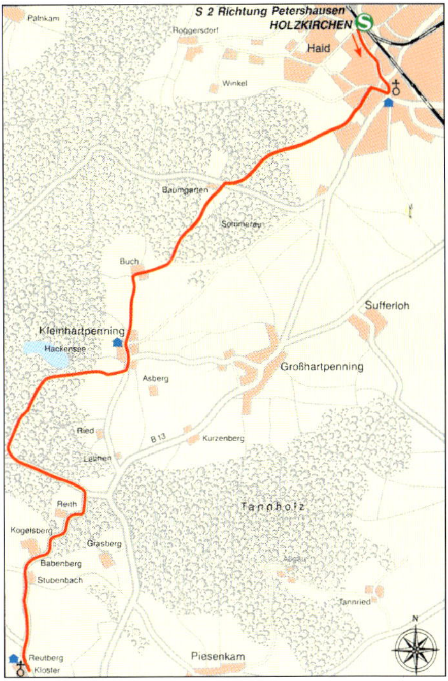


Kiesweg, der leicht ansteigt und bald wieder in freies Feld führt, zum Hof Kögelsberg. Wir gehen durch den Hof und wieder bergab auf geteerter Straße nach Stubenbach und von dort nach rechts auf der Fahrstraße nach Reutberg. Zurück wandern wir auf derselben Route.

## Sehenswert

Die **Klosterkirche Mariä Verkündigung** der Franziskanerinnen auf dem Reutberg ist ein kurzer barocker Saalbau, 1733–35 unter Bauleiter Frater Gebhard Westermeier errichtet. Das halbe Schiff nimmt die Vorhalle mit dem darüber liegenden Nonnenchor ein. Herzstück des Altarraumes ist die ursprüngliche Loretokapelle. Über dem Triumphbogen stellt ein Fresko die Loretolegende dar. Am Hochaltar deuten zwei Engel auf das Gnadenbild, die Muttergottes von Loreto, die über dem Altar thront.

**Vorbild war das hl. Haus**
Den Loretokult verbreitete Petrus Canisius in Deutschland. Auf einer Pilgerreise nach Rom hatte er 1558 in Loreto die Lauretanische Litanei kennen gelernt und in Dillingen in deutscher Sprache drucken lassen. Viele Loretokapellen entstanden. Die älteste davon, nach dem Vorbild der Casa Santa in Loreto, ließ die Gräfin Anna Papafaba, 1606 auf dem Reutberg bauen. Sie stiftete auch das Kloster.

# Nach Peiß und Kreuzstraße

*Am Teufelsgraben muss die Mangfall nach Süden zurück*

**Abfahrt ab München:** alle 40 Minuten.

**Fahrzeit:** 38 Minuten.

**Fahrpreis:** 2 Zonen/ 4 Streifen, Tageskarte Gesamtnetz.

**Rückfahrt:** S7 ab Kreuzstraße (Abfahrt alle 40/80 Minuten; Fahrpreis: 3 Zonen/6 Streifen).

**Der Knick der Mangfall**
Nicht weit von Kreuzstraße entfernt, bei Grub am Ende des „Teufelsgrabens", macht die Mangfall einen bemerkenswerten Knick; sie verlässt ihre natürliche Fließrichtung nach Norden und fließt – dank der Hinterlassenschaften der Inngletscher – in Südrichtung, scheinbar „bergauf", zurück. Erst später „dreht" sie nach Osten, um in Rosenheim in den Inn zu münden.

Nach der Überlieferung geht der Dorfname Aying auf den romanischen Vornamen eines frühen Siedlers Agius zurück, der im Laufe der Zeit mit der typischen Endung -ing bajuwarisiert wurde. Erste Nachricht über die Pfarrei Aying und deren Diakon Uniko gibt eine Urkunde von 780.

## Die Wanderung

Vom Bahnhof gehen wir auf der Bahnhofstraße, einer langen gerade Allee, zum Dorf hinauf, biegen an der Kreuzung links in die Peißer Straße und gleich wieder rechts in die Münchener Straße ein. Bei der Kirche St. Andreas gehen wir nach rechts in die Obere Dorfstraße und nehmen wenig später die Kaltenbrunner Straße nach links aus dem Ort heraus. In weitem Rechtsbogen erreichen wir den Wald, durchqueren seinen äußersten Zipfel, wenden uns dann nach rechts und gehen auf

*Eine Schlafstube wie vor 150 Jahren – im Sixthof in Aying ist sie zu sehen*

dem Graßer Weg zum Dorf Peiß hinunter. Hier folgen wir, ohne die Richtung zu ändern, ein Stück der Rosenheimer Landstraße und biegen dann bei der Kirche (St. Nikolaus) links ein in die Holzkirchener Straße, die uns über die Bahngleise und in südwestlicher Richtung aus dem Ort herausführt. Kurz hinter den Gehöften von Neugöggenhofen erreichen wir den Rand des Hofoldinger Forsts. Nun liegt eine fast gerade Waldstrecke von etwa 2,5 km auf festem Waldweg vor uns. Einige Schritte nördlich von Kreuzstraße verlassen wir den Wald, gehen die wenigen Schritte nach links zur Kreuzung, nach der der Ort benannt ist, und weiter geradeaus auf der Miesbacher Straße leicht bergab zum S-Bahnhof.

**Route:** Peiß – Neugöggenhofen – Kreuzstraße.

**Weglänge:** 7 km.

**Markierung:** grünes Quadrat.

**Anspruch:** Eine leichte Wanderung ohne nennenswerte Steigungen, überwiegend durch Hochwald.

**Einkehren am Weg:** In Kreuzstraße: Barte-Wirt (B).

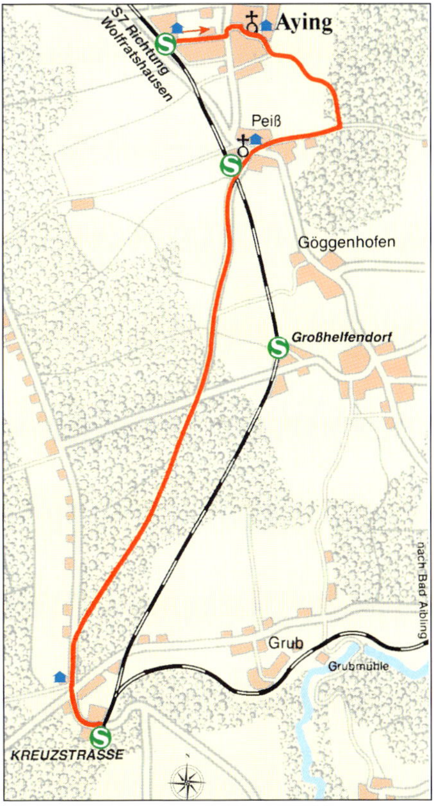


## Sehenswert

Die Kirche **St. Nikolaus in Peiß** wurde Ende des 17. Jahrhunderts gebaut, wahrscheinlich 1694. Das Langhaus ist innen wie außen durch hervortretende Pfeiler (Pilaster) gegliedert und hat ovale Nischen über den Fenstern des Altarraumes. Die Kirche besitzt eine einheitliche Innenausstattung aus dem 17. Jahrhundert mit schöner Stuckdekoration. Auch der stattliche Hochaltar mit der Figur des Kirchenpatrons aus dem 16. Jahrhundert stammt aus der Entstehungszeit der Kirche.

# Nach Maria Altenburg und Kirchseeon

*Die Wallfahrtskirche war einst Burgkapelle*

**Abfahrt ab München:** alle 40 Minuten.

**Fahrzeit:** 38 Minuten.

**Fahrpreis:** 2 Zonen/ 4 Streifen, Tageskarte Gesamtnetz.

**Rückfahrt:** S5 ab Kirchseeon (Abfahrt alle 20/40 Minuten; Fahrpreis: 2 Zonen/4 Streifen).

**Route:** Lindach – Kastenseeon – Schlacht – Moosach – Deinhofen – Ilching.

**Weglänge:** 24 km.

**Markierung:** grünes Dreieck.

**Anspruch:** Eine sehr reizvolle, aber lange Wanderung, die gute Kondition voraussetzt. Es gibt zahlreiche Steigungen und Gefällestrecken, schöne Waldpartien und idyllische Badeseen. Für Kinderwagen nicht geeignet.

**Einkehren am Weg:** In Moosach: Kiosk Maria Altenburg (B), „Wirtschaft"; in Kirchseeon: Piazza Italia (B).

Auf dem Westhang über dem Oberlauf der Moosach stand einst eine Burg, die „alte" Burg (eine neuere gab es bei Falkenberg). Die Wallfahrtskirche Maria Altenburg ging wahrscheinlich aus der früheren Burgkapelle hervor.

## Die Wanderung

Auf der Bahnhofstraße gehen wir in den Ort hinauf, dann links auf der Peißer Straße und gleich wieder rechts auf der Münchener Straße am Sixthof vorbei und auf der Zornedinger Straße zum nördlichen Dorfrand. Dort biegen wir rechts auf den Lindacher Weg ein und verlassen Aying in östlicher Richtung. Nach kurzer Wanderung treten wir in den Wald ein (Herrnholz/Südteil des Egmatinger Forsts) und kommen nach etwa 2,5 km zum Weiler Lindach, den wir rechts liegen lassen; wenig später wandern wir auf dem Feldweg nach links weiter. Wir durchqueren erneut ein Waldstück und erreichen den Kastenseeoner See. Hier gehen wir auf der Fahrstraße nach links durch Kastenseeon, biegen dann nach rechts ein und wandern nun in der Nähe des Waldrandes in nordöstliche Richtung nach Schlacht, durchqueren den Ort und nehmen an seinem Nordrand nach rechts die Straße nach Norden. Nach etwa 200 Metern biegen wir nach rechts auf den Feldweg ein, durchqueren etwas später ein Waldstück und kommen – wieder durch freie Flur – nach Oberseeon und zum Steinsee. Wir folgen ein gutes Stück dem Waldweg nahe dem Ufer und gehen dann in nördliche Richtung durch das Moosacher Holz zur Wallfahrtskirche Maria Altenburg. Von dort geht es die Stufen zur Fahrstraße hinunter, die wir überqueren; auf der Nordendstraße am nördlichen Ortsrand von Moosach wandern wir wei-

*Badelandschaft am Kastenseeoner See*

ter. An ihrem Ende schwenken wir nach links und gehen nun immer nach Norden durch den Wald bergauf zum Weiler Reit, durch die Rodungsinsel des Guts Deinhofen und wieder durch den Wald nach Ilching. Dort halten wir uns bei der Kapelle am Löschteich rechts, wandern durch Weiden und Felder, dann durch ein Wäldchen nach Osten zum Ortsrand von Kirchseeon. Auf der Theodor-Haagn-Straße (nach links), der Karl-Bickmaier-Straße (nach rechts, unter der Bahn hindurch), der Koloniestraße (nach rechts) und der Fritz-Litzlfelder-Straße (geradeaus) kommen wir zum S-Bahnhof Kirchseeon.

## Sehenswert

Die romanische **Wallfahrtskirche Maria Altenburg** wurde im 15. Jahrhundert erbaut und 1711 bis auf den mittelalterlichen Satteltum barock erneuert. Kernstück der schönen Innenausstattung ist der reich dekorierte Hochaltar aus Stuckmarmor. Er trägt das Gnadenbild, eine beeindruckende Holzfigur der stehenden Muttergottes aus der Zeit um 1500. Etwa gleich alt ist das Holzrelief des auferstandenen Christus mit Maria Magdalena am nördlichen Seitenaltar.

# Rundweg nach St. Emmeram

*Kleinhelfendorf hat eine der schönsten Barockkirchen*

**Abfahrt ab München:** alle 40 Minuten.

**Fahrzeit:** 38 Minuten.

**Fahrpreis:** 2 Zonen/ 4 Streifen, Tageskarte Gesamtnetz.

**Rückfahrt:** S7 ab Aying.

**Route:** Großhelfendorf – Kleinhelfendorf – St. Emmeram – Kaltenbrunn.

**Weglänge:** 10 km.

**Markierung:** grüner Ring.

**Anspruch:** Eine leichte, abwechslungsreiche Wanderung durch schöne Hügellandschaft.

**Einkehren am Weg:** In Kleinhelfendorf: Gaststätte Oswald (B); in Aying: Brauereigasthof (B), Liebhardt`s Bräustüberl (B).

Über der Quelle, an der der hl. Emmeram gerastet haben soll, wurde 1631 eine kleine Brunnenkapelle errichtet. Man erzählt sich, das Wasser dieser Quelle werde niemals versiegen und auch im kältesten Winter nicht gefrieren.

## Die Wanderung

Vom Bahnhof gehen wir auf der Bahnhofstraße, einer langen geraden Allee, zum Dorf hinauf, biegen an der Kreuzung links in die Peißer Straße und gleich wieder rechts in die Münchener Straße ein. Bei der Kirche St. Andreas gehen wir nach rechts in die Obere Dorfstraße und nehmen wenig später die Kaltenbrunner Straße nach links aus dem Ort heraus. In weitem Rechtsbogen erreichen wir den Wald, durchqueren seinen äußersten Zipfel und gehen an der Kreuzung auf dem Forstweg geradeaus weiter. Nach etwa 1 km verlassen wir den Wald und wandern durch Wiesen und Felder weiter südostwärts bis zum kreuzenden

*Drastische Mordszene in der Marterkapelle des heiligen Emmeram*

Feldweg. Hier gehen wir ein Stück nach rechts und biegen dann links auf den abzweigenden Feldweg (Graßer Straße) nach Großhelfendorf ein. Beim Sportplatz halten wir uns links, überqueren dann die Glonner Straße, gehen weiter nach Kleinhelfendorf und dort erneut nach links. Bei der Pfarrkirche St. Emmeram biegen wir links ein in den Feldweg aus dem Ort heraus. Wir durchqueren ein kleines Waldstück und gehen dann nach rechts auf der Fahrstraße nach Heimathshofen. Dort zweigt unsere Route nach links ab und führt nach kurzer Waldpassage wieder durch freie Flur nach Kaltenbrunn. Wir bleiben an der Kreuzung geradeaus, wandern nun durch das Graßer Holz bis zur Kreuzung, an der wir rechts auf die Route des Herwegs einschwenken und zur S-Bahn zurückgehen.

## Sehenswert

Die **Pfarrkirche St. Emmeram in Kleinhelfendorf** gehört zu den reizvollsten kleineren Barockkirchen Bayerns, vor allem wegen ihrer reichen, ausgezeichneten Stuckdekoration eines Miesbacher Meisters am Gewölbe und den Wandpfeilern. Der Münchener Konstantin Pader baute sie unter Beibehaltung der Tuffsteinmauern einer älteren romanischen, im Chor spätgotischen Kirche 1668/69. Der Hochaltar von 1679 mit gewundenen, rebenberankten Säulen trägt in der Mitte die Holzfigur des hl. Emmeram (um 1520). In der gleichen Zeit wie der Hochaltar entstanden auch die schräg gestellten Seitenaltäre, Kanzel und Chorgestühl.

**Ayings Herren saßen in Bernried**

Das Recht, ein Gasthaus zur führen und Alkoholisches auszuschenken (Zapfrecht), verdanken die Ayinger dem Propst des Klosters Bernried. Der hatte 1459 die Hofmark Aying, ein herzogliches Lehen, gekauft; dazu gehörte der Sedlhof zu Aying mit Dorfgericht, Wald und eben Tafernwirtschaft. Der Propst war damit nicht nur weltlicher Gerichtsherr des Ortes, sondern hatte auch die Steuerhoheit und holte sich Grundzins und den „Zehnten" in barer Münze oder in Naturalien. Der Wirt hatte die Abgesandten des Klosters angemessen mit Essen und Trinken (damals Wein) zu versorgen.

# Nach Peiß und Aying

*Ein alter Kornkasten ging auf Wanderschaft*

**Abfahrt ab München:** alle 40/80 Minuten.

**Fahrzeit:** 47 Minuten.

**Fahrpreis:** 3 Zonen/ 6 Streifen, Tageskarte Gesamtnetz.

**Rückfahrt:** S7 ab Aying (Abfahrt alle 40 Minuten; Fahrpreis: 2 Zonen/4 Streifen).

Übel mitgespielt haben die Schweden Aying im Dreißigjährigen Krieg. Sie brannten nicht nur die Kirche nieder, sondern zerstörten auch den Pfarrhof und die meisten Bauernhöfe und verwüsteten die Felder. Auch die Pest forderte ihre Opfer. Am Ende des Krieges (1648) hatte das Dorf nicht einmal mehr 30 Bewohner.

## Die Wanderung

Vom Bahnhof gehen wir nach rechts zur Miesbacher Straße und dort nach links zur Kreuzung, die dem Ort Kreuzstraße den Namen gab. Hier wandern wir noch ein Stück geradeaus und biegen dann rechts auf den Kiesweg in den Forst (Peißer Straße) ein. Nun liegt eine fast gerade Waldstrecke von etwa 2,5 km in nordöstlicher Richtung vor uns. Vor dem Weiler Neugöggenhofen verlassen wir den Wald und gehen nun durch Weiden und Ackerland weiter nach Peiß. Am Ortsrand überqueren wir die Bahngleise (S1), gehen auf der Holzkirchener Straße zur Rosenheimer Landstraße, dort rechts weiter, dann links auf dem Graßer Weg zum Waldrand. Dort biegen wir links ein und wandern nun in weitem Linksbogen leicht bergab nach Aying. Auf der Kaltenbrunner Straße, der Oberen Dorfstraße (rechts), der Münchener Straße (links), der Peißer Straße (links) und der Bahnhofstraße (rechts) geht es zum Wanderbahnhof Aying.

*Der Ayinger Brauereigasthof*

## Sehenswert

Die spätgotische Kirche brannte 1634 nieder. Von ihr blieb nur der untere Teil des stattlichen Turmes. Die Ayinger bauten ihre **St. Andreas** geweihte Kirche 1655 wieder auf. Es entstand

**Route:** Neugöggenhofen – Peiß – Aying.

**Weglänge:** 7 km.

**Markierung:** grünes Quadrat.

**Anspruch:** Eine leichte Wanderung ohne nennenswerte Steigungen, überwiegend durch Hochwald.

**Einkehren am Weg:** In Aying: Brauereigasthof (B), Liebhardt's Bräustüberl (B).

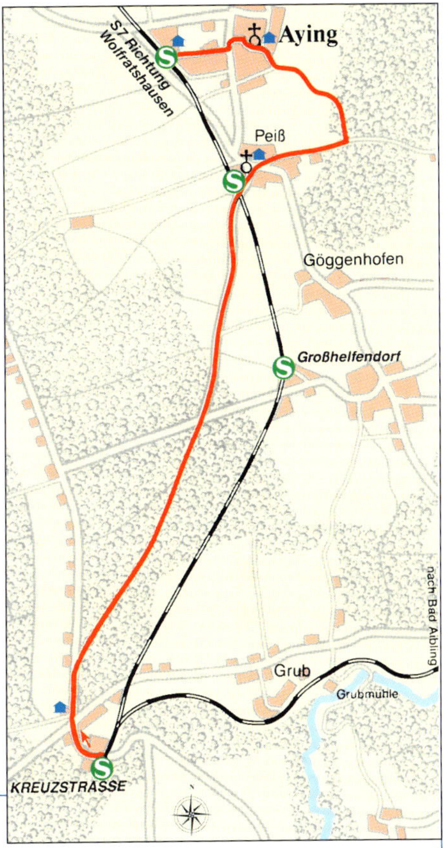


architektonisch eine Mischung aus gotischen und Renaissance-Formen. Die halbkreisförmige Franziskuskapelle im Langhaus ist mit schönen Stuckaturen geschmückt. Die Kanzel stammt aus der Zeit des Wiederaufbaus. Bemerkenswert ist ein lebensgroßer, ausdruckstarker Kruzifixus an der Südseite im Schiff. Die **Lambertikapelle** auf dem Friedhof neben der Kirche entstand um 1500.

**Ein Heimatmuseum vom Bräu**
1978 eröffnete der Bräu von Aying, Franz Inselkammer, das Heimatmuseum Sixthof. Der Hof, seit über hundert Jahren kaum verändert, führt dem Besucher bäuerliches Leben vor zweihundert Jahren lebensecht vor Augen. Das Haus ist mit Möbeln und Gerät aus der Gegend in exzellenter Qualität eingerichtet, die der Bräu und sein kundiger Braumeister mit großem Sammeleifer und unter Einsatz von erheblichen Mitteln zusammengetragen haben. Auch ein Kornkasten aus dem 17. Jahrhundert wurde gerettet. Als Ganzes im benachbarten Peiß vom gemauerten Sockel abgehoben, erhielt er in Aying einen neuen Platz neben dem Hotel der Brauerei. Ein Kornkasten oder Troadkasten ist ein Stadel, ein Speichergebäude, in dem der „Troad", das Getreide, gelagert wurde. Zur Aufbewahrung schüttete man es lose in Truhen an den Wänden.

# Ins Mangfalltal zur Grubmühle

*Kleinhöhenkirchen ist das Ziel einer alten Bauernwallfahrt*

**Abfahrt ab München:** alle 40/80 Minuten.

**Fahrzeit:** 47 Minuten.

**Fahrpreis:** 3 Zonen/ 6 Streifen, Tageskarte Gesamtnetz.

**Rückfahrt:** S7 ab Kreuzstraße.

**Ein Messner überlistet den Teufel**

Woher der Name Teufelsgraben kommt, weiß nur die Sage, und die erzählt eine abenteuerliche Geschichte. Der Teufel habe einst die Isar umleiten wollen, sie sollte nicht mehr nach München, sondern in den Chiemsee fließen, dazu hob er einen tiefen Graben aus. Der Messner von Föching kam des Wegs und machte sich über den Plan lustig. Der verärgerte Teufel bot eine Wette an: bis zum Frühläuten sollte das Werk vollbracht sein. Der Messner aber läutete schon um drei Uhr die Glocken. So verlor der Teufel die Wette, sein Plan blieb unvollendet.

Eine neue Trinkwasserleitung versorgt München aus dem Gewinnungsgebiet am Taubenberg. Bis 1998 erneuerten die Stadtwerke die alte Leitung, die schon über hundert Jahre „auf dem Buckel" hatte. Dazu mussten mächtige, kilometerlange Stollen vorangetrieben werden. Ein Starttunnel stand im Mangfalltal bei der Grubmühle.

## Die Wanderung

Vom Bahnhof gehen wir nach rechts zur Miesbacher Straße, dort erneut rechts, über die Bahngleise und nun leicht bergauf. Auf der Höhe zweigt unser Weg nach links ab in südöstliche Richtung nach Hohendilching. Wir gehen nach links in den Ort, dann nach rechts,

*Badeparadies im Kiesbett der Mangfall bei Grubmühle*

an der Kirche (St. Andreas) vorbei und steil bergab ins Tal hinunter zur Mangfallbrücke, die wir überqueren und gleich darauf auf den Uferweg nach links einbiegen. Auf einem festen Waldweg geht es dann nach rechts steil zum Hochufer der Mangfall hinauf nach Kleinhöhenkirchen. Vor der Kirche nehmen wir nun die Fahrstraße nach links und wandern durch freie Flur nach Norden. Vom Waldrand führt unsere Route nun in Serpentinen zur Grubmühle und weiter zur Mangfallbrücke hinunter, die wir überqueren und hinter der wir auf der Straße nach Grub wieder bergauf wandern. In der Rechtskurve vor der Bahnunterführung schwenken wir nach links auf den Fußweg nach Westen ein, halten uns bei den Weihern nochmals links und gehen sanft bergauf weiter in südlicher Richtung nach Hohendilching zurück, wo wir auf die Route des Herwegs treffen und auf ihr zur S-Bahn zurückgehen.

**Route:** Hohendilching – Kleinhöhenkirchen – Grubmühle.

**Weglänge:** 7 km.

**Markierung:** grünes Dreieck.

**Anspruch:** Eine schöne, aber nicht ganz leichte Wanderung mit einigen Steilstücken und reizvollen Ufer- und Waldstrecken. Für Kinderwagen nicht geeignet.

**Einkehren am Weg:** In Kreuzstraße: Barte-Wirt (B, kurzer Abstecher).

## Sehenswert

Kleinhöhenkirchen ist eine alte Bauernwallfahrt. Die **Kirche St. Maria** mit einem hübschen Kuppelturm gehörte ursprünglich zum Kloster Weyarn. Sie entstand um 1770. Die Deckengemälde stammen von Josef Anton Höttinger und sind 1773 signiert. An die Kirche schließt eine Seitenkapelle mit einem Marienbild an. Zur Ausstattung gehören auch schöne Votivtafeln aus dem 18. und 19. Jahrhundert.

# Durch das Mangfalltal nach Valley

*Ein lohnender Abstecher führt zum ehemaligen Kloster Weyarn*

**Abfahrt ab München:** alle 40/80 Minuten.

**Fahrzeit:** 47 Minuten.

**Fahrpreis:** 3 Zonen/ 6 Streifen, Tageskarte Gesamtnetz.

**Rückfahrt:** S7 ab Kreuzstraße.

**Route:** Hohendilching – Anderlmühle – Schloßberg – Valley – Hohendilching.

**Weglänge:** 7 km.

**Markierung:** grüner Ring.

**Anspruch:** Eine reizvolle Wanderung mit einigen Steilstücken und Wald- und Uferstrecken (z. T. über Stock und Stein). Für Kinderwagen nicht geeignet.

**Einkehren am Weg:** In Kreuzstraße: Barte-Wirt (B, kurzer Abstecher).

Ein nach wie vor beeindruckendes Bauwerk ist die Autobahnbrücke der Autobahn München-Salzburg über das Mangfalltal. Sie ist 68 Meter hoch und hat eine Länge von 319 Metern. Zwischen Bruckmühle und Weiglmühle überspannt sie das Tal. Auf dem Abstecher nach Weyarn geht man unter der Brücke durch.

## Die Wanderung

Vom Bahnhof gehen wir nach rechts zur Miesbacher Straße, dort erneut rechts, über die Bahngleise und nun leicht bergauf. Auf der Höhe zweigt unser Weg nach links ab in südöstliche Richtung nach Hohendilching. Wir gehen nach links in den Ort, dann nach rechts, an der Kirche (St. Andreas) vorbei und steil bergab. Auf halber Höhe verlassen wir die nach links ins Tal verlaufende Fahrstraße und gehen geradeaus weiter bergab zur Anderlmühle am Westufer der Mangfall und weiter am Ufer entlang bis zur Brücke. Hier gehen wir nach rechts den Schloßberg hinauf nach Valley. Nach einer Rast kommen wir zur Brücke zurück, gehen auf das andere Ufer, ein Stück bergauf, dann nach links durch den Wald zum Ostufer und auf Waldpfaden in Ufernähe zurück bis zur Brücke unterhalb von Hohendilching. Wir überqueren die Brücke und gehen nun wieder bergauf, stoßen bald auf die Route des Herwegs und gehen über Hohendilching zur Kreuzstraße zurück.

**Ein Meilenstein**

Vor dem Schlosstor der Grafen von Arco-Valley steht ein römischer Meilenstein, schon etwas verwittert und darum selbst von Lateinkundigen kaum mehr zu entziffern. Seine Inschrift besagt, dass Kaiser Septimus Severus im Jahre 201 die Straße (gemeint ist die Verbindung zwischen Salzburg und Augsburg) wiederherstellen ließ. Ursprünglich stand der Stein in Großhelfendorf.

## Ein Abstecher nach Weyarn

Von Valley aus kann man eine reizvolle Anschlusswanderung nach Weyarn unternehmen. Zwar sind zweimal 4 km zu gehen, aber die Mühe wird mit der landschaftlichen Schönheit des Mangfalltals und der Besichtigung einer überaus sehenswerten Kirche belohnt: St. Petrus und Paulus des ehemaligen Augustinerchorherrenstifts Weyarn. Der große Johann Baptist Zimmermann hat sie mit Fresken und Stuck dekoriert. Die schönsten Bildwerke des berühmten Barockbildhauers Ignaz Günther sind hier zu sehen, darunter die Verkündigungsgruppe und die Pietàgruppe.

*Nachrichtenmedium von einst – römischer Meilenstein vor Schloss Valley*

## Sehenswert

1740 ist das Entstehungsjahr des schmucken kleinen **Schlosses Valley** der Grafen von Arco-Valley. Heute wird darin Bier gebraut und – gleich gegenüber – auch ausgeschenkt.
Die kleine hübsche Kirche **St. Andreas in Hohendilching** über dem Mangfalltal wurde 1640 an der Stelle einer früheren Kirche gebaut. Zu ihrer Ausstattung gehören zwei Altarbilder von Josef Schütz aus dem Jahre 1758.

# Nach Großhelfendorf und Aying

*Mordschergen überfielen den frommen Rompilger*

**Abfahrt ab München:** alle 40/80 Minuten.

**Fahrzeit:** 47 Minuten.

**Fahrpreis:** 3 Zonen/ 6 Streifen, Tageskarte Gesamtnetz.

**Rückfahrt:** S1 ab Aying (Abfahrt alle 40 Minuten; Fahrpreis: 3 Zonen/6 Streifen).

**Route:** Hohendilching – Kleinhöhenkirchen – Grubmühle – Grub – Großhelfendorf – Heimathshofen – Kaltenbrunn.

**Weglänge:** 16 km.

**Markierung:** grüner Punkt.

**Anspruch:** Eine reizvolle Wandertour durch abwechslungsreiche Landschaft mit einigen Steilstücken und Waldstrecken. Für Kinderwagen nicht geeignet.

**Einkehren am Weg:** In Kleinhelfendorf: Gaststätte Oswald (B); in Aying: Brauereigasthof (B), Liebhardt`s Bräustüberl (B).

Um den Fehltritt der Tochter Ota des Herzogs Theodo zu decken, nahm Emmeram, Wanderbischof in Regensburg, die Schuld auf sich, hoffend, dass in seiner Abwesenheit als Rompilger Gras über die Geschichte wachsen werde. Otas Bruder Lantpert ritt ihm mit Mordschergen nach, die ihn in Kleinhelfendorf überfielen, ihm alle Glieder abschlugen und ihn liegen ließen. Auf dem Ochsenfuhrwerk, das ihn nach Aschheim bringen sollte, starb er bei Feldkirchen an den Verletzungen.

## Die Wanderung

Vom Bahnhof gehen wir nach rechts zur Miesbacher Straße, dort erneut rechts, über die Bahngleise und nun leicht bergauf. Auf der Höhe zweigt unser Weg nach links ab in südöstliche Richtung nach Hohendilching. Wir gehen nach links in den Ort, dann nach rechts, an der Kirche (St. Andreas) vorbei, und steil bergab ins Tal hinunter zur Mangfallbrücke, die wir überqueren. Hinter der Brücke biegen wir auf den Uferweg nach links ein. Auf einem Waldpfad geht es dann nach rechts steil zum Hochufer der Mangfall hinauf nach Kleinhöhenkirchen. Vor der Kirche nehmen wir die Fahrstraße nach links und wandern durch freie Flur nach Norden. Vom Waldrand führt unsere Route nun in Serpentinen zur Grubmühle hinunter und weiter zur Mangfallbrücke, die wir überqueren ; jenseits geht es wieder bergauf bis nach Grub. Wir überqueren die Durchgangsstraße und gehen auf der Helfendorfer Straße nach Norden. Am Waldrand halten wir uns geradeaus und nehmen den Wald-, später Feldweg nach Großhelfendorf. Wir erreichen den Ort beim S-Bahnhof, schwenken nach rechts und gehen nun immer in östlicher Richtung auf der Bahnhofstraße, der Bartenstraße und der Dorfstraße in den Ort hinauf, über die Durchgangsstraße hinweg und auf der Kirchenstraße nach Kleinhelfendorf. An der St. Emmeramskapelle vorbei gehen wir noch ein Stück weiter, biegen dann links zur Pfarrkirche ein und gehen gleich wieder rechts auf den Feldweg aus dem Ort heraus. Wir durchqueren ein kleines Waldstück und gehen dann nach rechts auf der Fahrstraße zum Weiler Heimathshofen. Dort zweigt unsere Route nach links ab und führt nach kurzer Waldpassage wieder durch freie Flur nach Kaltenbrunn. Wir bleiben an der Kreuzung geradeaus, wandern nun durch das Graßer Holz bis zur Kreuzung, an der wir rechts einschwenken und in weitem Linksbogen bergab nach Aying und zur S-Bahn gehen.

## Sehenswert

Vier Kerle hauen und stechen mit Messern und Axt auf einen Wehrlosen ein. Diese sehr drastische, lebensgroße Holzfigurengruppe füllt die Mitte des Kirchenraumes der **Marterkapelle** des hl. Emmeram in Kleinhelfendorf. Sie entstand 1789. Die Kirche steht an der Stelle, wo der fromme Mann tödlich verstümmelt wurde. Die jetzige Kapelle wurde 1752 errichtet und mit feinem Rokokostuck ausgeschmückt.

*St. Andreas in Aying*

# Rundweg durch den Ebersberger Forst

*Die Waldkatastrophe kam auf Samtfüßchen*

**Abfahrt ab München:** alle 20/40 Minuten.

**Fahrzeit:** 29 Minuten.

**Fahrpreis:** 2 Zonen/ 4 Streifen, Tageskarte Gesamtnetz.

**Rückfahrt:** S5 ab Eglharting

**Route:** Heiligkreuz-Geräumt – Reitöster Geräumt – Schwaiger Geräumt – Pöring.

**Weglänge:** 5 km.

**Markierung:** grünes Quadrat (nicht im Forst).

**Anspruch:** Ein schöner Waldspaziergang auf festen Schotterwegen zum Waldsportpfad nach Pöring; keine Steigungen.

**Einkehren am Weg:** In Eglharting: Gasthof Hamberger (B, kleiner Abstecher).

Bis vor etwa zweihundert Jahren bestanden die Wälder im Voralpenland überwiegend aus Laubhölzern. Der Wald war herrschaftlicher Jagdgrund und Viehweide. Mit dem Holzbedarf kam der Übergang zur Monokultur. Schnellwüchsige Nadelhölzer, die man rascher „ernten" konnte, verdrängten den Laubwald. Die großen Wälder wie der Ebersberger Forst werden heute von schnurgeraden Waldwegen, den Geräumtwegen, durchzogen. Angelegt wurden diese Wege erstmals zwischen 1780 und 1795 im Ebersberger Forst, dem kurfürstlichen Wald. Sie dienten dazu, einmal das Waldgebiet zu vermessen und aufzuteilen und so eine planmäßige Waldwirtschaft zu ermöglichen, zum anderen aber auch zur „Ernte", das heißt zum Einschlag und Abtransport von Holz in großem Stil. Die so angelegten Quadrate (Geräumte) waren damals allerdings noch viermal so groß wie die heutigen. Geblieben sind die Wege. Erntehelfer sind nicht mehr „Rücke"-Pferde, sondern Maschinen.

## Die Wanderung

Vom Bahnhof wandern wir nach links und kurz darauf erneut nach links auf dem Forstweg bis zum Waldrand. Weiter geht es auf festem Forstweg nach links, dann auf dem Heiligkreuz-Geräumt in nördlicher Richtung bis zum Reitöster Geräumt, dort nach links bis zum Schwaiger Geräumt, dann erneut nach links bis zur Siedlung am Ortsrand von Pöring und wieder nach links zum Ausgangspunkt zurück. Die Geräumtwege verlaufen in etwa in Ost-West- und Nord-Süd-Richtung. So können wir eine beliebig lange Wanderroute wählen.

**Raupenalarm im Wald**

Rund 110 Jahre ist es her, als die Katastrophe für den Wald sich auf Samtfüßchen einschlich: die Nonne. Eine kleine gefräßige Raupe vermehrte sich abermillionenfach und drohte den ganzen Ebersberger Forst im wahrsten Sinne aufzufressen. Drei Jahre wüteten die Raupen. Über 2800 Hektar Wald fielen den kleinen Schädlingen zum Opfer. Möglich gemacht hatte das Desaster die intensive Waldnutzung als Fichtenreinkultur.

## Sehenswert

Dem hl. Georg ist die **Pöringer Kirche** gewidmet ( Abstecher). Sie stammt aus dem Jahre 1796. Das Bild des Kirchenpatrons auf dem Hochaltar ist ein Werk von Johann Baptist Untersteiner. Die Kirche besitzt auch eine Grabplatte aus dem Jahr 1400. Früher gab es in Pöring auch ein Schloss. Es wurde im Dreißigjährigen Krieg von den Schweden geschleift. Schon um 1700 gab es davon nur mehr den Burgfried.
Dem Münchener Baumeister Johann Georg Ettenhofer wird die **Zornedinger Pfarrkirche St. Martin** von 1718–21 zugeschrieben (Abstecher). Ettenhofer war ein Mitarbeiter des berühmten Hofbaumeisters Giovanni Antonio Viscardi. Der stattliche Wandpfeilerbau mit Zwiebelhaubenturm hat schönes Stuckdekor am Gewölbe mit Akanthusranken und Halbfiguren. Altäre und Kanzel stammen aus der Entstehungszeit der Kirche.

*Schwarzwildfütterung bei Eglharting*

# Durch den Ebersberger Forst nach Eglharting

*Dank der Nonne platzte Kirchseeon aus allen Nähten*

**Abfahrt ab München:** alle 20/40 Minuten.

**Fahrzeit:** 31 Minuten.

**Fahrpreis:** 2 Zonen/ 4 Streifen, Tageskarte Gesamtnetz.

**Rückfahrt:** S5 ab Eglharting (Abfahrt alle 20/40 Minuten; Fahrpreis: 2 Zonen/4 Streifen).

**Route:** Forsthaus Diana – Eglharting.

**Weglänge:** 9 km.

**Markierung:** grünes Quadrat (nicht im Forst; hier Schilder der Forstverwaltung).

**Anspruch:** Schöner Waldspaziergang auf festen Schotterwegen zum Forsthaus Diana und nach Eglharting.

**Einkehren am Weg:** In Eglharting: Gasthaus Hamberger (B), kleiner Abstecher).

## Tausend Jahre jung

Der Markt Kirchseeon ist jung, das Dorf gleichen Namens hat dagegen, von vorgeschichtlichen Besiedlungszeugnissen wie Hügelgräbern aus der Hallstattzeit und keltischen Funden abgesehen, eine rund tausendjährige Geschichte. Das im Ebersberger Cartular 980 genannte Sevun ist sicher das heutige Kirchseeon. Der See allerdings ist längst trockengelegt. Dort stehen heute die Häuser des südlichen Ortsteils Moos.

## Die Wanderung

Vom Bahnhof gehen wir geradeaus auf der Münchener Straße in nördliche Richtung durch den Ort, biegen dann nach rechts auf den Spannleitenberg (B 304) ein und gehen nach etwa 150 Metern links beim Waldfriedhof auf der Dianastraße weiter. An ihrem Ende treten wir in den Forst ein und gehen nun auf

*Die Pfarrkirche St. Coloman in Kirchseeon*

festen Geräumtwegen zum Forsthaus Diana und weiter nach Eglharting (die Forstwege: Törring Geräumt, Reitöster Geräumt, links Heiligkreuz-Geräumt; links). Auf dem Forstweg kommen wir zum S-Bahnhof.

## Wissenswert

Bis 1939 war die heutige Marktgemeinde Kirchseeon Teil der größeren Gemeinde Eglharting. Doch die wohl jüngste Gemeinde des Landkreises legte ein rasantes Wachstum vor: von einer kleinen Waldarbeitersiedlung vor 170 Jahren zum Industrieort heute. Zwischen 1804 und 1812 ließen sich im Zuge der wachsenden Holzindustrie Waldarbeiter aus den Bayerischen Wald und aus Tirol am Rande des Forsts nieder. Die königliche Eisenbahnverwaltung baute die Bahnlinie München – Rosenheim und richtete ein Imprägnierwerk für Schwellen ein. Und schließlich gab auch die Nonnenkatastrophe einen Wachstumsanstoß: Durch die Raupe war der Wald schwer geschädigt. Riesige Holzmengen mussten geschlagen und abtransportiert werden, um dem Wüten der Nonne Einhalt zu gebieten. Allein dafür waren an die 8000 Arbeiter nötig. Die meisten blieben, als die Nonne besiegt war.

**Eber im Wappen**

„In Silber auf grünem Dreiberg ein schreitender, goldbewehrter schwarzer Eber, hinter dem eine grüne Tanne mit 29 Ästen aufwächst." So liest sich die offizielle Beschreibung des Ebersberger Landkreiswappens. Der Eber auf dem Berg setzt den Namen in Bild. Die Tanne steht für den ausgedehnten Forst, ihre Äste für die Landkreisgemeinden (vor der Gebietsreform waren es 29, heute 21).

# Nach Eggelburg und Ebersberg

*Die Kreisstadt war einst kultureller Mittelpunkt in Bayern*

**Abfahrt ab München:** alle 20/40 Minuten.

**Fahrzeit:** 31 Minuten.

**Fahrpreis:** 2 Zonen/ 4 Streifen, Tageskarte Gesamtnetz.

**Rückfahrt:** S5 ab Ebersberg (Abfahrt alle 20/40 Minuten; Fahrpreis: 3 Zonen/6 Streifen).

**Route:** Kirchseeon – Forstseeon – Vordereggelburg – Egglsee – Ebersberg.

**Weglänge:** 10 km.

**Markierung:** grünes Dreieck.

**Anspruch:** Eine besonders reizvolle Wanderung durch hügeliges Bauernland und schöne Waldstücke, auf Uferwegen mit weiten Ausblicken ins Land. Für Kinderwagen nicht geeignet.

**Einkehren am Weg:** In Ebersberg: Hölzerbräu, Unterbräu.

Wahrscheinlicher als die Legende (s. Kasten rechts) ist die Ableitung des Ortsnamens vom Vornamen Eberhard. Ein solcher, Enkel des Gaugrafen Sighart, baute den von seinem Vater Rathold 911 gerufenen Augustinern ein Kloster.

## Die Wanderung

Vom Bahnhof gehen wir nach rechts auf der Wasserburger Straße in östlicher Richtung, dann halb links auf der Ebersberger Straße aus dem Ort heraus und nach etwa 1 km nach rechts auf der St.-Coloman-Straße nach Kirchseeon-Ost. Beim Bauhof schwenken wir nach links, gehen auf der Osterseeoner Straße unter der Bundesstraße (B 304) hindurch und auf der Forstseeoner Straße weiter nach Forstseeon. Am Ortsrand biegen wir nach rechts auf den Feldweg nach Osten ein, der uns durch Felder, ein kleines Waldstück und wieder durch Ackerland nach Vordereggelburg führt. Hier schwenken wir nach links und wandern nun nach Norden an der Eggelburger Kirche auf der Höhe vorbei nach Hintereggelburg und weiter sanft bergab zum See hinunter. Wir gehen nun durch das Naturschutzgebiet am See entlang nach Nordosten und schwenken dann nach

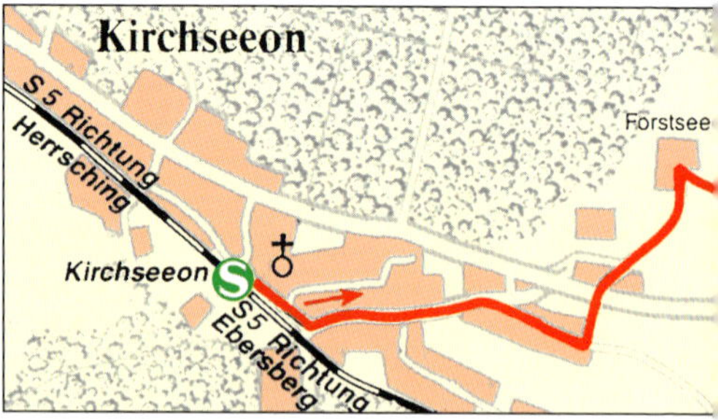

Südosten in die Allee alter Eichen ein. Kurz vor dem Weiler Egglsee biegen wir links auf den Feldweg ein und gehen nun nach Osten am Seeweberweiher, am Langweiher und am Klostersee entlang nach Ebersberg. Auf der Eberhardstraße (nach rechts), dem Richardisweg (nach links), der Semptstraße und der Sieghartstraße (geradeaus) erreichen wir den Marienplatz mit dem gotischen Rathaus und gehen auf der Bahnhofstraße an St. Sebastian vorbei zum S-Bahnhof.

## Sehenswert

Die frühere Klosterkirche (heute Pfarrkirche) **St. Sebastian in Ebersberg** ist eines der wichtigen kunsthistorischen Denkmäler im Münchner Umland. Sie wurde 934 als frühromanische Basilika errichtet und um 1230 als Münster in spätromanischem Stil neu aufgeführt. Aus dieser Zeit sind nur noch der Turmunterteil und die Untergeschosse erhalten. Um 1480 baut der Münchner Baumeister Erhard Randeck die Kirche im spätgotischen Stil um. Das Kloster Ebersberg war zu dieser Zeit geistliches und weltlichen Zentrum der Region östlich von München.

**Beim Namen war der Teufel im Spiel**

Der Name Ebersberg hängt mit einer Legende zusammen. Gaugraf Sighart von Sempt kam eines Tages von seiner Burg am Nordrand des heutigen Forstes in die Ebersberger Gegend zur Jagd und entdeckte unter einer mächtigen Linde eine Höhle, in der ein Eber hauste. Diese Eber soll der Teufel selbst gewesen sein, der die Höhle, einen einstigen Götzenort, als Wohnung benutzte. Der Graf ließ auf den Rat seines Beichtvaters dort eine Burg anlegen, die Ebersburg, aus der dann Ebersberg wurde.

*links: Die Eggelburger Kirche*

# Rundweg nach Maria Altenburg

*Graf Pienzenau stiftete 1405 eine ewige Messe*

**Abfahrt ab München:** alle 20/40 Minuten.

**Fahrzeit:** 31 Minuten.

**Fahrpreis:** 2 Zonen/ 4 Streifen, Tageskarte Gesamtnetz.

**Rückfahrt:** S5 ab Kirchseeon.

Im 17. und 18. Jahrhundert erlebte die Altenburger Wallfahrt ihre Hochblüte. Aus dieser Zeit erzählt die Überlieferung: „An den Kreuzsamstagen kamen die Bittgänger aus allen Richtungen ins Moosachtal, und die Gläubigen pflegten sich auf Knien Stufe für Stufe den Berg zum hochgelegenen Heiligtum hinaufzubeten." 118 Stufen gab es damals.

## Die Wanderung

Vom Bahnhof gehen wir ein Stück geradeaus auf der Wasserburger Straße, dann nach links auf der Fritz-Litzlfelder-Straße und der Koloniestraße zur Karl-Birkmaier-Straße, der wir nach links unter der Bahn hindurch folgen und dann auf der Theordor-Haagn-Straße zum Ortsrand gehen. Dort schwenken wir nach rechts auf den Waldpfad ein, wandern durch das kleine Waldstück und dann in Westrichtung durch Wiesen und Felder nach Ilching. Am Löschteich

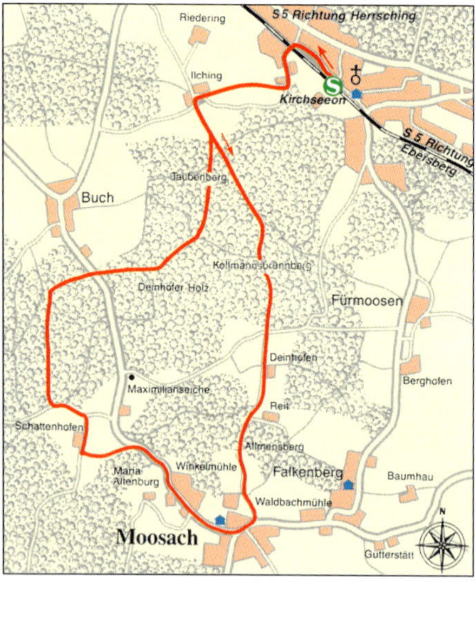


**Route:** Ilching – Deinhofen – Moosach – Schattenhofen.

**Weglänge:** 15 km.

**Markierung:** grüner Ring.

**Anspruch:** Eine reizvolle Wandertour durch abwechslungsreiche Landschaft mit idyllischen Flecken, schönen Ausblicken und längeren Waldstrecken.

**Einkehren am Weg:** In Kirchseeon: Piazza Italia (B).

wenden wir uns nach links in südliche Richtung, die wir nun bis Moosach beibehalten. Unser Weg führt etwa 2 km durch den hohen Mischwald des Taubenberges, dann durch die Rodungsinsel des Guts Deinhofen nach Reit und nun leicht bergab zum Ortsrand von Moosach. Wir schwenken nach rechts auf die Nordendstraße ein und gehen an ihrem Ende über die Münchener Straße und die Stufen hinauf zur Wallfahrtskirche Maria Altenburg. Unser Weg setzt sich unten auf der Münchener Straße nach rechts fort. Hinter den Fischteichen biegen wir links auf den Waldweg ein, folgen sanft bergauf dem Bachlauf, den wir schließlich überqueren und in nördlicher Richtung zur Lichtung des Guts Schattenhofen kommen. An den Gehöften vorbei gehen wir weiter in nördlicher Richtung durch den Wald, wenden uns dann mehr nach Osten, überqueren die Fahrstraße nach Buch und treffen nach neuerlichem Einschwenken in nördliche Richtung wieder auf die Route des Herwegs im Forst vor Ilching. Auf dem bekannten Weg geht es nun zurück nach Kirchseeon zur S-Bahn.

*Die Wallfahrtskirche Maria Altenburg*

## Sehenswert

Um 1400 wurde die romanische **Wallfahrtskirche Maria Altenburg** erbaut. Der Hofmarksherr Graf Ludwig von Pienzenau stiftete 1405 eine ewige Messe. Um 1700 wurde die Kirche bis auf den Satteltum barock erneuert. Initiator war der engagierte Förderer der Marienwallfahrt, der Moosacher Pfarrer Johann Hagn, der auch die eigenen Mittel in die Kirchenerneuerung steckte. Maria Altenburg ist eine der 14 bedeutenden Gnadenstätten der Marienverehrung im beginnenden 17. Jahrhundert. In der Münchner Bürgersaalkirche sind die Orte in einem Bilderzyklus dargestellt. Franz Joachim Beich malte die Bilder 1710.

# Zum Gspraiter See und nach Grafing

*Berühmte Meister schmückten die Marktkirche aus*

**Abfahrt ab München:** alle 20/40 Minuten.

**Fahrzeit:** 44 Minuten.

**Fahrpreis:** 3 Zonen/ 6 Streifen, Tageskarte Gesamtnetz.

**Rückfahrt:** S5 ab Grafing Stadt (Abfahrt alle 20/40 Minuten; Fahrpreis: 3 Zonen/ 6 Streifen).

1164 findet sich eine erste Erwähnung des Ortes Grafing – der Name geht auf den Personennamen Grapho oder auch schon einen Ortsnamen „bei den Leuten des Grafen" zurück. Älter ist der Ortsteil Öxing, 813 erstmals genannt, der bis 1933 selbstständig war. Das Marktrecht erhielt Grafing 1376 von den Herzögen Stephan III. und Johann. Zur Stadt erhoben wurde Grafing 1953.

## Die Wanderung

Vom Bahnhof gehen wir das kurze Stück nach rechts auf der Wintrichstraße zur Durchgangsstraße, dort rechts durch die Bahnunterführung der Rosenheimer Straße und gleich wieder halblinks in die Hindenburgallee. Auf ihr wandern wir nun am Friedhof und Riederhof vorbei zum Gspraiter See (Bademöglichkeit). Dort geht es ein Stück nach rechts am Ufer entlang, dann wieder links nach Süden und auf schnurgeradem Feldweg nach Grafing. Unser Weg zur S-Bahn führt dann nach Westen über die Rotter Straße, über den Marktplatz und durch die Bahnhofstraße.

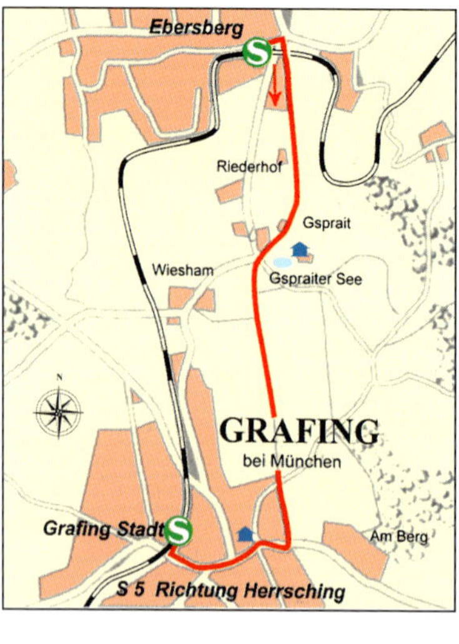


**Route:** Gspraiter See – Grafing.

**Weglänge:** 4 km.

**Markierung:** grünes Quadrat.

**Anspruch:** Ein Spaziergang durch freundliches, hügeliges Ackerland auf festen Feldwegen.

**Einkehren am Weg:** In Grafing: Kastenwirt, Zum Grandauer.

**Eine Burg wie im Märchen**
Ein ausgedehnter Abstecher von einfach etwa 2 km (auf der Schlossstraße) führt zur versteckt im gleichnamigen Ortsteil gelegenen Burg Unterelkofen. Mit ihrem massigen Bergfried hat sie sich ihre mittelalterliche Gestalt vollkommen bewahrt. Anschauen kann man sie allerdings nur von außen, sie ist seit 1560 im Besitz adeliger Familien (Grafen Rechberg). Zugänglich sind lediglich der untere Burghof und die Schlosskapelle.

*Erhaltenes Mittelalter – die Burg Elkofen bei Grafing*

## Sehenswert

Die **Pfarrkirche St. Ägidius in Grafing** hat der einheimische Maurermeister Thomas Mayr 1692 gebaut. Er benutzte dabei die Mauern einer früheren Kirche. Es ist eine weiträumige schöne Wandpfeilerkirche mit sparsamen Rokokostuck am Gewölbe. Den stattlichen Hochaltar fertigte der Kistlermeister Hildebrand aus Markt Schwaben um 1770, aus dieser Zeit stammen auch die reich vergoldeten Seitenaltäre.
Die kleine **Dreifaltigkeitskirche** am Marktplatz von Grafing ist ein besonderes Schmuckstück. Der kleine Barockbau stammt aus dem Jahr 1672. Die Deckengemälde und die schöne Stuckdekoration sind ein Werk von Johann Baptist Zimmermann von 1748. Aus der gleichen Zeit kommt der von Johann Baptist Straub geschaffene Rokokoaltar mit den Figuren der hl. Georg und Florian.
Einen schönen Altar aus dem 17. Jahrhundert besitzt auch die um 1700 nach dem Stadtbrand wieder aufgebaute **Leonhardskirche** (ursprünglich 1400 erbaut).

# Rundweg um den Eggelburger See

*Mit der Sebastians-Reliquie begann die Wallfahrt*

**Abfahrt ab München:** alle 20/40 Minuten.

**Fahrzeit:** 44 Minuten.

**Fahrpreis:** 3 Zonen/ 6 Streifen, Tageskarte Gesamtnetz.

**Rückfahrt:** S5 ab Ebersberg.

**Route:** Klostersee – Eggelburger See – Hintereggelburg – Egglsee.

**Weglänge:** 8 km.

**Markierung:** grüner Ring.

**Anspruch:** Ein abwechslungsreicher, ausgedehnter Spaziergang ohne nennenswerte Steigungen mit Uferpartien und Waldpassagen. Schöne Ausblicke. Für Kinderwagen nicht geeignet.

**Einkehren am Weg:** In Egglsee: Zur Gass (B); in Ebersberg: Hölzerbräu, Unterbräu.

Vor der Wiederauffindung der heiligen drei Hostien in Andechs (1388) war Ebersberg der bedeutendste Wallfahrtort Bayerns. Die Wallfahrt galt einer bedeutenden Reliquie: der Hirnschale des hl. Sebastian. Der erste Augustinerpropst von Ebersberg, Hunfried, brachte sie 931 von einer Romreise mit.

## Die Wanderung

Vom Bahnhof gehen wir das kurze Stück auf der Wintrichstraße nach rechts zur Bahnhofstraße, der wir nach links zum Marienplatz folgen. Vor dem mächtigen gotischen Rathaus biegen wir rechts nach Norden in die Sieghartstraße ein und gehen dann auf der Semptstraße und dem Richardisweg zur Eberhardstraße. Dort biegen wir wenig später links ein und wandern am Klostersee, dem Kleinen Weiher, dem Langweiher und dem Seeweberweiher entlang zum Eggelburger See. Durch die schöne Allee alter Bäume wandern wir nach rechts am Seeufer entlang zum Ziegelhof und zum Waldrand, schwenken dort nach links, umrunden das waldige Naturschutzgebiet des nördlichen Sees und kommen durch Wiesen und Weiden nach Hintereggelburg. Wir behalten bis unterhalb der Kirche auf der Höhe über dem See südliche Richtung bei, schwenken dann nach links und gehen durch Mooswiesen und Felder in einiger Entfernung des südlichen Seeufers nach Egglsee. Von dort wandern wir auf der Route des Herwegs zum S-Bahnhof zurück.

**Helfer gegen die Pest**
Der hl. Sebastian war ein zum Christentum übergetretener römischer Offizier und starb im 3. oder 4. Jahrhundert während der Diokletianischen Verfolgungen als Märtyrer. Er wurde von Pfeilen durchbohrt und dann erschlagen. Im Mittelalter wurde er vor allem als Nothelfer gegen die Pest (Pestpfeile) verehrt, ist aber auch Schutzpatron der Jäger, Schützen und Steinmetze.

## Sehenswert

Der Kern der weiträumigen, dreischiffigen ehemaligen Klosterkirche **St. Sebastian in Ebersberg** ist eine spätgotische Halle, die Erhard Randeck aus München 1481–84 an der Stelle früherer Kirchen gebaut hat. Ihre heutige eindrucksvolle Form erhielt sie 1733/34 wahrscheinlich unter der Bauleitung Johann Georg Ettenhofers (er baute gleichzeitig Fürstenfeldbruck). Mittelalterliche Teile blieben dabei erhalten, so die geschlossene Vorhalle mit Empore und den beiden Türmen, die Kreuzgewölbe in den Erdgeschosshallen beider Türme und ein zierreiches Sakristeiportal von 1452. Der imposante Hochaltar mit vier Kolossalfiguren (um 1770) wird dem Meister Hildebrand aus Markt Schwaben zugeschrieben. Im Chor findet sich ein Altarblatt von Johann Christoph Dorer (aus St. Valentin, 1808 abgebrochen) und ein hl. Nikolaus von Johann Degler (1699). Von der einst reichen mittelalterlichen Ausstattung ist sonst nichts erhalten außer dem Stiftergrab (1498–1500 von Wolfgang Leb in München) und wertvollen Grabplatten der Grafen von Pienzenau und der Äbte.

*Das Naturschutzgebiet Eggelburger See*

# Nach Eggelburg und Kirchseeon

*Die Weiherkette ist der Erholungspark der Ebersberger*

**Abfahrt ab München:** alle 20/40 Minuten.

**Fahrzeit:** 44 Minuten.

**Fahrpreis:** 3 Zonen/ 6 Streifen, Tageskarte Gesamtnetz.

**Rückfahrt:** S5 ab Kirchseeon (Abfahrt alle 20/40 Minuten; Fahrpreis: 2 Zonen/4 Streifen).

**Route:** Eggelburger See – Hintereggelburg – Forstseeon – Kirchseeon.

**Weglänge:** 9 km.

**Markierung:** grünes Dreieck.

**Anspruch:** Eine reizvolle Wanderung durch sehr abwechslungsreiche Landschaft mit schönen Waldstücken und Uferpartien, die zur Vogelbeobachtung einladen (Gegenrichtung zu Weg 78). Für Kinderwagen nicht geeignet.

**Einkehren am Weg:** In Kirchseeon: Piazza Italia (B).

Moderne Versorgung ließen sich schon im 18. Jahrhundert die Malteser einfallen. Sie waren 1781 in das Kloster eingezogen und sorgten nach allen Regeln der Technik für eine sichere Wasserversorgung. Ihre Anlage führte dem Marktbrunnen, der Tafernwirtschaft und dem Kloster Fließwasser zu.

## Die Wanderung

Vom Bahnhof gehen wir das kurze Stück auf der Wintrichstraße nach rechts zur Bahnhofstraße, der wir nach links zum Marienplatz folgen. Vor dem mächtigen gotischen Rathaus biegen wir rechts nach Norden in die Sieghartstraße ein und gehen dann auf der Semptstraße und dem Richardisweg zur Eberhardstraße. Dort biegen wir wenig später links ein und wandern an der Weiherkette entlang zum Eggelburger See. Durch die schöne Allee alter Bäume wandern wir nach rechts am Seeufer entlang zum Ziegelhof und zum Waldrand, schwenken dort nach links, umrunden das waldige Naturschutzgebiet des nördlichen Sees und kommen durch Wiesen und Weiden nach Hintereggelburg. Wir behalten bis Vordereggelburg südliche Richtung bei, biegen dort rechts

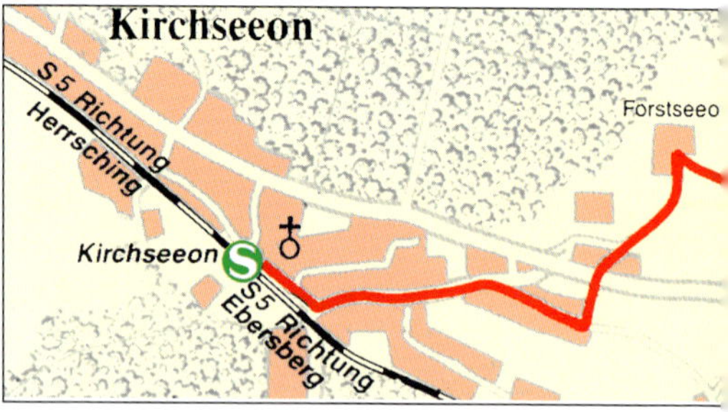

auf den Feldweg nach Westen ein und erreichen durch Felder, ein kleines Waldstück und wieder Ackerland Forstseeon. Von dort wandern wir auf der Forstseeoner Straße, dann der Osterseeoner Straße in südliche Richtung, unterqueren die Bundesstraße (B 304) und nehmen dann nach rechts die St.-Coloman-Straße nach Kirchseeon. Auf der Ebersberger Straße (nach links) und der Wasserburger Straße (nach rechts) erreichen wir den S-Bahnhof.

## Sehenswert

An der Nordseite des Chores von **St. Sebastian** liegt die spätgotische Sakristei mit reichen Rippengewölbe, darüber die frühbarocke Sebastianskapelle. Links von der Sakristei führt eine enge Stiege hinauf. Es ist ein lichtvoller, dreijochiger Raum mit Tonnengewölbe, überreich mit Bändern, Frucht- und Pflanzendekor stuckiert. Die Bilder sind wahrscheinlich von Vicelli. Die Glasvitrinen an den Seiten bargen früher Heiligtümer, sie wurden bei der Säkularisation entfernt. Im Altar steht die Silberbüste des heiligen Sebastian. Sie gilt als eines der wenigen noch erhaltenen Meisterstücke der bayerischen Goldschmiedekunst der Spätgotik.

**Weiher an Weiher**

Die Ebersberger Weiherkette am Südrand des großen Forstes und östlich des Eggelburger Sees liegt in einem Schmelzwasserrandtal der Ebersberger Rückzugsmoräne. Es ist ein beliebter, unter Landschaftsschutz gestellter Naherholungsbereich der Kreisstadt. In den aneinander gereihten Weihern – Seeweberweiher, Langweiher, Kleiner Weiher und Klostersee –, finden sich, von der aus dem Eggelburger See kommenden Ebrach durchflossen, die mannigfaltigsten Landschaftselemente: neben Wasserflächen unterschiedlicher Größe Verlandungszonen, Hangquellbereiche, Fließgewässerzonen, Feldgehölze und Waldbereiche. Die größte Wasserfläche der Kette bietet der Klostersee. Er war auch die „Badeanstalt" Ebersbergs.

# Durch den Forst nach Markt Schwaben

*Von der Ludwigshöhe gibt es den schönsten Blick ins Land*

**Abfahrt ab München:** alle 20/40 Minuten.

**Fahrzeit:** 44 Minuten.

**Fahrpreis:** 3 Zonen/ 6 Streifen, Tageskarte Gesamtnetz.

**Rückfahrt:** S6 ab Markt Schwaben (Abfahrt alle 20/40 Minuten; Fahrpreis: 2 Zonen/4 Streifen).

**Route:** Ludwigshöhe – Forstinning – Kressirmühle.

**Weglänge:** 20 km.

**Markierung:** grüner Punkt (nicht im Staatsforst).

**Anspruch:** Eine lange Waldwanderung durch den größten Forst im Umland. Das letzte Drittel führt auf festen Feldwegen durch ebene Mooslandschaft. Für Kinderwagen nicht geeignet.

**Einkehren am Weg:** In Markt Schwaben: Schweigerbräu, Bräustüberl Widmann.

Heimatfreunde wollen vom Aussichtsturm auf der Ludwigshöhe 424 Alpengipfel gezählt haben. Der erste Fotograf von Ebersberg, Josef Maier, später zum Ehrenbürger der Stadt ernannt, hat vor vielen Jahren in mühsamer Kleinarbeit eine Karte der Gipfelkette mit Angaben über Entfernung und Höhen angefertigt.

## Die Wanderung

Vom Bahnhof gehen wir das kurze Stück auf der Wintrichstraße nach rechts zur Bahnhofstraße, der wir nach links zum Marienplatz folgen. Vor dem mächtigen gotischen Rathaus biegen wir rechts nach Norden in die Sieghart-

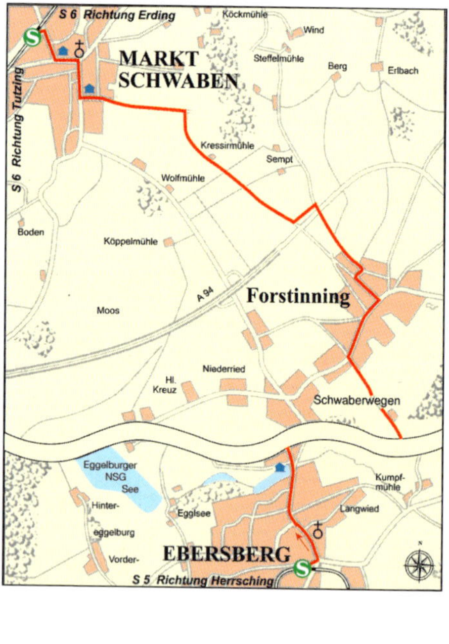

*St. Sebastian in Ebersberg*

straße ein und gehen dann auf der Semptstraße und dem Richardisweg zur Eberhardstraße. Dort biegen wir wenig später links ein und gleich wieder halbrechts in die Heldenallee. Unterhalb des Aussichtsturms auf der Ludwigshöhe schwenken wir beim letzten Gehöft nach links ein und wandern nun im Bogen nach rechts auf den Forst zu. Im Forst (keine Markierung) bleiben wir auf Geräumtwegen nahe der Fahrstraße nach Forstinning (auf die Richtungsschilder der Forstverwaltung achten). Auf dem Viereichenweg und der Parkstraße kommen wir nach Forstinning, gehen auf der Münchener Straße nach rechts, am Rathaus vorbei, dann links in die Graf-Sempt-Straße. Wir überqueren die Autobahn (A 94), gehen ein Stück neben ihr nach links und nehmen dann den Fußweg nach rechts durch die Mooslandschaft zur Kressirmühle und weiter durch das Schwabner Moos nach Nordwesten. Markt Schwaben erreichen wir auf der Graf-von-Sempt-Straße, biegen an ihrem Ende rechts auf die Ebersberger Straße ein und gehen hinter dem Marktplatz auf der Ludwigstraße nach links. Wenig später zweigt nach rechts die Bahnhofstraße zur S-Bahn ab.

**Bergblick vom Betonturm**

Die Ludwigshöhe auf dem Rücken der Endmoräne liegt 619 Meter hoch. Hier ließ der Heimat- und Verschönerungsverein Ebersberg 1912 den Aussichtsturm errichten. Er ist ganz aus Beton, war das erste Bauwerk dieser Art und darum auch ein architektonisches Vorzeigeobjekt. 30 Meter hoch muss man steigen und hat dann über die Baumwipfel hinweg eine fantastische Aussicht. Der Turm hatte Vorgänger: Zuerst eine mächtige Fichte, der man oben eine Aussichtsplattform angezimmert hatte. Auf einer Leiter konnte man hinauf. 1886 baute die „Gesellschaft zur Erheiterung" aus Holz einen 25 Meter hohen Aussichtsturm. Zwei Jahre durfte er noch neben dem größeren Bruder aus Beton stehen bleiben.

# Rundweg über Haselbach und Oberndorf

*Das Rathaus war einst eine klösterliche Tafernwirtschaft*

**Abfahrt ab München:** alle 20/40 Minuten.

**Fahrzeit:** 44 Minuten.

**Fahrpreis:** 3 Zonen/ 6 Streifen, Tageskarte Gesamtnetz.

**Rückfahrt:** S5 ab Ebersberg.

**Route:** Haselbach – Kumpfmühle – Oberndorf – Oberlaufing.

**Weglänge:** 8 km.

**Markierung:** grüner Balken.

**Anspruch:** Eine Wanderung durch abwechslungsreiche Landschaft mit schönen Aussichtspunkten, überwiegend durch freie Flur mit einigen Steigungen. Für Kinderwagen nicht geeignet.

**Einkehren am Weg:** In Oberndorf: Huberwirt (B).

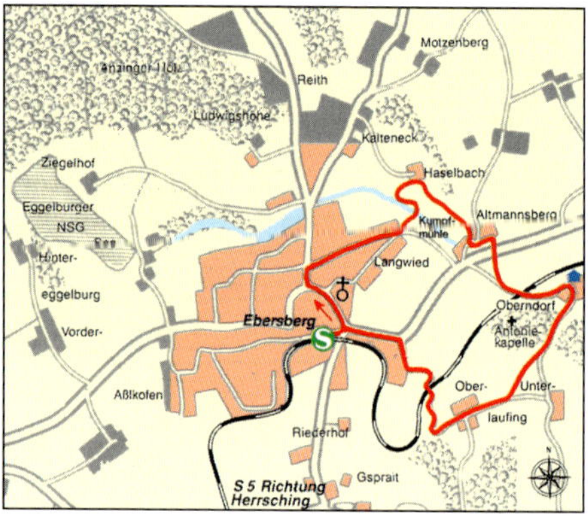


Ein stattlich-behäbiger gotischer Profanbau ist das Ebersberger Rathaus auf der Westseite des Marktplatzes. 1529 wurde es als Hofwirtschaftshaus des Klosters erbaut. Innen, in der Mitte des Erdgeschosses, findet sich ein langer Gang mit Netzgewölbe. In der ehemaligen Gaststube (Tafernwirtschaft) ist eine prächtige Holzdecke mit gotischen Flachschnitzereien erhalten.

## Die Wanderung

Vom Bahnhof gehen wir das kurze Stück auf der Wintrichstraße nach rechts zur Bahnhofstraße, der wir nach links zum Marienplatz folgen. Vor dem mächtigen gotischen Rathaus biegen wir rechts nach Norden in die Sieghartstraße ein, wenig später erneut nach rechts in die Abt-Häfele-Straße. Von dieser zweigt nach etwa 250 Metern links der Haselbacher Weg ab, dem wir nun folgen und durch Wiesen in die Talsenke hinunter, über den Ebrach-Steg hinweg und am Waldrand entlang hinauf nach

Haselbach gehen. Bei der Kirche (St. Margaretha) wandern wir nach rechts wieder bergab zur Kumpfmühle und zur Wasserburger Straße. Ein Stück weiter östlich nehmen wir die kleine Teerstraße nach rechts bergauf nach Oberndorf, gehen zunächst in östlicher, dann in südlicher Richtung durch den Ort, folgen ein Stück der Asphaltstraße und schwenken dann nach rechts auf den Feldweg ein, der uns nach Oberlaufing führt. Wir durchqueren den Ort, wenden uns wieder in nördliche Richtung und kommen auf der gewundenen Laufinger Allee über die Bahngleise, ins Tal und hinauf zur Wasserburger Straße. Hier biegen wir links ein und erreichen nach kurzer Wegstrecke den S-Bahnhof.

## Sehenswert

Die kleine Kirche **St. Margaretha in Haselbach** auf der Höhe über den Ebrachtal, in den Jahren 1496–98 von einem einheimischen Meister errichtet, wurde gegen 1700 um Sakristei und Turm erweitert. Sie hat schöne Holzfiguren auf dem Hochaltar und wertvolle Glasgemälde von Heiligen aus dem Ende des 15. Jahrhunderts. Auch die Kirche **St. Georg in Oberndorf**, schon um 1300 errichtet, ist einen Besuch wert. Sie wurde 1725 erneuert und reich stuckiert. Auffällig ist die Verbindung von Beichtstuhl und Kanzel.

**Eine große Waldinsel**
Vor 2000 Jahren bedeckte ein zusammenhängender Waldgürtel das ganze Voralpenland. Mit der zunehmenden Siedlungstätigkeit dehnten sich die Rodungsinseln immer weiter aus. Geblieben sind heute Waldinseln. Eine der größten von ihnen ist der Ebersberger Forst mit rund 90 Quadratkilometern Fläche. Zwei glückliche Umstände bewahrten den großen Wald: Sein Grundwasser liegt sehr tief, das macht ihn zum Siedeln weniger geeignet. Und: Seinen Besitzern lag immer viel an der Jagd. Siedler hätten da nur gestört.

*St. Margaretha in Haselbach über dem Ebrachtal*

# Nach Langengeisling und Altham

*Die Sempt schenkte der Stadt zwei natürliche Burggräben*

**Abfahrt ab München:** alle 20/40 Minuten.

**Fahrzeit:** 44 Minuten.

**Fahrpreis:** 3 Zonen/ 6 Streifen, Tageskarte Gesamtnetz.

**Rückfahrt:** S6 ab Erding.

Erding ist eine Neugründung der Wittelsbacher um das Jahr 1228, gelegen an der einst wichtigen Fernstraße von Schongau über München nach Landshut und zum Bayerischen Wald. Den südlich gelegenen, viel älteren erzbischöflich-salzburgischen Pfarrort, der aus dem Königshof Ardeoingas, im 9. Jahrhundert ein Geschenk König Arnulfs an die Salzburger Kirche, entstanden war, nannte man zur Unterscheidung Altenerding. Schon um 1250 war hinter den Wassergräben der beiden Semptarme ein Mauerring gezogen worden. Im 15. Jahrhundert kamen Wehrgänge und Türme hinzu. Seit 1347 ist Erding Stadt und Sitz eines bayerischen Pfleggerichts. 1756 wurde es mit dem Pfleggericht Dorfen verbunden. 1837 kam es zu Oberbayern (vorher Niederbayern).

## Die Wanderung

Vom Bahnhof gehen wir in westlicher Richtung auf der Geheimrat-Irl-Straße zum Grünen Markt und nach rechts auf der Zollnerstraße zum Schrannenplatz, den wir nach halb links überqueren und dann nach rechts in die Lange Zeile einbiegen.

**Route:** Langengeisling – Altham – Kronthaler Weiher – Siglfing.

**Weglänge:** 11,5 km.

**Markierung:** grünes Quadrat.

**Anspruch:** Eine Wanderung durch ebenes Wiesen- und Ackerland auf Feldwegen, wo gibt es nur wenig Schatten.

**Einkehren am Weg:** In Erding: Erdinger Weißbräu (B), Zur Post.

Weiter geht es geradeaus auf deren Verlängerung Am Gries, dann halbrechts durch die Füßgängerunterführung zum Sport- und Tennisplatz und weiter nach Norden auf der Schützenstraße zur Kleingartenanlage, die wir durchqueren. An ihrem Ende halten wir uns rechts und biegen dann nach links auf den Feldweg ein, der uns in nördlicher Richtung nach Langengeisling führt. Auf der Erdinger Straße und der Fehlbachstraße kommen wir in den Ort. An der Kreuzung bei der Kirche St. Martin biegen wir nach links auf die Pfarrer-Kerer-Straße ein. Nahe der Sempt gehen wir weiter nach Norden durch Neumühle und auf der Geislinger Straße weiter nach Altham. Am Ortsrand wenden wir uns nach links, überqueren die Sempt und ein gutes Stück weiter westlich den Saubach (Erdinger Bach). Dann nehmen wir südliche Richtung, wandern durch ebenes Ackerland zum Kronthaler Weiher und weiter nach Siglfing, das wir auf der Dorfstraße erreichen. Im Ort biegen wir links auf die Breslauer Straße ein, bleiben geradeaus auf der Gemeinschaftsstraße, überqueren an ihrem Ende ein kurzes Stück nach links den Fehlbach und kommen wieder in die Kleingartenanlage, an deren Südrand wir die Herwegroute erreichen und auf dieser zum S-Bahnhof zurückgehen.

## Sehenswert

Ein stattlicher Rokokobau ist die Pfarrkirche **St. Martin in Langengeisling**. Das Mauerwerk des Altarraums mit gegliederten Strebepfeilern stammt noch aus spätgotischer Zeit und wurde im 18. Jahrhundert barock überbaut. Das große Deckengemälde von 1767 stammt wohl von Michael Heigl. Der Hochaltar von 1745 ist ein Werk von Johann Michael Hiernle. Die Tabernakel mit Engelsfiguren auf den Seitenaltären fertigte Christian Jorhan d. Ä. 1760. Die Seitenaltäre selbst sind wie die Kanzel und die geschnitzten Türen aus dem Anfang des 18. Jahrhunderts.

**Besiedlung seit 9000 Jahren**

Die ältesten Hinweise auf Besiedlung des heutigen Landkreises Erding sind rund 9000 Jahre als. Erste Anzeichen von Sesshaftigkeit gehen in die Jungsteinzeit zurück. Etwa 2000 vor Christus setzte eine intensive Siedlungstätigkeit ein. Die Menschen hielten Pferde, Rinder und Schweine als Haustiere und betrieben in begrenztem Umfang auch Ackerbau.

*Die Pfarrkirche St. Martin in Langengeisling*

# Der Langengeislinger Rundweg

*Das Erdinger Moos entstand aus eiszeitlichen Geröllsümpfen*

**Abfahrt ab München:** alle 20/40 Minuten.

**Fahrzeit:** 44 Minuten.

**Fahrpreis:** 3 Zonen/ 6 Streifen, Tageskarte Gesamtnetz.

**Rückfahrt:** S6 ab Erding.

**Route:** Langengeisling – Semptbrücke – St. Paul bzw. Kronthaler Weiher.

**Weglänge:** 7 km.

**Markierung:** grünes Dreieck.

**Anspruch:** Ein ausgedehnter Spaziergang durch den ebenen Erdinger Norden, überwiegend auf Feldwegen mit wenig Schatten.

**Einkehren am Weg:** In Erding: Erdinger Weißbräu (B).

Das Erdinger Moos entstand vor etwa 15000 Jahren als Ausläufer der Münchener Schotterebene, die von den gewaltigen Schmelzwassern der Nacheiszeit aufgeschüttet wurde. Wasserundurchlässige Bodenschichten hielten den Grundwasserstrom hier zurück und ließen Geröllsümpfe entstehen, in denen sich wasserliebende Pflanzen ansiedelten und Moore bildeten.

## Die Wanderung

Vom Bahnhof gehen wir nach rechts auf der Straße Am Bahnhof, über die Dorfener Straße hinweg und auf der Landgestütstraße zur Landshuter Straße und zum Ortsteil St. Paul. Weiter geht es nach Norden an der Kirche vorbei auf der Sportfeldstraße und am Sportzentrum vorbei auf dem Geislinger Anger nach Langengeisling, das wir auf der Erdinger Straße und der Fehlbachstraße erreichen. Wir überqueren die Semptbrücke und gehen dann auf der Pfarrer-Kerer-Straße nach rechts zur Pfarrkirche St. Martin. Südlich der Kirche folgen wir der nach rechts abzweigenden Lindenstraße, biegen dann links auf den Semptweg ein und wandern am anderen Ufer nach Süden bis zur Fehlbachstraße. Für den Rückweg bieten sich nun zwei Alternativen:

- auf der Fehlbachstraße nach links bis zur Alten Römerstraße (Durchgangsstraße), auf dieser rechts nach St. Paul und auf der Route des Hinwegs zurück oder
- auf der Fehlbachstraße nach rechts, über die Semptbrücke, wieder rechts und dann nach links, über den Saubach und gleich dahinter nach links in südliche Richtung, östlich am Kronthaler Weiher entlang und auf der Franz-Xaver-Stahl-Straße, später auf der Freisinger

*Die Friedhofskirche St. Paul in Erding*

Straße (nach links) zur Langen Zeile, zum Schrannenplatz und zum Grünen Markt, schließlich auf der Geheimrat-Irl-Straße zum S-Bahnhof.

## Sehenswert

Baumeister der **Friedhofkirche St. Paul in Erding** von 1699 ist wie von Heilig Blut Hans Kogler. Der einschiffige Saalbau mit eingezogenem Altarraum besitzt prächtige Altäre aus Holz und Stuckmarmor mit Altarbildern von Paolo Ungaretto (im Hochaltar von 1707) und Johann Degler von 1702 (im südlichen Seitenaltar). Aus dem Anfang des 18. Jahrhunderts stammt auch die Kanzel. Im Durchgangsraum zum Friedhof unter der Westempore sind Grabsteine aus dem 17. Und 18. Jahrhundert eingelassen.

**Landshuter Einfluss**

Bis 1504 war Landshut die Landeshauptstadt auch für das Erdinger Gebiet. Der Einfluss des niederbayerischen Macht- und Kulturzentrums fand im Raum Erding seinen Niederschlag. Bis in die Barockzeit dominierten die Landshuter Bauschule und Landshuter Künstler.

# Der Aufkirchener Rundweg

*Ein schlanker Zwiebelturm beherrscht das Land*

**Abfahrt ab München:** alle 20/40 Minuten.

**Fahrzeit:** 44 Minuten.

**Fahrpreis:** 3 Zonen/ 6 Streifen, Tageskarte Gesamtnetz.

**Rückfahrt:** S6 ab Erding.

**Route:** Aufkirchen – Isarkanal – Sigelfing.

**Weglänge:** 9 km.

**Markierung:** grüner Punkt.

**Anspruch:** Eine leichte Wanderung durch ebenes Wiesen- und Ackerland überwiegend auf Feldwegen mit einem Teilstück durch die sehenswerte Erdinger Altstadt.

**Einkehren am Weg:** In Aufkirchen: Aufkirchner Stüberl; in Erding: Erdinger Weißbräu (B), Zur Post.

Fast drei Viertel der Fläche des Landkreises Erding von rund 870 qkm werden landwirtschaftlich genutzt. Zehn Prozent sind Wald, überwiegend Fichtenbestände auf ärmeren Hügellandböden. Die Bodengüte reicht von fruchtbaren Lößböden im Hügelland bis zu den an Auszehrung leidenden Moosböden.

## Die Wanderung

Vom Bahnhof gehen wir in westlicher Richtung auf der Geheimrat-Irl-Straße zum Grünen Markt und nach rechts auf der Zollnerstraße zum Schrannenplatz, den wir nach halb links überqueren und dann nach rechts in die Lange Zeile einbiegen. An ihrem Ende gehen wir nach links in die Freisinger Straße, biegen hinter der Kreisberufsschule links in den Rennweg ein, überqueren die Sigwolfstraße und kommen zum Haggenmiller Keller. Von hier geht es auf Feldwegen in westliche Richtung unter der Durchgangsstraße hindurch und durch Felder nach Aufkirchen. Dort gehen wir auf der Dorfstraße nach rechts und in nördlicher Richtung aus dem Ort heraus. Hinter dem letzten Gehöft schwenken wir nach links, gehen zum Isarkanal und nun nach rechts auf dem Kanaldamm nach Norden. Bei der nächsten Kanalbrücke folgen wir dem Feldweg nach rechts, der im Industriegebiet in die Anton-Brucker-Straße einmündet. Ein Stück weiter östlich nehmen wir halb links die Freisinger Straße und gehen nun auf der Route der Hinwegs zum S-Bahnhof zurück.

**Wassermangel im Moos**
Bis vor etwa hundert Jahren befand sich das Erdinger Moos noch in seinem natürlichen Zustand. Dann setzte mit dem Torfabbau der Kultivierungsprozess ein, an dessen Ende heute nahezu das gesamte Moorgebiet für die landwirtschaftliche Nutzung trockengelegt ist. Nun drohte Versteppung, der Grundwasserabsenkung musste wieder gegengesteuert werden. Der Großflughafen brachte neue Probleme. Sie sind noch nicht gelöst.

## Sehenswert

Mit ihrer bemerkenswerten Lage auf einer kleinen Anhöhe beherrscht die **Pfarrkirche St. Johannes der Täufer in Aufkirchen** das Land ringsum. Der geräumige Saalbau mit stattlichem Zwiebelhaubenturm aus der Zeit um 1760 wird Johann Baptist Leuthner zugeschrieben. Er besitzt schöne Rokokoaltäre. Die Tabernakelengel und Putten am Hochaltar schuf Christian Jorhan d. Ä. 1771. Die rechteckige Kanzel mit den Halbfiguren der Evangelisten und Kirchenväter wurde in der ersten Hälfte des 18. Jahrhunderts gefertigt. Bemerkenswert ist der Grabstein des Pfarrers Paurschmit, der 1731 starb, in der Art älterer Steine aus dem 16. Jahrhundert.

*Die Pfarrkirche St. Johannes d. Täufer in Aufkirchen beherrscht das Umland*

# Nach Itzling, Aufhausen und Bergham

*In Erding kommt Badewasser aus dem Erdinneren*

**Abfahrt ab München:** alle 20/40 Minuten.

**Fahrzeit:** 44 Minuten.

**Fahrpreis:** 3 Zonen/ 6 Streifen, Tageskarte Gesamtnetz.

**Rückfahrt:** S6 ab Altenerding (Abfahrt alle 20/40 Minuten; Farhpreis: 3 Zonen/6 Streifen).

**Route:** Therme Erding – Itzling – Schloss Aufhausen – Altenerding.

**Weglänge:** 12 km.

**Markierung:** grüner Ring.

**Anspruch:** Eine Wanderung mit leichten Steigungen und schönen Ausblicken durch Wiesen und Ackerland meist auf Feldwegen. Für Kinderwagen nicht geeignet.

**Einkehren am Weg:** In Erding: Erdinger Weißbräu (B), Zur Post. Gasthof Mayer Wirt.

Ein Schmuckstück der Dorfkultur ist das alte Hirtenhaus im Lindenhain (dem früheren Dorfanger) des Erdinger Ortsteils Bergham (etwas abseits vom Wanderweg). Der Blockbau mit strohgedecktem steilem Walmdach entstand um 1600 und ist das älteste bäuerliche Wohngebäude im Landkreis Erding.

## Die Wanderung

Vom Bahnhof gehen wir auf der Straße Am Bahnhof nach links zum Erdinger Stadtpark, den wir durchqueren, und wandern dann auf dem Von-Grainger-Weg, der Pfarrer-Fischer-Straße und der Schulfeldstraße zum S-Bahnhof Altenerding. Dort biegen wir rechts ein, überqueren die Münchener  Straße und gehen auf der Straße Am Wasserwerk nach Westen. Dann

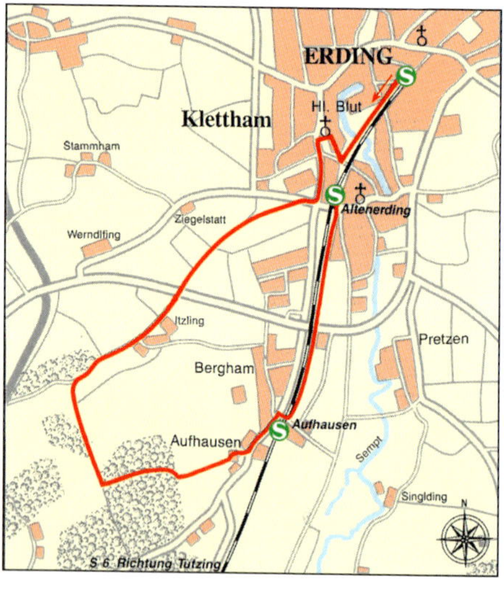

*An der Straße nach Itzling entstand die neue Therme Erding*

wenden wir uns nach links auf den Feldweg in südwestliche Richtung. An der Therme Erding vorbei kommen wir nach Itzling. Wir wandern am nördlichen Ortsrand entlang zur Itzlinger Lohe, bleiben an deren Rand, schwenken dann nach Süden zum Burgholz, das wir nach links in östlicher Richtung durchqueren. Am Schloss Aufhausen vorbei kommen wir zur Schlossallee, der wir nach Norden folgen. An der Pretzener Straße gehen wir nach rechts, überqueren die Bahngleise beim Haltepunkt Aufhausen (Rückfahrmöglichkeit) und wandern nun nach links an den Gleisen entlang zum S-Bahnhof Altenerding nach Norden.

## Sehenswert

1724 baute der Erdinger Baumeister Hans Kogler die **Pfarrkirche Mariä Verkündigung in Altenerding** an der Stelle einer früheren, 1464 geweihten Kirche. Die reiche Rokokoausstattung, die Deckengemälde der heiligen Familie und der Marienverherrlichung schuf Martin Heigl 1767. Der prachtvolle Hochaltar ist nach einem Entwurf des Dorfeners Mathias Fackler gefertigt. Wesentlich ist der Anteil Christian Jorhans d. Ä. an der Innenausstattung, er schuf die vier Statuen und die Aufsatzplastik am Hochaltar, die vier Figuren der Seitenaltäre, die zwölf Apostel an den Wänden, die Orgelfiguren und die schiffsförmige Kanzel mit Christus und Petrus.

**Badewasser aus der Tiefe**

Gesucht wurde Öl, man fand warmes Wasser aus dem Erdinneren ... So konnte in Erding ein Thermalbad entstehen. Unter einer riesigen Kuppel von 56 Metern Durchmesser, die sich auch öffnen lässt, gibt es eine Erlebnisbadelandschaft mit zwölf Becken unter hohen Palmen, Schwitzbädern, Sprudelliegen, Aromaräumen und Ruheflächen. 65 Grad heiß kommt das Wasser aus der „Ardeoquelle", gebadet wir bei 30 bis 38 Grad. Die Quelle heizt auch das nahe Kreiskrankenhaus und ein neues Wohngebiet. Auf dem Wanderweg nach Itzling kommt man dran vorbei. Beim MVV gibt es ein Kombi-Ticket für Fahrt und Bad.

# Nach Pretzen und St. Kolomann

*St. Koloman half früher auch als Hochzeitsstifter*

**Abfahrt ab München:** alle 20/40 Minuten.

**Fahrzeit:** 42 Minuten.

**Fahrpreis:** 3 Zonen/ 6 Streifen, Tageskarte Gesamtnetz.

**Rückfahrt:** S6 ab St. Kolomann (Abfahrt alle 20/40 Minuten; Fahrpreis: 3 Zonen/ 6 Streifen).

**Ein Heiliger zum Heiraten**

„Heiliger Sankt Koloman, schenk mir einen braven Mann", heißt es, sei einst das Gebet heiratslustiger Mädchen im Kolomankirchlein gewesen. Die Kapelle entstand 1715 an der Stelle eines älteren Wallfahrtskirchleins. Der Heilige wurde wahrscheinlich wegen des schönen, glatten Reims auch bei Heiratsgelüsten angerufen. Seine Zuständigkeit erstreckt sich traditionsgemäß mehr auf das Vieh, dem er bei Krankheiten im Stall helfen sollte.

Sempt und Schwillach gelten bei Fischkennern als ausgezeichnete Gewässer für Salmoniden. Damit ist die ganze Verwandtschaft der Lachse gemeint. Zu ihr gehören auch die Forellen. Sie werden im Moos in großen Weihern gezüchtet. Die Tuffsteinlager, aus denen man früher in diesem Gebiet das begehrte Baumaterial gewann, sind heute ausgebeutet.

## Die Wanderung

Vom S-Bahnhof wandern wir auf der Bahnhofstraße zur Altenerdinger Pfarrkirche Maria Verkündigung und biegen dort nach rechts in südliche Richtung in die Landgerichtstraße ein, auf der wir die Sempt erreichen. Wir gehen nun am Fluss entlang durch das Freizeit- und Sportgelände bis Pretzen, passieren den Ort auf der Tannenstraße und biegen an der Singldinger Straße nach rechts in die Aufhausener Straße ein, auf der wir über die Semptbrücke gehen und gleich dahinter nach links ins Altenerdinger Moos einbiegen. Wir bleiben nun immer in südlicher Richtung in der Nähe des

*Die Wallfahrtskirche Heilig Blut am Erdinger Stadtpark*

**Route:** Pretzen – Altenerdinger Moos.

**Weglänge:** 8 km.

**Markierung:** senkrechter grüner Balken.

**Anspruch:** Eine leichte Wanderung an der Sempt entlang, durch Freizeit- und Sportanlagen, dann auf ebenen, festen Wegen durch Wiesen und Felder in typischer Mooslandschaft.

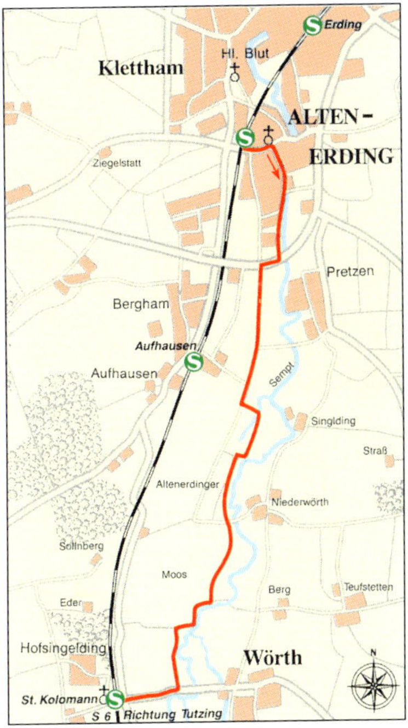


Flusslaufes auf festen Wegen im Moos. Nach etwa zwei Kilometern treffen wir auf die Verbindungsstraße von Wörth nach St. Kolomann. Hier biegen wir rechts ein und erreichen nach einem kurzen Wegstück den S-Bahnhof St. Kolomann.

## Sehenswert

Die **Wallfahrtskirche Heilig Blut** am Westrand des Erdinger Stadtparks ist eine geräumige Anlage an der Stelle einer einstigen spätgotischen Kirche, der schon ein Kapellenbau von 1300 vorausging. Sie wurde 1675 von dem Erdinger Stadtbaumeister Hans Kogler errichtet. Unter dem Altarraum ist eine kreuzförmige Krypta angelegt, um den Ort des legendären Hostienwunders zugänglich zu machen. Man betritt sie über Stufen vom Altarraum. Die fantasievolle, reiche Stuckdekoration aus Pflanzenelementen am Tonnengewölbe des Kirchenraumes schuf Johann Georg Baader 1704, die Deckengemälde wurden im gleichen Jahr erneuert. Die Hochaltargemälde Kreuzigung und Pietà sind Werke von Johann Andreas Wolff (1697), die Seitenaltäre schuf Johann Degler. Zum Kirchenschatz gehören wertvolle Messgeräte des Weilheimer Goldschmieds Franz Kipfinger und interessante Votivtafeln (die früheste von 1681).

# Nach Neuhausen und Salmannskirchen

*Von der Stadtbefestigung blieb nur der schöne Turm*

**Abfahrt ab München:** alle 20/40 Minuten.

**Fahrzeit:** 44 Minuten.

**Fahrpreis:** 3 Zonen/ 6 Streifen, Tageskarte Gesamtnetz.

**Rückfahrt:** S6 ab Erding.

**Route:** Ammersdorf – Kiefing – Salmannskirchen.

**Weglänge:** 12 km.

**Markierung:** grüner Ring.

**Anspruch:** Eine Wanderung mit leichten Steigungen und schönen Ausblicken durch hügeliges Wiesen- und Ackerland auf Feldwegen und verkehrsarmen Teerstraßen. Für Kinderwagen nicht geeignet.

**Einkehren am Weg:** In Erding: Erdinger Weißbräu (B), Zur Post. Gasthof Mayer Wirt.

Zu spät rückte General Piccolomini 1648, einen Monat vor Ende des Dreißigjährigen Krieges, als Retter auf Erding zu. Noch ehe er eintreffen konnte, gab der französische Besatzungsgeneral Turenne Befehl, die Stadt, die sich zuvor teuer freigekauft hatte, zu plündern und anzuzünden. Das Feuer vernichtete bis auf sieben alle Bürgerhäuser.

## Die Wanderung

Vom Bahnhof gehen wir nach links zum Stadtpark, den wir durchqueren, und wandern dann auf dem Von-Grainger-Weg, der Parkstraße und der Pfarrer-Fischer-Straße zur Altenerdinger Pfarrkirche (Mariä Verkündigung) und zum Hofmarkplatz. Auf der Ardeostraße und der Fuchsbergstraße verlassen wir Altenerding in östlicher Richtung. Durch freie Flur gehen wir nun nach Ammersdorf und nehmen dort die Asphaltstraße nach rechts, die uns nach Neuhausen und weiter nach Kiefing führt. Von dort wandern wir, gleich beim ersten Gehöft links

*Die Pfarrkirche Mariä Verkündigung in Altenerding*

einbiegend, wieder in nördliche Richtung und erreichen Neukirchen, überqueren die Staatsstraße und gehen weiter nach Salmannskirchen. Wir wandern durch den Ort, biegen an der Asphaltstraße links ein und erreichen schließlich die Bundesstraße (B 388, Taufkirchener Straße), auf der wir nach Erding zurückkommen. Auf der Dorfener Straße (nach rechts) geht es zum S-Bahnhof zurück.

## Sehenswert

Von der einstigen Stadtbefestigung erhalten ist das Wahrzeichen der Stadt, das Landshuter- oder Osttor, bekannt als der „Schöne Turm". Der reich mit Blenden verzierte Backsteinbau (um 1500 erneuert) mit der charakteristischen Haubenkuppel schließt den Schrannenplatz im Osten ab. Die Kuppel stammt aus den Jahren 1660–64.

**Nur Reste von der Mauer**

Die Sempt, die sich kurz oberhalb von Erding in zwei Arme teilt, bescherte der Stadt einen natürlichen Wassergraben zur Befestigung. Der erste Mauerring dahinter entstand gegen 1250, ein neuer wahrscheinlich im 15. Jahrhundert. Er besaß einen Wehrgang und viereckige und halbrunde Türme. Im Dreißigjährigen Krieg wurde die Stadtbefestigung stark beschädigt, danach, in den Jahren 1660–70, wieder erneuert. Seit Beginn des 19. Jh. fiel die Stadtmauer stückweise der Spitzhacke zum Opfer.

# Erdinger Altstadtspaziergang

*Vom Glockenturm hielt man nach Feinden Ausschau*

**Abfahrt ab München:** alle 20/40 Minuten.

**Fahrzeit:** 44 Minuten.

**Fahrpreis:** 3 Zonen/ 6 Streifen, Tageskarte Gesamtnetz.

**Rückfahrt:** S6 ab Erding.

Nachdem 1648 Erding von einem Brand verwüstet worden war, erhielten die meisten alten Bürgerhäuser im Zentrum, insbesondere an der Langen Zeile und am Schrannenplatz, ihre Form erst Ende des 17. und im 18. Jahrhundert. Den Grundriss der Stadt bilden zwei rechtwinklig zueinander verlaufende Straßenzüge. An ihrem Schnittpunkt steht die Pfarrkirche St. Johannes mit dem mächtigen, isolierten Glockenturm aus dem 14. Jahrhundert, der wohl auch als Wachtturm diente. An ihn war das Rathaus angebaut, das 1866 abgerissen wurde. Das heutige Rathaus ist die ehemalige Stadtresidenz der Grafen von Preysing. Es stammt aus dem 17. Jahrhundert. Die Gerichtsschreiberei (Schrannenplatz 5) geht auf das Jahr 1685 zurück.

**Route:** Grüner Markt – Herzoggraben – Lange Zeile – Stadtturm – Schrannenplatz.

**Weglänge:** 2,5 km.

**Markierung:** blaues Quadrat.

**Anspruch:** Ein lohnender Rundgang durch die geschichtlich und kunsthistorisch interessante „gute Stube" von Erding.

**Einkehren am Weg:** In Erding: Erdinger Weißbräu (B), Zur Post.

## Die Wanderung

Vom Bahnhof gehen wir in westlicher Richtung auf der Geheimrat-Irl-Straße und über den Rudolfsteg zum Grünen Markt. Weiter geradeaus überqueren wir die Fr.-Fischer-Straße und folgen nun dem Herzoggraben nach rechts über die Münchener Straße hinweg und weiter zum Nordende der Langen Zeile. Hier schwenken wir nach rechts und gehen nach Süden durch die Lange Zeile mit ihren bunten, erkerreichen Häusern zum Stadtturm und der Stadtpfarrkirche St. Johannes am Schrannenplatz (auf der linken Seite am vorderen Platz das Frauenkirchlein und das Rathaus; auf der rechten hinteren Seite die Heiliggeist-Kirche und am Westabschluß des Platzes der „Schöne Turm". Zur S-Bahn zurück gehen wir auf der Zollner Straße von der Südseite des Platzes zum

*Der Schöne Turm, Erdings Wahrzeichen*

Grünen Markt und dort nach links auf der Route der Hinwegs.

## Sehenswert

Gegen Mitte des 15. Jahrhunderts entstand die **Spitalkirche zum Heiligen Geist**. Der einschiffige verputzte Backsteinbau wurde 1688 barock verändert. Das Tonnengewölbe ist mit guter Stuckdekoration mit Engelsfiguren geschmückt. Der Altar von 1793 ist ganz in Weiß und Gold gehalten. Die Malereien an der Emporenbrüstung schuf 1766 Johann Nikolaus Miller. Die Südwand schmücken drei gotische Figuren.

**Glockengießerstadt**
Weltweite Bekanntheit hat Erding als Glockengießerstadt. An die 6000 Glocken wurden hier seit dem Ende des letzten Weltkrieges gegossen. Die Aufträge kommen aus allen Teilen der Welt.

# Nach Pretzen, Graß und Indorf

*Erdinger Museen zeigen sakrale Kunst und Landleben*

**Abfahrt ab München:** alle 20/40 Minuten.

**Fahrzeit:** 42 Minuten.

**Fahrpreis:** 3 Zonen/ 6 Streifen, Tageskarte Gesamtnetz.

**Rückfahrt:** S6 ab Altenerding.

**Route:** Pretzen – Niederwörth – Graß – Indorf.

**Weglänge:** 12 km.

**Markierung:** waagerechter grüner Balken.

**Anspruch:** Eine abwechslungsreiche Wanderung ohne nennenswerte Steigungen durch Wiesen und Ackerland auf wenig befahrenen Straßen und auf Feldwegen. Für Kinderwagen nicht geeignet.

**Einkehren am Weg:** In Erding: Erdinger Weißbräu, Zur Post.

Bäuerliches Wohnen und Wirtschaften im 18. und 19. Jahrhundert führt der Landkreis Erding in seinem 1986 gegründeten Bauernhausmuseum lebendig vor Augen. Auf dem zwei Hektar großen Gelände sind 15 landwirtschaftliche und gewerbliche Bauten zu einem Ensemble um ein Wohnstallgebäude vereinigt.

## Die Wanderung

Vom S-Bahnhof gehen wir auf der Bahnhofstraße zur Altenerdinger Pfarrkirche (Mariä Verkündigung) und dort nach rechts auf der Landgerichtsstraße zur Sempt. Wir überqueren den Fluss und gehen nun am Ostufer durch das Freizeit- und Sportgelände nach Pretzen. Auf der Tannenstraße und der Singldinger Straße durchqueren wir den Ort und wandern weiter in Südrichtung nach Singlding und weiter nach Niederwörth. Hier biegen wir links auf die kleine Teerstraße ein und wandern nun nach Osten durch Felder, an einen kleinen Waldstück vorbei, dann ein kurzes Stück auf der Staatsstraße nach Norden und wieder in östlicher Richtung nach Graß. Von dort geht es an einem kleinen Lohwald entlang zum nördlich gelegenen Indorf. Am nördlichen Ortsrand biegen wir nach links in freie Flur ein und wandern in Nordwestrichtung nach Altenerding. Dort geht es ein Stück nach rechts auf der Hohenlindener Straße weiter, bis wir links in die Ardeostraße einbiegen und über den Hofmarkplatz und auf der Bahnhofstraße zur S-Bahn zurückgelangen.

**Museum ländlicher Kultur**
Das interessanteste Objekt des Erdinger Bauernhausmuseums ist ein zweigeschossiger Troadkasten aus dem Jahre 1581. Er stand früher in Niederneuching. Das Museum ist von April bis Oktober an Wochenenden und Feiertagen von 10.00 bis 17.00 Uhr geöffnet, jeden Freitag ist von 14.00 bis 18.00 Uhr Bauernmarkt.

## Sehenswert

Ein umfassendes Bild sakraler Kunst im Erdinger Land vermittelt das sehenswerte **Heimatmuseum** der Stadt. Ihr ist eine eigene Abteilung „Kirchenkunst und Volksfrömmigkeit“ gewidmet. Die Sammlung umfasst mehr als 60 Bildwerke der Spätgotik, darunter sieben Skulpturen von Christian Jorhan d. Ä., und zahlreiche Zeugnisse der Volksfrömmigkeit. Behandelt wird auch das Thema Wallfahrt, speziell bezogen auf die Gnadenstätten im Erdinger Land. Das Museum ist im ehemaligen Antoniusheim (Prielmayerstraße 1), einige Schritte vom S-Bahnhof Erding entfernt, untergebracht. Geöffnet ist sonntags von 14.00 bis 17.00 Uhr.

*Die frühere Frauenkirche am Schrannenplatz im Faschingsgewand*

# Nach Dürnberg und Sonnendorf

*Bis ins 16. Jahrhundert gehörte Ottenhofen den Ottenhofern*

**Abfahrt ab München:** alle 20/40 Minuten.

**Fahrzeit:** 33 Minuten.

**Fahrpreis:** 3 Zonen/ 6 Streifen, Tageskarte Gesamtnetz.

**Rückfahrt:** S6 ab Ottenhofen.

**Route:** Unterschwillach – Dürnberg – Sonnendorf – Maiszagl.

**Weglänge:** 9 km.

**Markierung:** grünes Quadrat.

**Anspruch:** Eine Wanderung durch hügeliges Wiesen- und Ackerland auf wenig befahrenen Straßen und auf Feldwegen mit schönen Ausblicken ins Land.

**Einkehren am Weg:** In Ottenhofen: Schlossgaststätte.

Der Name des Ortes gibt seine Herkunft preis: Ottenhofen meinte bei den Höfen des Otto. Genannt ist der Ort schon vor neunhundert Jahren in einer Freisinger Schenkungsurkunde von 1078 als Sitz der Edlen von Ottenhofen.

## Die Wanderung

Am Bahnhof halten wir uns links und gehen auf der Erdinger Straße nach Süden, biegen dann links in die Schwillacher Straße ein und wandern nun in weitem nordöstlichen Bogen nach Unterschwillach. Durch die Bahnunterführung geht es in den Ort hinein, dann nach links, über die Schwillach, wieder links und dann nach rechts bergauf zum Weiler Dürnberg. Beim letzten Gehöft gehen wir nach links und wandern nun in nördlicher Richtung nach Sonnendorf, durchqueren den Ort, halten uns dann links und erreichen bergab bei Maiszagl die Straße nach Unterschwillach. Wir folgen ihr nach links zur Keckmühle, biegen dort rechts ein und gehen nun am Schwillachufer bis zum hohen Bahndamm, von wo wir in wenigen Schritten nach rechts auf die Hinwegroute treffen und zur S-Bahn zurückwandern.

*Idyllischer Spazierweg an der Schwillach*

## Sehenswert

Unter Beibehaltung romanischer Teile wurde die **Ottenhofener Kirche St. Katharina** um 1700 erbaut. Es ist ein einfacher Bau mit sparsamem Rahmenschmuck am Deckengewölbe. Der Altarraum ist durch einen Triumphbogen abgeteilt. Die Kirche besitzt drei Altäre aus dem 17. Jahrhundert mit Heiligenfiguren, die schon um 1500 entstanden. Bemerkenswert sind der heraldische Grabstein von Gerhard Ottenhofer, er starb 1429, und die Rotmarmor-Grabplatte mit reichem Wappen von Friedrich Esswurmb, der 1556 starb.

**Einst eine Hofmark**

Bis weit ins 16. Jahrhundert blieb das Land rund um Ottenhofen in der Hand der Familie der Ottenhofer. 1545 erwarb der fürstliche Münzkämmerer Friedrich Esswurmb aus München die Hofmark, dessen Familie sie bis 1608 behielt. Dann wechselte das Gut häufig den Besitzer, bis es 1709 durch Heirat an die Familie Perusa fiel. Damals sollte über dem Sempttal sogar ein neues Schloss gebaut werden. Es blieb aber bei den Plänen.

# Nach Siggenhofen und Taing

*Ein Kleinod aus dem Mittelalter lag im Altar*

**Abfahrt ab München:** alle 20/40 Minuten.

**Fahrzeit:** 33 Minuten.

**Fahrpreis:** 3 Zonen/ 6 Streifen, Tageskarte Gesamtnetz.

**Rückfahrt:** S6 ab Ottenhofen.

**Route:** Herdweg – Siggenhofen – Wimpasing – Grund – Taing – Unterschwillach.

**Weglänge:** 9 km.

**Markierung:** grünes Dreieck.

**Anspruch:** Eine Wanderung in schöner Hügellandschaft auf wenig befahrenen Straßen und auf Feldwegen mit schönen Ausblicken ins Land.

**Einkehren am Weg:** In Ottenhofen: Schlossgaststätte.

Früher gehörte Ottenhofen noch zum Landkreis Ebersberg. Seit 1928 ist der Ort mit einer Fläche von rund 1000 Hektar Teil des Landkreises Erding.

## Die Wanderung

Am Bahnhof halten wir uns links und gehen auf der Erdinger Straße nach Süden, biegen dann nach links in die Schwillacher Straße ein und wenig später nach rechts in die Herdweger Straße. Über die Sempt und dann unter der Bahnlinie nach Mühldorf hindurch wandern wir nun in südlicher Richtung auf der Römerstraße nach Herdweg. Am Kirchberg biegen wir links ein und gehen hinauf nach Siggenhofen. Mit Links- und Rechtsschwenk kommen wir zum Weg Am Loh, halten uns dann links und nehmen den Wimpasinger Weg durch die freie, weite Flur nach Wimpasing. Dort biegen wir rechts ein und gehen auf der schmalen Fahrstraße nach Grund und – nach rechts schwenkend – weiter nach Taing. Dort wandern wir an der Kirche vorbei, dann in einer Spitzkehre nach links die Straße nach Unterschwillach hinunter. Wir bleiben im Ort gera-

*Auf dem Weg nach Taing*

**Wallfahrt zu Ottilia**
Besonders im 18. und 19. Jahrhundert erbaten Pilger die Fürbitte der heiligen Ottilie in der Kirche von Taing über dem Schwillachtal. Viele Votivgaben legen noch davon Zeugnis ab. Das Gotteshaus besitzt eine Statue seiner Patronin aus dem Jahre 1420.

deaus, gehen unter der Bahnlinie hindurch und nun in weitem Linksbogen nach Ottenhofen zurück. Auf der Schwillacher Straße (nach rechts) und der Erdinger Straße (wieder rechts) kommen wir wieder zum S-Bahnhof.

## Sehenswert

Gotischen Ursprungs ist die kleine Kirche **St. Johannes und Paulus in Siggenhofen**. Sie wurde barock verändert. Spätgotisch erhalten ist die hölzerne Westempore im Inneren, deren Brüstungsfelder mit eingeschnittenen Ornamenten geschmückt sind. Die Kirche besitzt schöne gefasste Holzfiguren der beiden Kirchenpatrone, des heiligen Sebastian und der Muttergottes, die schon um 1520 entstanden.

**Sicheres Versteck**
Ein kostbares Reliquienglas fand sich bei Restaurierungsarbeiten in einem Seitenaltar der Katharinenkirche. Es stammte aus dem 14. Jahrhundert und war dort wohl vor ungebetenem Zugriff versteckt worden.

# Durch den Forst nach Ebersberg

*Spielende Kinder fanden den Silberschatz der Kriegskasse*

**Abfahrt ab München:** alle 20/40 Minuten.

**Fahrzeit:** 29 Minuten.

**Fahrpreis:** 2 Zonen/ 4 Streifen, Tageskarte Gesamtnetz.

**Rückfahrt:** S5 ab Ebersberg (Abfahrt alle 20/40 Minuten; Fahrpreis: 3 Zonen/6 Streifen).

**Route:** Schwabner Moos – Kressirmühle – Forstinning – Ludwigshöhe – Klostersee.

**Weglänge:** 20 km.

**Markierung:** grünes Quadrat (nicht im Forst).

**Anspruch:** Eine lange Waldwanderung durch den größten Forst im Umland. Das erste Drittel führt auf festen Feldwegen durch ebene Mooslandschaft. Für Kinderwagen nicht geeignet (Gegenrichtung zu Weg 83).

**Einkehren am Weg:** Am Ludwigsturm: Ebersberger Alm.

Im Jahre 934 beginnt die Geschichte des Klosters Ebersberg. Augustinerchorherren werden in die Burg der Grafen (Eberhard und Aldalperto) von Ebersberg gerufen. Die Sebastianswallfahrt blüht auf. 1013 werden Benediktiner aus Augsburg gerufen. Im 15. Jahrhundert gewinnt das Kloster mächtige Förderer durch die von Abt Eckard gegründete Sebastians-Bruderschaft. Im 16. Jahrhundert geht es mit dem Kloster trotzdem bergab. Wilhelm V. übergab das verschuldete Kloster 1595 den Jesuiten. Mit der Aufhebung des Ordens 1773 wurde Ebersberg Großpriorat des Malteserordens. Nach der Säkularisation wurden die Klosterge-

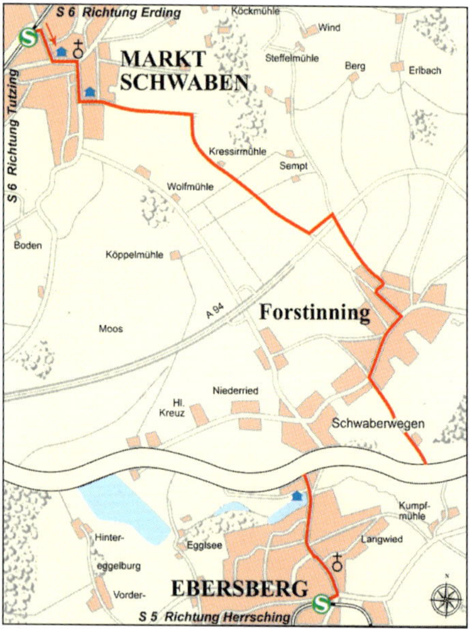

bäude zum Teil vom Staat genutzt, zum Teil verkauft.

*Das gotische Rathaus am Marktplatz von Ebersberg*

## Die Wanderung

Am Bahnhof halten wir uns links, gehen auf der Bahnhofstraße in den Ort, auf der Herzog-Ludwig-Straße nach links zum Schlossplatz und weiter nach rechts über den Marktplatz und die Ebersberger Straße nach Süden. An der Grafen-von-Sempt-Straße biegen wir links ein. Unser Weg führt nun durch die Wiesen und Felder des Schwabner Mooses nach Osten, dann südostwärts zur Kressirmühle. Dort nehmen wir den Fußweg in südöstlicher Richtung durch das Moos, erreichen die Autobahn (A 94), die wir ein Stück weiter links überqueren, und gehen auf der Graf-Sempt-Straße nach Forstinning hinein, biegen an der Mühldorfer Straße nach rechts ein, gehen weiter auf der Münchener Straße, bis wir an der Parkstraße nach links schwenken und aus dem Ort heraus auf den Forst zu und auf dem Viereichenweg weiter nach Süden gehen. Im Forst bleiben wir auf Geräumtwegen in südöstlicher Richtung in der Nähe der Fahrstraße und verlassen ihn bei der Ludwigshöhe westlich vom Aussichtsturm. Am Turm vorbei kommen wir dann auf der Heldenallee zum Klostersee. Auf der Eberhardstraße, dem Richardisweg, der Semptstraße und der Sieghartstraße wandern wir zum Marienplatz mit dem gotischen Rathaus und auf der Bahnhofstraße, an St. Sebastian vorbei, zur S-Bahn.

**Schatz in der Scheune**

Einen riesigen Schatz fanden 1958 Kinder beim Spielen in einer alten Scheune in Forstinning: an die 3000 alte Silbermünzen; die jüngste von ihnen war 1705 geprägt worden. Da die Geldstücke zum Teil sortiert und gebündelt waren, wird angenommen, dass der Schatz zu einer Kriegskasse aus dem Spanischen Erbfolgekrieg gehörte.

# Rundweg über Lindach und Anzing

*Der Posthalter organisierte den Widerstand*

**Abfahrt ab München:** alle 20/40 Minuten.

**Fahrzeit:** 29 Minuten.

**Fahrpreis:** 2 Zonen/ 4 Streifen, Tageskarte Gesamtnetz.

**Rückfahrt:** S6 ab Markt Schwaben.

### Anzinger Wallfahrt

Auf der Heimreise ihrer Pilgerfahrt nach Altötting entdeckten drei fromme Frauen 1625 während einer Andachtsrast in der Anzinger Marienkirche in einer Nische eine staubbedeckte Madonnenfigur. Auf ihre Bitte schenkte der Pfarrer ihnen die kleine Statue. Die Damen ließen sie neu fassen und stellten sie in München im Weberhaus auf. Gebete wurden erhört, und die kleine Madonna wurde – nach einem Aufenthalt im „Alten Peter" – 1681 feierlich nach Anzing zurückgeführt.

In seiner humorvollen Mundartballade „Der Posthalter von Anzing" hat der Dichter Franz von Kobell den einst blühenden Wallfahrtsort verewigt. Die Geschichte gilt dem wehrhaften Wirt der „Alten Post", Franz Xaver Hirner (1663–1740), der im Spanischen Erbfolgekrieg mit Gleichgesinnten den Widerstand des Oberlandes gegen die Kaiserlichen organisiert hatte.

## Die Wanderung

Über die Bahnhofallee und die Bahnhofstraße (nach rechts) gehen wir zur Herzog-Ludwig-Straße, der wir nach links zum Schlossplatz folgen und dann nach rechts über den Marktplatz auf der Ebersberger Straße zum Ortsrand gehen. An der Anzinger Straße halten wir uns rechts und biegen ein Stück weiter südlich auf den festen Feldweg südwestwärts zum Weiler Lindach ein. Dort wandern wir weiter nach Süden auf der schmalen Teerstraße zur Autobahn (A 94), überqueren sie und kommen auf der Erdinger Straße nach Anzing. Wir gehen an der Kirche (St. Maria) und am Rathaus vorbei, folgen ein Stück der Hoegerstraße und biegen dann nach links auf die Hirnerstraße ein, auf der wir über die Mühldorfer Straße hinweg durch freie Felder nach Oberasbach kommen. Am Ortsrand schwenken wir nach links und wandern nach Unterasbach. Vor dem Ort bleiben wir links, gehen erneut über die Fahrstraße und nun durch Felder nach Norden und über die Autobahnbrücke. Dann geht es ein gutes Stück nach rechts neben der Autobahn entlang, bis wir nach links durch das Moos nach Norden zur Köppelmühle einschwenken. Hier wandern wir nach rechts zur Fahrstraße, folgen ihr ein Stück nach links und gehen dann nach rechts zur Kressirmühle. Dort halten wir uns

Die Wallfahrtskirche St. Maria in Anzing

erneut links, überqueren die Sempt und gehen in nordwestlicher Richtung nach Markt Schwaben zurück. Zum Bahnhof kommen wir auf der Grafen-von-Sempt-Straße, der Ebersberger Straße (nach rechts) über den Marktplatz, auf der Herzog-Ludwig-Straße (nach links) und der Bahnhofstraße (nach rechts).

## Sehenswert

In barockem Frömmigkeitssinn ließ der kurfürstliche Münchner Ratsherr Anton Benno Hoeger, ein Mann von Adel und damaliger Herr von Anzing, anno 1692 die **„schöne Capell"**, die Schlosskapelle vor dem Schlosseingang an der Dorfstraße in Anzing bauen. Es ist eine kleine Nachbildung der Grabeskirche in Jerusalem, und die Gruft unter der Kapelle diente als Grablege der Hoeger. An den reizvollen kleinen Bau mit zierlich gegliedertem Turm ist an der Nordseite eine „heilige Stiege" angebaut.

**Route:** Lindach – Anzing – Ober- und Unterasbach – Kressirmühle.

**Weglänge:** 13 km.

**Markierung:** grünes Dreieck.

**Anspruch:** Eine ausgedehnte Wanderung auf festen Feldwegen durch hügeliges Bauernland mit wenig Schatten und schönen Ausblicken ins Land. Für Kinderwagen nicht geeignet.

**Einkehren am Weg:** In Anzing: Kirchenwirt (B), Alte Post (B).

# Nach Unterspann und Gigging

*Im Wildpark kann man Hirsche knabbernah erleben*

**Abfahrt ab München:** alle 20/40 Minuten.

**Fahrzeit:** 23 Minuten.

**Fahrpreis:** 2 Zonen/
4 Streifen,
Tageskarte München XXL.

**Rückfahrt:** S6 ab Poing.

Der Weg zum Wildpark Poing ist beschildert. Vom S-Bahnhof zum Park ist es ein etwa 2 km langer Spaziergang nach Osten und ein kurzer Abstecher vom Wanderweg. Der Park – rund 570 000 Quadratmeter Wiesen und Hochwald – ist Privatbesitz und täglich (Eintritt) geöffnet.

## Die Wanderung

Vom Bahnhof gehen wir auf der Bahnhofstraße nach links, über die Durchgangsstraße hinweg und weiter auf der Hauptstraße nach Osten, dann links in die Schwabener Straße und unter der Bahn hindurch. Nach einem kurzen Stück

*Die Pfarrkirche St. Michael in Poing*

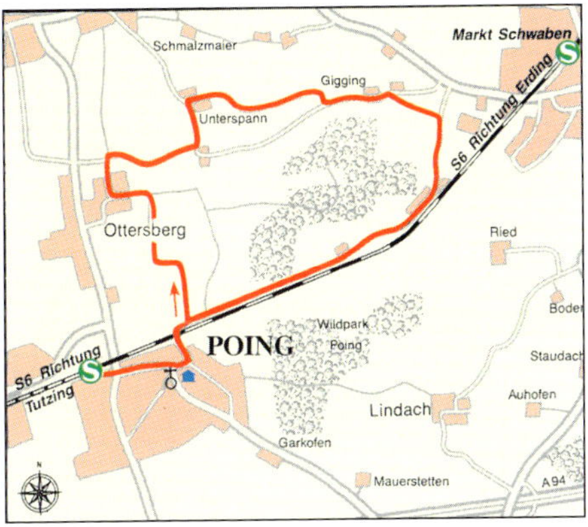


**Route:** Ottersberg – Unterspann – Gigging – Markt Schwaben.

**Weglänge:** 11 km.

**Markierung:** grüner Ring.

**Anspruch:** Eine schöne Wanderung durch offene Flur ohne Schatten, mit schönen Ausblicken. Für Kinderwagen nicht geeignet.

**Einkehren am Weg:** In Poing: Liebhart's Bräuhaus.

nach rechts biegen wir links ein und wandern auf Feldwegen nach Ottersberg. Dort halten wir uns rechts auf dem Weg An der Leiten, biegen beim Marterl links ein und gehen nach Norden zum Weiler Unterspann. Hier schwenken wir nach rechts, kommen nach Gigging und weiter ostwärts zum Gewerbegebiet von Markt Schwaben. An dessen Rand schwenken wir nach rechts und gehen auf der Poinger Straße nach Süden, dann an den Bahngleisen entlang in westliche Richtung nach Poing zurück. Auf der Schwabener Straße, der Hauptstraße und der Bahnhofstraße kommen wir wieder zur S-Bahn. Der Abstecher zum Wildpark führt von der Hauptstraße nach links in den Osterfeldweg.

## Sehenswert

Die **Michaelskirche** in Poing ist ein romanischer Tuffsteinbau aus der Zeit um 1200. Das Schiff ist flachgedeckt, der Altarraum durch einen Rundbogen abgetrennt und tonnengewölbt. 1954 wurde die Kirche erweitert. Der kräftige Turm erhielt in gotischer Zeit ein mit Spitzbogenblenden verziertes Obergeschoss aus Backstein. Seinen Abschluss bildet ein steiles Satteldach.

**Wildtiere live erleben**

Ein beliebtes Ausflugsziel ist der schöne Wildpark Poing, wo eine breite Palette einheimischer Wald- und Wildtiere zu besichtigen ist. Während die Rothirsche im Gatter bleiben, kommen Damwild und Muffelwild in Reichweite der Besucher. Zu sehen gibt es außerdem Schwarzwild, Otter, Fuchs und Dachs sowie eine breite Palette gefiederter Räuber und Sänger.

# Zur Sauschütt im Ebersberger Forst

*Der Ortsname war einst ein Zungenbrecher*

**Abfahrt ab München:** alle 20/40 Minuten.

**Fahrzeit:** 23 Minuten.

**Fahrpreis:** 2 Zonen/ 4 Streifen, Tageskarte München XXL.

**Rückfahrt:** S6 ab Poing.

**Route:** Lindach – Anzing – Obelfing – Sauschütt.

**Weglänge:** 19 km.

**Markierung:** grünes Quadrat (nicht im Forst).

**Anspruch:** Eine schöne, abwechslungsreiche Wandertour durch sanft gewellte Landschaft mit weiten Feldern, Wiesen und Waldpartien. Für Kinderwagen nicht geeignet.

**Einkehren am Weg:** In Anzing: Kirchenwirt (B), Alte Post (B); in Poing: Bräustüberl Liebhart.

Einen Zungenbrecher spürt auf, wer dem Ursprung des Namens Poing nachgeht: piuuuingon. Das mittlere „u" wurde wahrscheinlich wie ein „w" ausgesprochen. 859 ist der Name erstmals vermerkt.

## Die Wanderung

Vom Bahnhof gehen wir auf der Bahnhofstraße, der Hauptstraße und weiter auf der Kampenwandstraße nach Osten und verlassen den Ort auf der Lindacher Straße nach links. Wir wandern durch das Poinger Holz, dann durch freie Flur zum Weiler Lindach. Dort wenden wir uns nach rechts in südliche Richtung und erreichen die von Markt Schwaben kommende Fahrstraße, auf der wir die Autobahn (A 94) überqueren und in den Ort Anzing hineingehen. Wir durchqueren den Ort auf der Hoegerstraße, gehen vorbei an St. Maria, der Hoegerkapelle und über die Durchgangsstraße hinweg. Dann biegen wir links in die Parkstraße ein, die uns nach Obelfing bringt. Kurz hinter diesem Ortsteil von Anzing erreichen wir (bei der Tennisanlage von Sepp Maier) den Forst. Zur Sauschütt wandern wir nun auf einem diagonal zu den Geräumtwegen nach Südosten verlaufenden Forstweg. Von dort gehen wir nach Westen zum Schwaberwegener Haupt-Geräumt, biegen dort links ein, wenden uns am Anger-Geräumt erneut nach links und kommen zur Route des Hinwegs am Waldrand zurück, auf der wir nach Poing zurückgehen.

**Name im Wandel**

Wie alle „-ing"-Ortsnamen ist auch Poing bajuwarischer Herkunft. „ing" meint immer die Zugehörigkeit zu einem Herrn oder Hof. Poing, so die offizielle Schreibweise seit 1813, bedeutet „bei den Leuten des Piuwo". Geschrieben und gesprochen wurden vorher viele Varianten: Biuwingun, Pivingen, Puingen, Pewing oder auch Poying.

## Sehenswert

Georg Zwerger aus Schliersee baute 1677–81 die schöne **Wallfahrts- und Pfarrkirche St. Maria in Anzing**. Die frühbarocke, geräumige Landkirche ist mitsamt ihrer Ausstattung sehr gut erhalten. Sie ist mit sehr sparsamem Miesbacher Stuck aus Stabwerk und geflügelten Engelsköpfen dekoriert. Die sieben schwarzgoldenen Altäre entstanden unter Einfluss der Münchener Theatinerkirche. An der Südseite außen fällt der Wappenstein für Hans Sunderndorffer von 1472 ins Auge.

*Der Gnadenaltar von St. Maria in Anzing*

# Rundweg nach Lindach und Markt Schwaben

*Der Name kommt nicht von den Schwaben*

**Abfahrt ab München:** alle 20/40 Minuten.

**Fahrzeit:** 23 Minuten.

**Fahrpreis:** 2 Zonen/ 4 Streifen, Tageskarte München XXL, bei Rückfahrt ab Markt Schwaben Tageskarte Gesamtnetz

**Rückfahrt:** S6 ab Poing.

**Route:** Lindach – Markt Schwaben – Wildpark.

**Weglänge:** 12 km.

**Markierung:** grünes Dreieck.

**Anspruch:** Eine Wanderung durch reizvolle Hügellandschaft mit kurzen Waldabschnitten, nur leichten Steigungen und schönen Ausblicken ins Land.

**Einkehren am Weg:** In Markt Schwaben: Bräustüberl Widmann; in Poing: Bräustüberl Liebhart.

Nicht dem Volksstamm der Schwaben verdankt der Markt im Norden des Ebersberger Forsts seinen Namen, sondern dem Familiennamen Schwab. Ein Schwab hatte wohl einen der frühesten Höfe im Gebiet des heutigen Marktes bewirtschaftet. In klösterlichen Urkunden in Ebersberg von 1046 und 1048 wird immerhin ein Hartnit Schwab genannt. Wenig später wird in einer Urkunde dann schon auf eine Ansiedlung (apud swaben, in der Nähe von Schwaben) Bezug genommen.

## Die Wanderung

Wir gehen nach links auf der Bahnhofstraße, der Hauptstraße und der Kampenwandstraße durch Poing und verlassen den Ort (nach links) auf der Lindacher Straße, die uns durch freies Feld, durch das Poinger Holz und wieder durch Ackerland nach Lindach führt. Dort schwenken wir in nordöstliche Richtung ein und gehen auf festem Feldweg nach Markt Schwaben. Durch den Ort wandern wir auf der

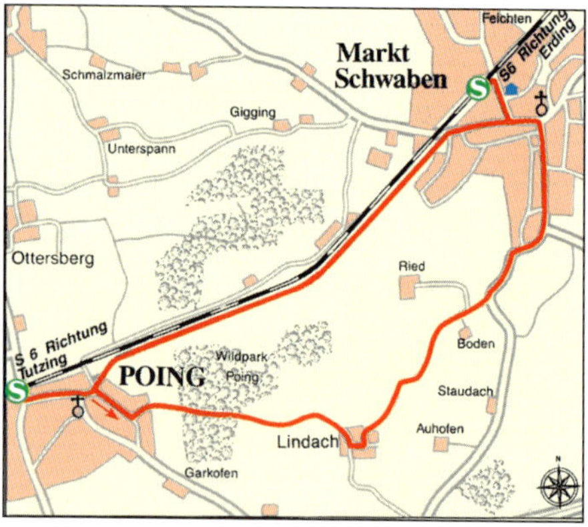

*Der Marktplatz von Markt Schwaben mit St. Margaretha*

Anzinger Straße, der Ebersberger Straße und über den Marktplatz, dann nach links über den Schloßplatz und die Herzog-Lugwig-Straße; nach rechts zweigt die Bahnhofstraße ab (Möglichkeit der Rückfahrt mit der S6). Unsere Route führt weiter geradeaus. Vor der Bahnunterführung gehen wir nach links die Schotterstraße Am Erlberg hinauf, die nun neben den Gleisen durch freie Flur und am Rande der Hirsch- und Mufflonweiden des Wildparks nach Poing zurückführt. Auf dem Osterfelderweg, der Hauptstraße und der Bahnhofstraße kommen wir wieder zur S-Bahn.

## Sehenswert

Als Wandpfeilerkirche baute der Schlierseer Maurermeister Georg Zwerger im Jahr 1671 die Pfarrkirche **St. Margaretha in Markt Schwaben**. Sie besitzt gutes Miesbacher Stuckdekor. Den Hochaltar von 1680 zeichnen zwei große Seitenfiguren der Grafinger Andreas Köfler (Bildhauer) und Peter Hoelln (Maler) aus. Die beiden Seitenaltäre von 1704 und 1718 schmückt ländlich naturalistisch bunter Blumenschmuck. Die Kanzel entstand 1687.

**Die Burg ist heute Rathaus**
Die Burg Markt Schwaben wurde 1283 von Herzog Ludwig dem Strengen als Sitz des Kastenamts und Pfleggerichts angelegt, später oft zerstört und wieder aufgebaut. 1660 entstand ein großzügiger Schlossbau als kurfürstlicher Verwaltungssitz. 1972 musste das alte Schloss auf dem Burgberg dem Rathaus weichen. Von den Befestigungsgräben sind nur mehr Reste erkennbar.

# Durch die Isarauen nach Unterföhring

*Fünfhundert Jahre herrschte der Fürstbischof*

**Abfahrt ab München:** alle 20 Minuten.

**Fahrzeit:** 24 Minuten.

**Fahrpreis:** 2 Zonen/ 4 Streifen, Tageskarte München XXL.

**Rückfahrt:** S8 ab Unterföhring (Abfahrt alle 20 Minuten; Fahrpreis: 1 Zone/ 2 Streifen).

Im Jahr 750 ist erstmals in Urkunden von der dem bayerischen Herzog Tassilo nahestehenden Sippe der Feringa die Rede. Von ihr leitet sich der Ortsname Föhring ab. Damals übereignete sie dem Freisinger Bischof Weideland nördlich von Ismaning. Die früheste Nennung von Föhring ist 807 zu lesen. Schon 1180 vollzog sich die Aufspaltung des Ortes in Ober- und Unter(zuerst Nieder-)föhring. 1319 verkaufte Kaiser Ludwig der Bayer ganz Unterföhring zusammen mit Oberföhring, Ismaning, Englschalking und Daglfing als gefreite Reichsgrafschaft an das Freisinger Bistum. Die Säkularisation beendete die Freisinger Herrschaft.

*St. Valentin in Unterföhring*

## Die Wanderung

Wir verlassen den Bahnhof nach rechts auf der Bahnhofstraße und gehen nun auf der Aschheimer Straße (nach links), über den Kirchplatz (geradeaus), die Schlossstraße (nach rechts, am Rathaus vorbei) und über die Münchener Straße hinweg zum westlichen Ortsrand. Hier biegen wir links in die Auenstraße ein und gehen nach rechts auf der Tannenstraße zum Waldrand und weiter zur Isar. Am östlichen Flussufer gehen wir nun in Südrichtung unter der Autobahnbrücke der A 99 hindurch und an der Isarbrücke vorbei, um dann nach links auf den Weg zum Unterföhringer See einzuschwenken. Wir gehen am

**Route:** Isarauen – Unterföhringer See – Mittlerer Isarkanal.

**Weglänge:** 8 km.

**Markierung:** grüner Ring.

**Anspruch:** Eine schöne Wanderung durch ruhige Wohnsiedlungen und die waldige Auenlandschaft der nördlichen Isar ohne nennenswerte Steigungen.

**Einkehren am Weg:** In Unterföhring: Neuwirt, Zur Post (B), Zum Gockel (B).

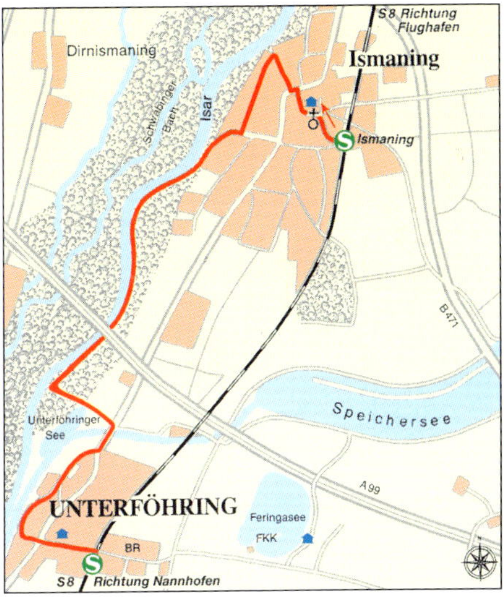


Nordzipfel des Sees (früher Poschinger Weiher) vorbei leicht bergauf zur Münchener Straße, biegen dort rechts ein, überqueren den Mittleren Isarkanal und gehen wenig später bei der kleinen Parkanlage rechts die Treppen hinunter zur Isaraustraße. An deren Ende wandern wir auf der Kanalstraße weiter. An der Kirche (St. Valentin) vorbei überqueren wir die Münchener Straße und gehen geradeaus auf der Bahnhofstraße zum S-Bahnhof Unterföhring.

## Sehenswert

Als gelungenes Beispiel des ländlichen Barock im bayerischen Oberland gilt die Kirche **St. Valentin in Unterföhring**. 1718 erbaute sie ein Münchener Meister. Auch die gute Stuckierung der Kanzel und der Logenbrüstung im Altarraum wird einem Münchener Meister (wohl Johann Georg Baader) zugeschrieben. Die schönen Deckenfresken entstanden um 1720. Der Hochaltar mit sechs Säulen von 1741 trägt ältere Figuren. Die beiden Seitenaltäre wurden Ende des 17. Jahrhunderts gefertigt.

**Altes Gewerbe: Ziegelei**

Elf Ziegeleien gab es einmal auf der Unterföhringer Flur. Ab 1866 hatten sie sich nach der Ausbeutung der südlicheren Lösslehmböden in Haidhausen und Bogenhausen hier angesiedelt und gaben einem Heer italienischer Arbeiter Lohn und Brot. Ringofen, Dampfkraft und Elektrizität ersetzten dann die ungelernten Arbeitskräfte. 1968 musste die letzte Ziegelei schließen.

# Durch die Isarauen nach Freising

*Heinrich nahm Otto die einträgliche Brücke weg*

**Abfahrt ab München:** alle 20 Minuten.

**Fahrzeit:** 24 Minuten.

**Fahrpreis:** 2 Zonen/ 4 Streifen, Tageskarte Gesamtnetz.

**Rückfahrt:** S1 ab Freising (Abfahrt alle 20/40 Minuten; Fahrpreis: 3 Zonen /6 Streifen).

Unter dem letzten Fürstbischof Joseph Conrad Freiherr von Schroffenberg, Fürstpropst von Berchtesgaden, kamen mit der Säkularisation die Besitzungen von Freising an Bayern und Österreich. Der Bischofsstuhl blieb bis zur Errichtung der Erzdiözese München und Freising (1818–21) unbesetzt. Auch die Benediktinerabtei Weihenstephan wurde aufgelöst.

## Die Wanderung

Wir verlassen den Bahnhof nach rechts auf der Bahnhofstraße und gehen auf der Aschheimer Straße (nach links), über den Kirchplatz (geradeaus), die Schlossstraße (nach rechts, am Rathaus vorbei) und über die Münchener Straße hinweg zum westlichen Ortsrand. Hier biegen wir links in die Auenstraße ein und gehen dann geradeaus auf der Garchinger Straße zur Isar. Dort biegen wir rechts ein und bleiben nun immer am Ostufer des Flusses. Am Stadtrand von Freising führt unser Weg ein Stück vom Ufer

*In den nördlichen Isarauen*

weg durch den Spiel- und Sportpark Savoyer Au und mündet dann in die Ismaninger Straße. Wir wandern nach links, nehmen etwas später erneut nach links die Erdinger Straße, überqueren die Isar und biegen dann links in die Parkstraße ein. An deren Ende unterqueren wir nach rechts die Bahngleise und gehen nach links auf der Ottostraße zum S-Bahnhof.

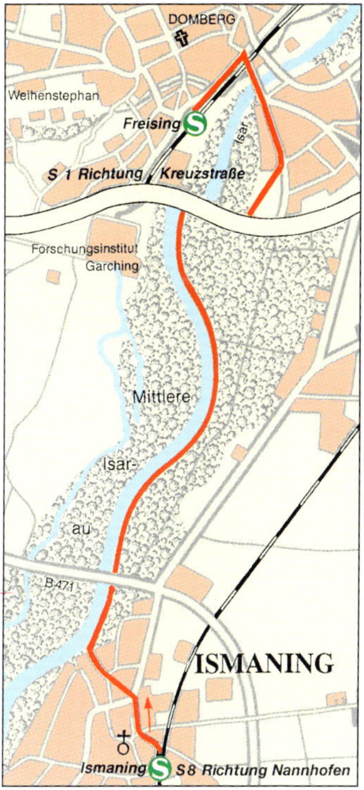


## Sehenswert

Die „Gottesackerkirche" **St. Mariä** (auf dem „ellenden Freithof", Prinz-Ludwig-Straße/Kammergasse) in Freising wurde 1545 vollendet und 1549 geweiht. Es ist eines der letzten Werke der altbayerischen Spätgotik. Ende des 17. Jahrhunderts wurde die Kirche barock verändert. Die Muttergottesdarstellung auf dem Hochaltar von 1760 stammt aus der zweiten Hälfte des 17. Jahrhunderts. In dieser Zeit entstanden auch die Figuren auf den Seitenaltären. Außen und an der Friedhofsmauer finden sich bemerkenswerte Grabsteine von der Mitte des 16. bis zum Anfang des 19. Jahrhunderts.

### Umleitung anno 1158

Schon zur Zeit der Römer war Freising ein wichtiger Brückenkopf und blieb es bis zur Mitte des 12. Jahrhunderts. Die Straßenverbindung, an der auf Freisinger Gebiet Zoll erhoben wurde, führte von Salzburg nach Augsburg. Heinrich der Löwe, Herzog von Sachsen und Bayern, schuf 1158 eine neue Verkehrssituation. Er zerstörte den Isarübergang bei Föhring, das zum Besitz des Bischofs Otto I. von Freising gehörte, und verlegte die Straße über eine neue Brücke, etwa bei der heutigen Ludwigsbrücke in München. Die Straße verlief nun weiter südlich, der Warenfluss, vor allem Salz, und der Brückenzoll kamen auf herzogliches Gebiet. München konnte entstehen.

**Route:** Ismaning – Isarauen – Sportpark Savoyer Au.

**Weglänge:** 25 km.

**Markierung:** grünes Dreieck.

**Anspruch:** Eine schöne Wandertour, die gute Kondition voraussetzt, durch die waldigen nördlichen Isarauen auf festen, meist schattigen Wegen. Für Kinderwagen nicht geeignet.

**Einkehren am Weg:** In Achering: Gasthaus Schredl (B), kleiner Abstecher.

# Zum Speichersee und ins Finsinger Moos

*Himmelhohe Masten schicken Rundfunkprogramme in die Welt*

**Abfahrt ab München:** alle 20 Minuten.

**Fahrzeit:** 24 Minuten.

**Fahrpreis:** 2 Zonen/ 4 Streifen, Tageskarte München XXL.

**Rückfahrt:** S8 ab Ismaning.

**Route:** Eisweiher – Speicherseekraftwerk – Goldachhof – Ismaning.

**Weglänge:** 22 km.

**Markierung:** grünes Quadrat.

**Anspruch:** Eine lange Wandertour durchs ebene Moosland, mit wenigen schattigen Strecken und einem reizvollen Teilstück am Speichersee entlang. Für Kinderwagen nicht geeignet.

**Einkehren am Weg:** In Ismaning: Zur Mühle (B).

*Schloss Ismaning ist heute das Rathaus*

Ein Vogelparadies von europäischem Rang ist der Speichersee im Münchener Norden. Vor allem durchziehende Vögel machen hier Rast und finden Nahrung, um sich für die Weiterreise zu stärken. An die 250 Arten wurden einmal gezählt. Um sie zu beobachten, braucht man ein Fernglas, denn nah heran darf man nicht.

## Die Wanderung

Vom Bahnhof gehen wir nach links auf der Schweigerstraße in südliche Richtung, an ihrem Ende nach rechts durch den kleinen Park, dann nach links auf der Mühlenstraße zur Krautgartenstraße und weiter südlich über den unterirdischen S-Bahngleisen zur Dorfstraße. Dort biegen wir links ein und gehen am Eisweiher entlang und wenig später nach links in östliche Richtung durch die Felder zur Aschheimer Straße, die uns nach rechts zur Bundesstraße ( B 471) führt. Wir nehmen auf der anderen Straßenseite die kleine Teerstraße nach Süden, die bald nach Osten schwenkt. Beim Speicherseekraftwerk können wir nach rechts auf den Seedamm und auf ihm entlang weitergehen. Bei Sperrung des Damms gehen wir auf der Straße unterhalb um das BMW-Versuchsgelände herum, biegen dann links nach Norden zum Ortsteil Vorderes Finsinger Moos ein. Wir halten uns von dort ostwärts und kommen auf der Großsenderstraße zum Ortsteil Eicherloh. Hier schwenken wir nach Norden, gehen um die Sendeanlagen des BR herum zum Ortsteil Hinteres Finsinger Moos. Hinter der Goldachbrücke biegen wir

links nach Süden auf die Senderstraße ein und wandern an ihrem Ende halb rechts durch die weiten Felder zum Goldachhof. Dort biegen wir nach Westen ein und gehen immer geradeaus bis zur S-Bahn, dort nach links, dann unter der Bundesstraße hindurch ins Gewerbegebiet. Über die Adalperostraße, Osterfeldstraße (nach rechts) und die Steinheilstraße (nach links) kommen wir zum S-Bahnhof.

## Sehenswert

Angelegt wurde der rund sieben Quadratkilometer große **Speichersee** mit einem Fassungsvermögen von 14,5 Millionen Kubikmetern Wasser eigentlich, um die Turbinen von fünf Kraftwerken zur Stromerzeugung gleichmäßig auszulasten. Wichtiger ist der 1929 fertiggestellte See heute für den Wasserhaushalt der Isar und die biologische Nachreinigung der Abwässer Münchens. Diese Aufgabe haben vor allem die über 30 Fischteiche am Südrand des künstlichen Sees, über 290 Hektar groß und mit Spiegelkarpfen besetzt.

**Sphärenfinger**

Nördlich des Speichersees im Finsinger Moos begann 1932 das Zeitalter der Großrundfunksender. Die ersten großen Antennen wurden hier installiert. Auf dem 120 Tagwerk großen Gelände stehen heute modernste Sendeanlagen des Bayerischen Rundfunks. Wie zierliche Stahlfinger, an dünnen Seilen verankert, ragen die Antennenmasten in den Himmel. Der Veteran unter ihnen – er hatte früher noch einen Zwilling – war aus dem Holz einer amerikanischen Pechkiefer gebaut und erreichte die stolze Höhe von 156 Metern. Anfang der 90er Jahre hatte er ausgedient und kam unter die Säge.

# Am Isarufer nach Ismaning

*Die Krautbauern haben auch die dicksten Kartoffeln*

**Abfahrt ab München:** alle 20 Minuten.

**Fahrzeit:** 19 Minuten.

**Fahrpreis:** 1 Zone/2 Streifen, Tageskarte München XXL.

**Rückfahrt:** S8 ab Ismaning (Abfahrt alle 20/40 Minuten; Fahrpreis: 2 Zonen /4 Streifen).

**Route:** Mittlerer Isarkanal – Unterföhringer See – Ismaning.

**Weglänge:** 8 km.

**Markierung:** grüner Ring.

**Anspruch:** Eine schöne Wanderung durch ruhige Wohnsiedlungen und die waldige Auenlandschaft der nördlichen Isar ohne nennenswerte Steigungen (Gegenrichtung zu Weg 100).

**Einkehren am Weg:** In Ismaning: Zur Mühle (B).

Schon im Mittelalter wurde in Ismaning Kraut (hochdeutsch: Rot- und Weißkohl) angebaut. Es gedeiht auf dem Lössbodenstreifen des rechten Isarufers besonders gut. Auch Kartoffeln geraten in dieser Erde überaus groß und gut. Früher gab es eigene Verarbeitungsbetriebe für das Kraut. Heute vermarkten viele Bauern ihre Ernten direkt ab Hof.

## Die Wanderung

Vom Bahnhof gehen wir nach links auf der Bahnhofstraße, überqueren beim Rathaus die Münchener Straße und wandern geradeaus auf der Kanalstraße an der Kirche (St. Valentin) vorbei, dann auf der Isaraustraße durch die Wohnsiedlungen im Isartal. Am Ende der Straße steigen wir die Treppen hinauf zur Mün-

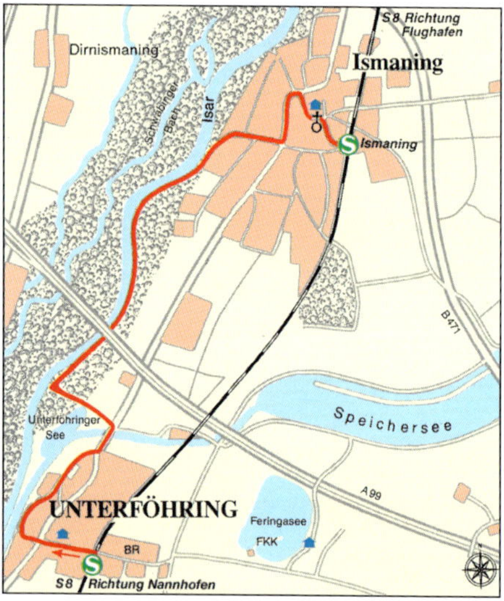

*Winter am Unterföhringer See*

chener Straße, folgen ihr ein Stück nach links, überqueren den Mittleren Isarkanal und wandern dann nach links leicht bergab am Rande des Freizeit- und Erholungsgeländes Unterföhringer See entlang zur Isar. Von dort folgen wir dem Isarufer nach Norden, gehen am Ortsrand von Ismaning halb rechts den Weg in den Park und dann nach rechts auf der Eichenstraße und nach links auf der Lindenstraße weiter. Auf der Auenstraße (nach halb rechts) und der Schlossstraße (nach rechts), über den Kirchplatz (nach links) und auf der Aschheimer Straße (nach rechts) kommen wir zum Bahnhofplatz und zur S-Bahn.

## Sehenswert

Der Freisinger Domherr Haushammer baute um 1520 das **Schloss Ismaning**. Der kunstsinnige Fürstbischof Johann Franz von Eckher ließ es durch Dominikus Gläsl und Johann Baptist Zimmermann zur Sommerresidenz um- und ausbauen. 1871 erwarb es der Herzog von Leuchtenberg, Eugène Beauharnais, ein Adoptivsohn Napoleons. Er richtete das Napoleonzimmer ein und ließ die Fassade ändern. 1899 kommt das Schloss in den Besitz der Stadt München. Seit 1919 ist es Eigentum der Gemeinde Ismaning und Sitz des Gemeinderats.

# Rundweg um den Feringasee

*Ein Verein schafft Naherholung zum Nulltarif*

**Abfahrt ab München:** alle 20 Minuten.

**Fahrzeit:** 19 Minuten.

**Fahrpreis:** 1 Zone/2 Streifen, Tageskarte Innenraum

**Rückfahrt:** S8 ab Unterföhring.

„Erholung für alle" ist das Motto des 1965 gegründeten „Vereins zu Sicherstellung überörtlicher Erholungsgebiete in den Landkreisen um München e.V." Auf Initiative weitschauender Kommunalpolitiker fanden sich unter seinem Dach die Landeshauptstadt und die umliegenden Landkreise und rund 60 Gemeinden zusammen, um geeignete Erholungsflächen in der Region vor ausufernder Bebauung zu sichern, auszubauen und zu unterhalten. In den 37 Jahren seiner Tätigkeit hat der Verein über 30 Erholungsgebiete mit einer Landfläche von 5,8 Mio. Quadratmetern und 1,8 Mio. Quadratmetern Wasserfläche geschaffen. Dazu gehören der Deininger Weiher ebenso wie der

*Dorado für Schwimmer, Surfer, Sonnenanbeter: der Feringasee*

Feringasee, der Unterföhringer See, die nördlichen Isarauen oder der Pucker See. Zutritt und Benutzung der Einrichtungen ist überall kostenlos. Nur für PKW wird eine Parkgebühr erhoben.

## Die Wanderung

Vom Bahnhof gehen wir nach rechts in östlicher Richtung auf der Medienallee zum Etzweg, wandern dort nach links weiter, dann auf dem Unteren Aschheimer Weg nach rechts. Beim Parkplatz halten wir uns links zum Seeufer und umrunden nun auf festen Kieswegen den Feringasee in beliebiger Richtung. Zurück geht es auf derselben Route.

**Route:** Unterföhring – Feringasee.

**Weglänge:** 5 km.

**Markierung:** grünes Dreieck.

**Anspruch:** Ein leichter Spaziergang durch ebenes Gelände. Auf Asphaltstraßen an den Zentralen der Fernsehsender vorbei zum See und auf Kieswegen um den See herum.

**Einkehren am Weg:** Am See: Gaststätte Feringasee.

## Wissenswert

In Unterföhring begann die moderne bayerische Landvermessung. Bis ins 19. Jahrhundert war die Vermessung Philipp Apians von 1568 das Standardwerk. Napoleon wollte 1800 von Max IV. Joseph genauere Karten. Deren Grundlage war eine „Basislinie“ von Unterföhring nach Aufhausen (bei Erding), ausgelegt mit waagerechten Messlatten. Ausgangspunkt war die **Basispyramide**, eine 5 Meter hohe Steinpyramide. An der Abzweigung der Kreisstraße M3 vom Föhringer Ring steht sie noch heute auf einem kleinen Hügel.

### Medienstadt extra muros

Die Medienstadt München steht zu einem guten (und spektakulären) Teil ein wenig außerhalb von München. In Unterföhring nämlich. Nahezu alle in München angesiedelten Fernsehsender haben hier ihre Hochburg. Wer aus der S-Bahn (S8) aussteigt, ist schon mittendrin. Es gibt eine Medienallee, eine Betastraße (nach Beta-Film), eine ZDF-Straße und sogar (es wird ja auch noch gelesen) eine Gutenbergstraße.

# Zum Aumeister und nach Studentenstadt

*Am Haus des Aujägermeisters geht es heute um die Maß*

**Abfahrt ab München:** alle 5/10 Minuten.

**Fahrzeit:** 16 Minuten.

**Fahrpreis:** 1 Zone/2 Streifen, Tageskarte Innenraum

**Rückfahrt:** U6 ab Studentenstadt (Abfahrt alle 5/10 Minuten; Fahrpreis: 1 Zone/2 Streifen).

Für Festlichkeiten hoher Herrschaften baute der Hofkriegsrat Johann Baptist Lechner nach Angaben des Grafen von Rumford 1790/91 das Rumfordhaus, ein paar Schritte nördlich des Chinesischen Turms. Kunsthistoriker schätzen den Bau als reine Form des Münchner Frühklassizismus.

## Die Wanderung

Am Bahnhof gehen wir vom Ostausgang geradeaus zwischen den Hochhäusern und den Gleisen nach Süden, über die Burmesterstraße hinweg und dann auf der Heidemannstraße

*Morgens gibt es noch viel Platz beim „Aumeister"*

**Route:** Aumeister – Englischer Garten – Studentenstadt.

**Weglänge:** 4 km.

**Markierung:** grünes Dreieck.

**Anspruch:** Ein schöner Spaziergang durch ruhige nördliche Münchener Wohnviertel und den Englischen Garten.

**Einkehren am Weg:** Am See: Gaststätte Aumeister.

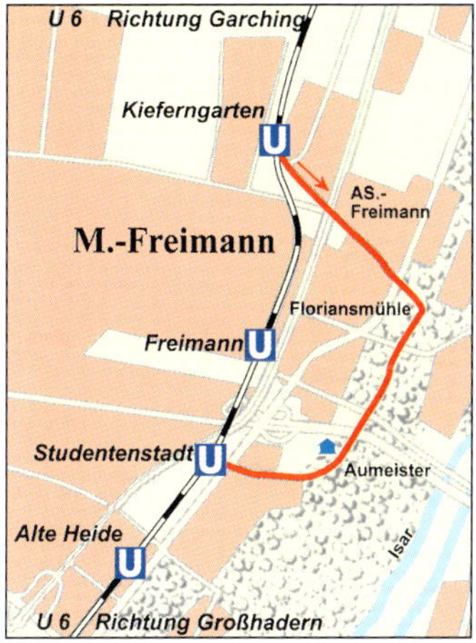


nach links. Wir unterqueren die Autobahn (A 9) und wandern weiter nach Osten auf der Mattighoferstraße, die uns zur Freisinger Landstraße bringt. An der Ampel rechts gehen wir auf die andere Seite, noch ein Stück nach Süden und biegen dann nach links auf den Emmerigweg ein. An seinem Ende wandern wir rechts auf der Sondermeierstraße weiter, gehen an der Floriansmühlstraße halblinks durch den Park weiter nach Süden, überqueren die Leinthaler Straße und kommen unter der Bahn und dem Föhringer Ring hindurch zum Aumeister am Nordrand des Englischen Gartens. Von hier wandern wir (im Englischen Garten keine Markierungen) in südwestliche Richtung, nach rechts in der Nähe des Eisbachs bleibend zum Steg in Höhe der Grasmeierstraße, die nach Westen zum U-Bahnhof Studentenstadt führt.

**Ein Tempel für die Sponsoren**
Nach dem Vorbild englischer Parkanlagen legte Graf Rumford im Auftrag von Kurfürst Karl Theodor 1789 den Englischen Garten an. Ludwig von Sckell baute ihn zwischen 1804 und 1832 aus. Aus dem Erdaushub des Kleinhesseloher Sees entstand ein kleiner Hügel, auf dem Leo von Klenze 1836 den Rundtempel Monopteros als Denkmal für die „Sponsoren" des Parks, Karl Theodor und Max I., errichtete.

## Sehenswert

Der **Aumeister** am Nordende des Englischen Gartens beginnt seine Geschichte nicht als beliebter Biergarten, sondern als Aujägermeisterhaus, das 1810/11 nach Plänen des Hofmaurermeisters Josef Deiglmayr errichtet wurde. Der zweistöckige Bau blieb seit der Erbauungszeit unverändert erhalten. Nur innen gab es für den Umbau als Gastwirtschaft Veränderungen. Das Haus trug im Krieg nur geringe Schäden davon.

# Durch die Isarauen nach Ismaning

*Über achtzig Jahre lang endeten in Ismaning die Gleise*

**Abfahrt ab München:** alle 5/10 Minuten.

**Fahrzeit:** 16 Minuten.

**Fahrpreis:** 1 Zone/2 Streifen, Tageskarte München XXL

**Rückfahrt:** S8 ab Ismaning (Abfahrt alle 20 Minuten; Fahrpreis: 2 Zonen/4 Streifen).

**Route:** Isarauen – Ismaning.

**Weglänge:** 10 km.

**Markierung:** grünes Quadrat.

**Anspruch:** Eine reizvolle Wanderung durch ruhige Wohnviertel und die waldige Auenlandschaft der nördlichen Isar.

**Einkehren am Weg:** In Ismaning: Zur Mühle (B).

Ein großes Ereignis war anno 1909 die Einweihung der Lokalbahn vom Ostbahnhof nach Ismaning. 1971 wurde modernisiert: Die Strecke musste für den S-Bahnverkehr ab Mai 1972 tauglich gemacht werden. 1992 wurde nochmals mächtig nachgebessert. Das bescheidene alte Bahnhofsgebäude musste weichen, die Gleise kamen lärmgedämmt unter die Erde. Seither „fliegt" die S8 als Flughafenlinie im 20-Minuten-Takt fast rund um die Uhr über die alte Endstation Ismaning hinaus bis zum neuen Airport.

## Die Wanderung

Am Bahnhof gehen wir vom Ostausgang geradeaus zwischen den Hochhäusern und den Gleisen nach Süden, über die Burmesterstraße hinweg und dann auf der Heidemannstraße nach links. Wir unterqueren die Autobahn (A 9) und wandern weiter nach Osten auf der Mattighoferstraße, die uns zur Freisinger Landstraße bringt. An der Ampel rechts gehen wir auf die andere Seite, noch ein Stück nach Süden und biegen dann nach links auf den Emmerigweg ein. An seinem Ende wandern wir rechts auf der Sondermeierstraße weiter, gehen an der Floriansmühlstraße nach links. Unser Weg mündet hier in nördlicher Richtung in die Isarauen ein. Wir bleiben im Auwald bis zur Isarbrücke, gehen von dort auf dem anderen Ufer weiter nach Norden. Am Ortsrand von Ismaning wandern wir halbrechts auf dem Weg in den Park, dann nach rechts auf der Eichenstraße und nach links auf der Lindenstraße weiter. Auf der Auenstraße (nach halbrechts) und der Schlossstraße (nach rechts), über den Kirchplatz (nach links) und auf der Aschheimer Straße (nach rechts) kommen wir zum Bahnhofplatz und zur S-Bahn.

**Markenwasser aus der Leitung**

Stolz auf sein gutes Trinkwasser ist Ismaning und hat ihm darum einen Markennamen gegeben: Ismaqua. Es ist Tertiärwasser, gewonnen aus 120 bis 140 Meter Tiefe, und hat sich schon vor einigen tausend Jahren gesammelt. Drei Tiefbrunnen bringen es nach oben; es bleibt unbehandelt und ist auch für Kleinkinder bekömmlich.

## Sehenswert

Am Nordende des **Unterföhringer Sees**, des einstigen Poschinger Weihers, hat der Erholungsflächenverein auch den Schuttberg als Aussichtshügel in die Parklandschaft einbezogen. Auf Serpentinenwegen geht man hinauf und kann bei schönem Wetter den weiten Blick über das Land, nach München und über die Stadt hinweg bis zum Gebirge genießen.

*Auch bei Skiwanderern beliebt: die Isaruferwege*

# Nach Stumpfenbach und Erlau

*Das erste Kloster fiel den Ungarnstürmen zum Opfer*

**Abfahrt S2 ab München** alle 20 Minuten.
**Abfahrt Linie A ab Dachau** tagsüber etwa alle 60 Minuten.

**Fahrzeit gesamt:** 60 Minuten.

**Fahrpreis:** 3 Zonen/ 6 Streifen, Tageskarte Gesamtnetz.

**Rückfahrt:** Linie A ab Altomünster.

**Route:** Stumpfenbach – Gut Erlau.

**Weglänge:** 5 km.

**Markierung:** roter Punkt.

**Anspruch:** Ein leichter Spaziergang überwiegend durch offenes Gelände mit zahlreichen leichten Steigungen und Gefälleabschnitten und einigen schönen Ausblicken ins Land.

**Einkehren am Weg:** In Altomünster: Maierbräu (B), Kapplerbräu (B) Gasthof Herzog.

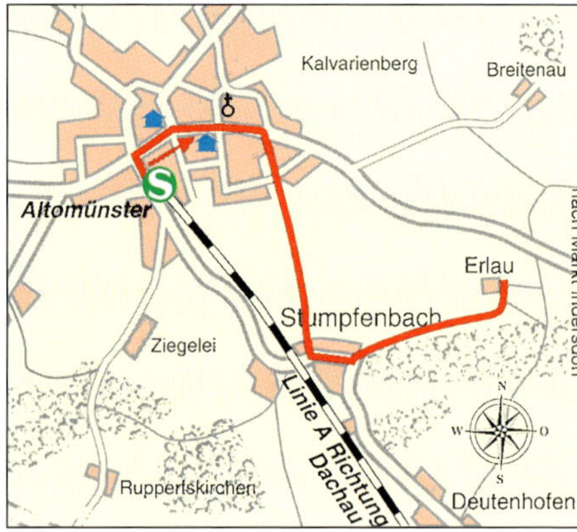


Um 1000 gaben die Welfen dem Kloster Altos einen neuen Start. Ein halbes Jahrhundert später aber (1047) verlegten sie die Mönche nach Altdorf (das spätere Weingarten) und die dortigen Benediktinerinnen nach Altomünster. Wegen wirtschaftlicher Not wurde der Frauenkonvent 1485 aufgehoben, die wenigen Nonnen mussten nach Frauenchiemsee umsiedeln.

## Die Wanderung

Vom Bahnhof gehen wir nach rechts auf der Bahnhofstraße zum Marktplatz. Von dort wandern wir auf dem Jörgerring nach rechts, dann auf der Friedhofstraße am Friedhof vorbei leicht bergauf, später auf gewundenem Weg bergab durch Wiesen und Felder zum Ortsteil Stumpfenbach. Auf dem Kapellenweg gehen wir zur St.-Ulrich-Straße hinunter und weiter nach links durch freie Flur in östlicher Richtung nahe dem Waldstreifen zum Gut Erlau. Auf derselben Route zurück zum Bahnhof.

## Wissenswert

Das **Münster des heiligen Alto** gilt als eine der bedeutendsten Rokokokirchen in Bayern. Sie ist das letzte Werk des großen Kirchenbaumeisters Johann Michael Fischer. Im Jahr 1763 erhielt der kurkölnische Hofbaumeister den Auftrag zum Bau der Kirche in Altomünster. Die Arbeiten begannen noch im gleichen Jahr. Drei Jahre später starb der große Baumeister. Sein Polier Balthasar Trischberger führte das Werk zu Ende. Zwei Monate nach Fischers Tod konnte der Prior des Klosters den letzten Stein in das Kirchengewölbe einfügen. Dann dauerte es noch einmal sieben Jahre, ehe der Freisinger Fürstbischof die Kirche feierlich weihte.

**Am Anfang eine Einsiedelei**
Nach der Überlieferung soll der Iroschotte Alto, der sich im 8. Jahrhundert mit Gefährten als Einsiedler nach Süddeutschland zurückgezogen hatte, von König Pippin d. J. einen Wald geschenkt erhalten haben, in dem er sich ein Klösterchen errichtete. Im Jahre 760 wurde dieser Alto als „reclusus“ (Zurückgezogener, Eremit) urkundlich erwähnt. Das aus dieser Einsiedelei erwachsene Benediktinerkloster wurde wahrscheinlich in den Ungarnstürmen im 10. Jahrhundert vernichtet.

*Immer Mittelpunkt: der Turm von St. Alto*

# Zum Kalvarienberg und nach Hohenried

*Herzog Georg holte die Birgitten aus Maihingen*

**Abfahrt S2 ab München** alle 20 Minuten.
**Abfahrt Linie A ab Dachau** tagsüber etwa alle 60 Minuten.

**Fahrzeit gesamt:** 60 Minuten.

**Fahrpreis:** 3 Zonen/ 6 Streifen, Tageskarte Gesamtnetz.

**Rückfahrt:** Linie A ab Altomünster.

**Route:** Altohof – Kalvarienberg – Hohenried.

**Weglänge:** 5 km.

**Markierung:** grüner Punkt.

**Anspruch:** Ein leichter Spaziergang durch offene, hügelige Flur mit schönen Ausblicken ins Land.

**Einkehren am Weg:** In Altomünster: Maierbräu (B), Kapplerbräu (B)Gasthof Herzog.

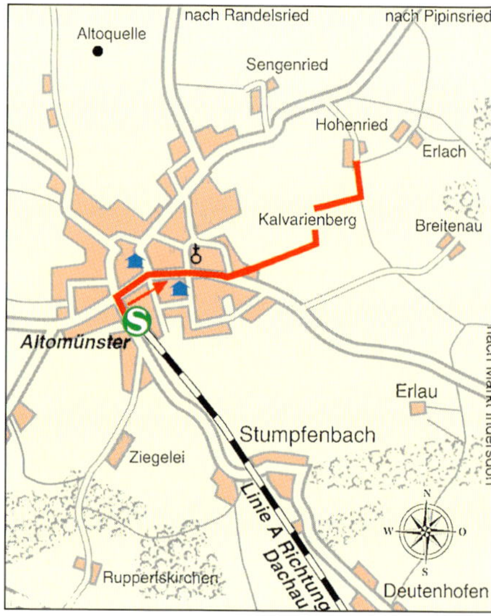


Von 1497 bis 1802 leiteten 21 Äbtissinnen und 19 Priore das (Doppel-)Kloster in Altomünster. Anfang des 16. Jahrhunderts wirkte hier der spätere Reformator Johannes Ökolampadius.

## Die Wanderung

Vom Bahnhof gehen wir nach rechts auf der Bahnhofstraße zum Marktplatz hinauf, den wir überqueren. Neben der Sparkasse steigen wir die Stufen hinauf zum Altohof und gehen durch die Sandizeller Gasse geradeaus weiter. Nach etwa 50 Metern zweigt unser Weg nach links in den Birgittenhof ab. Wir wandern nun am ehemaligen Mönchskloster des Birgittenordens vorbei. Weiter geht es durch die Leopold-Schwaiger-Straße, die wenig später die Kellerbergstraße erreicht. Wir überqueren sie und wandern auf der Kalvarienbergstraße aus dem Ort hinaus. Vor uns liegt in freiem Feld die baumbestandene Anhöhe des Kalvarienbergs. Auf dem Weg zur Kapelle kommen wir an den Kreuzwegstationen vorbei. Den Hügel hinunter gehen wir auf dem gleichen Weg. Im Tal biegen wir nach rechts auf den Feldweg ein, auf dem wir nun leicht bergauf Hohenried mit schönem Blick auf Altomünster erreichen. Auf derselben Route gehen wir zum Bahnhof zurück.

**Neubeginn als Doppelkloster**
Unter Herzog Georg von Bayern gab es nochmals einen neuen Anfang. Auf Anraten seiner Frau, Hedwig von Polen, suchte er einen Ort für die Ansiedlung des Birgittenordens. Graf Wolfgang von Sandizell, dessen Frau 1482 in den Orden eingetreten war, machte ihn auf Altomünster aufmerksam, erwirkte beim Papst die Übergabe an die Birgitten, restaurierte auf Kosten des Herzogs das alte Kloster für die Mönche und baute nördlich davon das noch heute erhaltene Frauenkloster. 1497 zogen 15 Frauen, sieben Priester, ein Diakon und drei Laienbrüder aus Maihingen ein, mit ihnen auch Graf Sandizell als Laienbruder.

## Sehenswert

Drei Gegebenheiten erschwerten und prägten zugleich den Bau der **Klosterkirche Altomünster**: die Lage am Hang mit ansteigendem Grund, die Einbeziehung der Fundamente der mittelalterlichen früheren Kirche und der Raumanspruch eines Doppelklosters. Johann Michael Fischer fand eine imponierende Lösung für das 60 Meter lange Bauwerk: eine in ihrer Art einzigartige Stufenkomposition steigender Räume und zugleich zweckgerechter Aufteilung. Die Dekoration des Inneren der Kirche ist entsprechend dem späten Rokokoempfinden maßvoll. Die graziösen Stuckaturen führte der Augsburger Jakob Rauch aus. Die reichen Deckengemälde schuf Josef Mages.

Die prächtigen Altäre im Laienschiff, den hl. Augustinus und Alto geweiht, sind Spätwerke des Münchener Hofbildhauers Johann Baptist Straub und seiner Werkstatt, ebenso die Apostelfiguren, der obere Choraltar und die Altäre des heiligen Wendelin und der heiligen Sippe im Zwischenchor.

*Über viele Stiegen führt der Weg zum Münster*

# Nach Schauerschorn und Stumpfenbach

*Keiner wollte das Kloster – da durften die Nonnen bleiben*

**Abfahrt S2 ab München** alle 20 Minuten.
**Abfahrt Linie A ab Dachau** tagsüber etwa alle 60 Minuten.

**Fahrzeit gesamt:** 60 Minuten.

**Fahrpreis:** 3 Zonen/ 6 Streifen, Tageskarte Gesamtnetz.

**Rückfahrt:** Linie A ab Altomünster.

**Route:** Schauerschorn – Stumpfenbach.

**Weglänge:** 7 km.

**Markierung:** roter Punkt.

**Anspruch:** Eine leichte Wanderung mit schönen Ausblicken durch offene, hügelige Flur und ein schönes Waldstück.

**Einkehren am Weg:** In Altomünster: Maierbräu (B), Kapplerbräu (B) Gasthof Herzog.

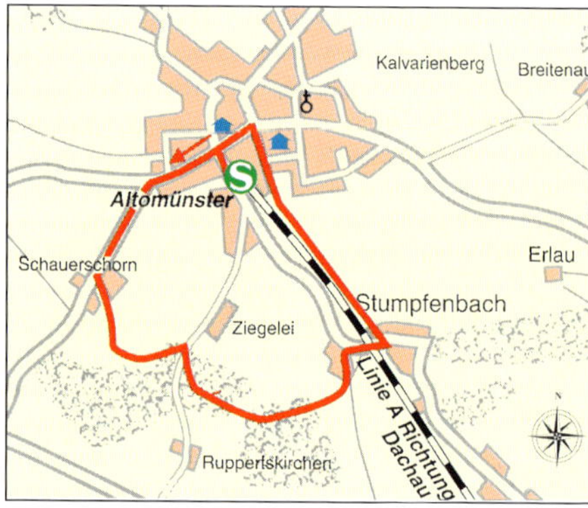


Nur weil sich kein Käufer für die Klostergebäude fand, durften die Nonnen nach 1803 bleiben. König Ludwig I. gestattete ihnen 1840 die Neuaufnahme von Kandidatinnen und sicherte ihnen 1841 den Fortbestand ihres Klosters. Das Frauenkloster ist heute das einzige des Birgittenordens in Deutschland.

## Die Wanderung

Am Bahnhof gehen wir auf der Bahnhofstraße nach links und verlassen auf ihrer Verlängerung, der Aichacher Straße, den Ort. Beim TSV-Sportplatz biegen wir links in die kleine Teerstraße ein. Vor uns auf einer Anhöhe liegt nun der Weiler Schauerschorn. Der weitere Weg führt durch den Weiler, an der sehenswerten kleinen Kapelle vorbei in südlicher Richtung aus dem Ort hinaus zum Wald. Dort biegen wir nach links auf den Feldweg ab, wenden uns gleich hinter dem Waldrand erneut nach links und folgen nun etwa 2 km einem schönen Waldpfad nahe dem Waldrand in südöstlicher Richtung. An seinem Ende gehen wir in weitem Linksbogen durch Wiesen und Weiden zum Ortsteil Stumpfenbach. Dort wandern wir nach rechts, über die Bahngleise und ein Stück auf der St.-Ulrich-Straße weiter, biegen dann links in den Kapellenweg ein, der uns nahe den Gleisen in nördlicher Richtung ansteigend nach Altomünster zurückführt. Über die Friedhofstraße und den Jörgerring kommen wir zum Marktplatz, dann auf der Bahnhofstraße zur Endstation der Linie A.

## Wissenswert

Die schwedische Mystikerin **Birgitta** aus fürstlichem Geblüt wurde 1303 bei Uppsala geboren, lebte seit 1343 im Rom und versuchte vergeblich, Päpste und Könige moralisch zu bessern. Die Gründerin des Doppelordens starb 1373 und wurde 1391 heilig gesprochen. Die Klostergemeinschaft hieß ursprünglich Erlöserorden. Stammsitz der Birgitter ist Rom. Birgitta hatte den Orden 1346 im schwedischen Wadstena begründet.

**Vertrieben und geduldet**
Nur wenige Jahre diente die 1773 geweihte neue Kirche noch den Birgittinern. Am 18. März 1803 verkündete Landrichter Franz Tümmermann die Auflösung des Doppelklosters. Die Mönche wurden fortgejagt, ihr Kloster verkauft. Erst 1863 starb der letzte Birgittiner von Altomünster in Altenerding. Auch das Nonnenkloster wurde aufgelöst, die Nonnen erhielten eine schmale Pension, durften aber ihre Ordensgebete nicht verrichten. Der Klosterbesitz wurde versteigert.

*Blick auf Altomünster von Schauerschorn*

# Rundweg über Halmsried

*Aus der Lokalbahn wurde (fast) eine S-Bahn*

**Abfahrt S2 ab München** alle 20 Minuten.
**Abfahrt Linie A ab Dachau** tagsüber etwa alle 60 Minuten.

**Fahrzeit gesamt:** 60 Minuten.

**Fahrpreis:** 3 Zonen/ 6 Streifen, Tageskarte Gesamtnetz.

**Rückfahrt:** Linie A ab Altomünster.

**Route:** Halmsried – Altoforst.

**Weglänge:** 6 km.

**Markierung:** blauer Punkt.

**Anspruch:** Ein ausgedehnter Spaziergang durch offene, hügelige Flur und schönen Hochwald.

**Einkehren am Weg:** In Altomünster: Maierbräu (B) , Kapplerbräu (B) Gasthof Herzog.

Von der Auflösung des Klosters, des wichtigsten Arbeitgebers, erholte sich Altomünster erst in der zweiten Hälfte des 19. Jahrhunderts. Seit 1823 war der Ort zur Landgemeinde gesunken. Ab 1852 wuchs die Einwohnerzahl wieder.

## Die Wanderung

Vom Bahnhof gehen wir auf der Bahnhofstraße nach rechts zum Marktplatz und dort nach links in nördliche Richtung auf der Herzog-Georg-Straße und weiter auf der Dr.-Lang-Straße. An deren Ende beim Maibaum nehmen wir die Halmsrieder Straße nach rechts aus dem Ort hinaus. Vor dem letzten Gehöft wandern wir nach links auf dem leicht ansteigenden Feldweg auf das kleine Waldstück zu, bleiben am Waldrand und wandern dann sanft bergab zur Fahrstraße, der wir nun nach links bis Halmsried folgen. Wir durchqueren das Dorf und biegen am Ortsrand rechts auf den Feldweg zum Altoforst ein. Dort schwenken wir in östliche Richtung ein und gehen nun bis zur „Spinne“, einer Wegkreuzung am Waldrand. Hier

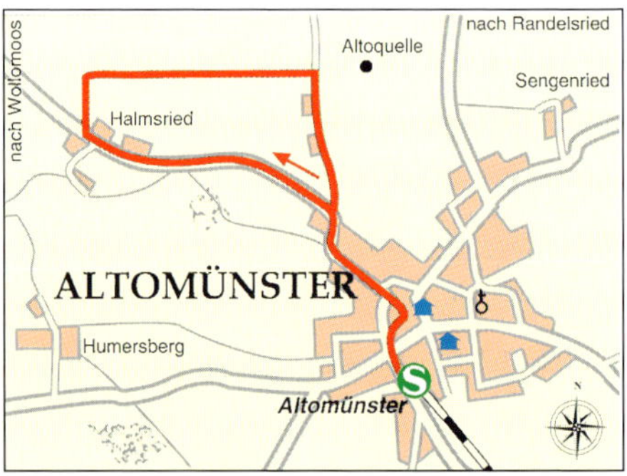

*Ein letztes Mal zog 1992 eine Dampflok den Zug nach Altomünster*

wenden wir uns nach rechts in südliche Richtung. Durch Wiesen und Felder kommen wir nach Altomünster zurück und treffen an der Halmsrieder Straße auf die vom Hinweg bekannte Route zum Bahnhof zurück.

## Wissenswert

Ordentlich stolz war man Anfang des 20. Jahrhunderts im Dachauer Land auf die neue Eisenbahn, die Ludwig Thoma als **„Lokalbahn"** verewigt hat. In vielen Windungen, um auch alle wichtigen Orte zu erreichen, schnaufte sie seit dem 8. Juli 1912 von Dachau nach Markt Indersdorf und ab 22. Dezember 1913 bis Altomünster. Als 1972 das S-Bahnnetz in Betrieb ging, hätte man sich im Dachauer Land auch eine S-Bahn gewünscht. Es blieb aber mehr oder weniger alles beim Alten. „'s Bockerl", wie die Bahn einst genannt wurde, gehörte zwar zum MVV-System, führte aber als Linie 921 ein Schattendasein. Erst 1992 wurde daraus die Linie A, die seither mit modernen Dieseltriebzügen im Ein- und Zwei-Stundentakt bedient wird, erheblich schneller wurde und manche Verschönerungskur an den Bahnhöfen erlebte.

**Großer Ausverkauf**

Drei Wochen wurde 1803 im Birgittenkloster inventarisiert und taxiert. Bis auf das Inventar des Frauenklosters wurde alles verkauft: Möbel, Vieh, Vorräte, das Kirchensilber, Grund und Boden (283 Tagwerk Acker, 123 Tagwerk Wiesen und 641 Hektar Wald), dazu die Bibliothek und Gemälde. Der Verkauf zog sich über zwölf Jahre hin.

# Zur Altoquelle im Altoforst

*Eine Statue erinnert an die Einsiedelei des Heiligen*

**Abfahrt S2 ab München** alle 20 Minuten.
**Abfahrt Linie A ab Dachau** tagsüber etwa alle 60 Minuten.

**Fahrzeit gesamt:** 60 Minuten.

**Fahrpreis:** 3 Zonen/
6 Streifen,
Tageskarte Gesamtnetz.

**Rückfahrt:** Linie A ab Altomünster.

**Route:** Altoforst – Altoquelle.

**Weglänge:** 6 km.

**Markierung:** blauer Punkt.

**Anspruch:** Ein ausgedehnter Spaziergang durch offene, hügelige Flur mit schönen Waldabschnitten zum Teil auf schmalen Pfaden und mit vielen Ausblicken ins Land. Für Kinderwagen nicht geeignet.

**Einkehren am Weg:** In Altomünster: Maierbräu (B), Kapplerbräu (B), Gasthof Herzog.

Jahrhundertelang standen die Bürger von Altomünster in direkter Anhängigkeit vom Kloster, das fast alleiniger Grundherr war. Bis 1803 blieben Grundzinsen und Holznutzungsrecht ein dauernder Streitpunkt.

## Die Wanderung

Vom Bahnhof gehen wir auf der Bahnhofstraße nach rechts zum Marktplatz und dort nach links auf der Herzog-Georg-Straße in nördliche Richtung und weiter auf der Dr.-Lang-Straße. An deren Ende beim Maibaum nehmen wir die Halmsrieder Straße nach rechts aus dem Ort hinaus. Beim Marterl am Ortsausgang gehen wir geradeaus auf dem Teerstraßerl durch Wiesen und Äcker auf den Altoforst zu. An der „Spinne“, einer Wegkreuzung gleich hinter dem Waldrand, gehen wir geradeaus weiter, schwenken später nach Osten und kommen nun durch romantische Waldstrecken zur Altoquelle. Von dort geht es nach rechts leicht bergauf zur Waldeshöhe und dort nach rechts.

*Die Statue des heiligen Alto über seiner Waldquelle*

Der Wald macht bald weiten Feldern und Wiesen Platz. Nach kurzer Strecke hügelaufwärts in Südrichtung sehen wir den Markt Altomünster vor uns liegen und wandern darauf zu. Unser Feldweg mündet in eine Teerstraße, die im Ort zur Asbacher Straße wird. An ihrem Ende biegen wir rechts in die Pipinsrieder Straße ein, gehen dann nach links auf der Nißlgasse und der Kirchenstraße zum Marktplatz und auf der Bahnhofstraße nach rechts zur Linie A zurück.

## Sehenswert

Ein idyllisches Fleckchen ist die Stelle im **Altoforst**, an der vor mehr als zwölfhundert Jahren der iro-schottische Mönch Alto als Einsiedler lebte. Eine mit Backsteinen gefasste spärliche Quelle speist ein kleines Rinnsal in einer feuchten Senke mitten im Wald. Darüber steht die große Figur des Heiligen.

**Seit 600 Jahren Markt**

Am Fuß der Klosteranhöhe entwickelte sich im 12. und 13. Jahrhundert ein Dorf, das bald zu einem Marktflecken wuchs. Um 1310 erhielten die Bewohner Bürgerrechte, die enge Bindung an das Kloster wurde gelockert. 1359 erscheint schon die Bezeichnung Markt. Das Marktrecht besteht seit 1391. Heute hat Altomünster rund 6500 Einwohner.

# Über Happach nach Markt Indersdorf

*Die ersten Mönche kamen aus Marbach im Elsass*

**Abfahrt S2 ab München** alle 20 Minuten.
**Abfahrt Linie A ab Dachau** tagsüber etwa alle 60 Minuten.

**Fahrzeit gesamt:** 60 Minuten.

**Fahrpreis:** 3 Zonen/ 6 Streifen, Tageskarte Gesamtnetz.

**Rückfahrt:** Linie A ab Markt Indersdorf (Abfahrt etwa alle 60 Minuten; Fahrpreis: 3 Zonen/6 Streifen).

**Route:** Kalvarienberg – Hohenried – Erlau – Happach.

**Weglänge:** 14 km.

**Markierung:** grüner Balken.

**Anspruch:** Eine sehr schöne, abwechslungsreiche Wanderung durch Wald- und Flurlandschaften mit reizvollen Ausblicken. Für Kinderwagen nicht geeignet.

**Einkehren am Weg:** In Markt Indersdorf: Gasthof Steidle, Gasthof Funk, Klostergaststätte (B).

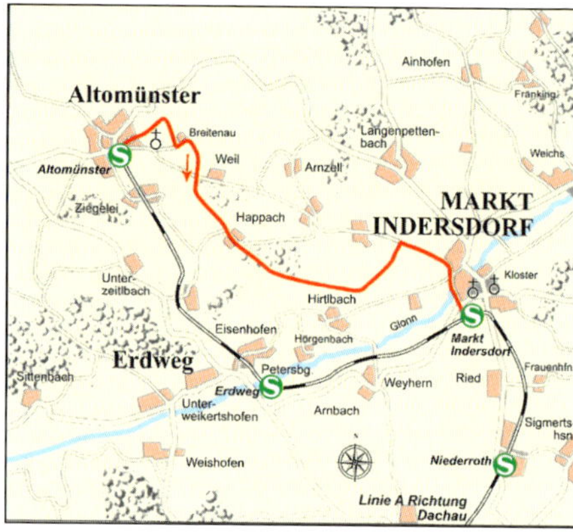


1128 weihte Erzbischof Konrad von Salzburg die Klosterkirche. 1131 erhält das Kloster von Papst Innozenz II. die Liberalitas Romana, es wurde päpstliches Eigenkloster. Ein Sohn des Stifters, Pfalzgraf Friedrich, trat 1173 in das Stift ein.

## Die Wanderung

Vom Bahnhof gehen wir nach rechts auf der Bahnhofstraße zum Marktplatz hinauf, den wir überqueren. Neben der Sparkasse steigen wir die Stufen hinauf zum Altohof und gehen durch die Sandizeller Gasse geradeaus weiter. Nach etwa 50 Metern zweigt unser Weg nach links in den Birgittenhof ab. Wir wandern nun am ehemaligen Mönchskloster des Birgittenordens vorbei. Weiter geht es durch die Leopold-Schwaiger-Straße, die wenig später die Kellerbergstraße erreicht. Wir überqueren sie und wandern auf der Kalvarienbergstraße aus dem Ort hinaus. Vor uns liegt in freiem Feld die baumbestandene Anhöhe des Kalvarienbergs.

Auf dem Weg dorthin kommen wir an den Kreuzwegstationen vorbei. Unser Weg führt nun nach Hohenried hinauf, biegt am Ortsrand nach rechts auf dem Straßerl in südöstliche Richtung ab. Wir überqueren die Fahrstraße, lassen Erlau rechts liegen und kommen auf befestigtem Weg nach zwei Waldstücken nach Happach. Wir gehen durch den Weiler, dann durch eine kurzes Stück durch Wald und wandern in südöstlicher Richtung am Rande des Schlossholzes weiter. Kurz vor dessen Ende schwenken wir nach links und gehen in östliche Richtung durch den Waldzipfel, dann durch die weite Senke des Eichhofener Baches nach Albersbach. Weiter in Ostrichtung durch das kleine Waldstück zu drei idyllischen Weihern und über den Höhenrücken nach Markt Indersdorf zum Schulzentrum. Links über die Wöhrer Straße kommen wir Richtung Marktplatz und rechts abbiegend auf dem Sportplatz und dem Bahnhofweg zur Linie A.

**Zur Sühne ein Kloster**
Kloster Indersdorf ist eine Sühnestiftung des Pfalzgrafen Otto IV. von Scheyern-Wittelsbach. Im Dienst seines Königs, Heinrich V., hatte sich Otto an der Gefangennahme des Papstes Paschalis II. beteiligt und wurde daraufhin mit dem Bann belegt. Durch das Versprechen, ein Chorherrenstift zu gründen, konnte er sich von dem Bann lösen. 1126 bezogen Chorherren aus dem Kloster Marbach im Elsass unter Propst Rupert das Kloster Indersdorf.

*Die Indersdorfer Klosterkirche*

# Nach Eisenhofen und Erdweg

*Drei Edelfräulein verschenkten ihren großen Waldbesitz*

**Abfahrt S2 ab München** alle 20 Minuten.
**Abfahrt Linie A ab Dachau** tagsüber etwa alle 60 Minuten.

**Fahrzeit gesamt:** 56 Minuten.

**Fahrpreis:** 3 Zonen/ 6 Streifen, Tageskarte Gesamtnetz.

**Rückfahrt:** Linie A ab Erdweg (Abfahrt etwa alle 60 Minuten; Fahrpreis: 3 Zonen/ 6 Streifen).

**Route:** Happach – Eisenhofen – Petersberg – Erdweg.

**Weglänge:** 8,5 km.

**Markierung:** grünes Dreieck.

**Anspruch:** Eine Wanderung mit schönen Ausblicken in das Glonntal und auf den Petersberg, abwechselnd durch freies Gelände und Waldabschnitte.

**Einkehren am Weg:** In Kleinberghofen: Bürgerhaus (B), Gasthof Rothenfußer (B).

Die Glonn zieht in Indersdorf einen klaren Trennungsstrich. Der Markt liegt nordwestlich des Flusses, das Kloster mit seinen Bauten südöstlich. Die Brücke der Dachauer Straße verbindet beide.

## Die Wanderung

Vom Bahnhof gehen wir über die Zeitlbachbrücke zur Kirche (St. Martin) hinauf und auf der Martinstraße weiter in nordöstliche Richtung. Beim Feuerwehrhaus biegen wir rechts in die Buchenstraße ein, auf der wir den Ort verlassen. Am Waldrand gabelt sich der Weg. Wir halten uns links, schwenken dann an der nächsten Gabelung vor Happach mit spitzer Kehre nach rechts in südöstliche Richtung. Am Rande des Schlossholzes wandern wir bis zum Hügelgrab aus der Keltenzeit, wenden uns dann nach Süden durch Felder zum Weiler Hof mit dem weithin sichtbaren Schlossturm. Wir gehen auf der Schlossstraße ein kurzes Stück nach rechts, dann wieder links in die Kapellenstraße und weiter auf Feldwegen nach Eisenhofen. Wir wandern auf der Bischof-Neuhäusler-Straße (Eisenhofen ist sein Geburtsort) in den Ort, biegen bei der Kirchenstraße links ein und gehen bei der St.-Alban-Kirche rechts weiter auf dem Fußweg zum Petersberg. Von der romanischen Basilika folgen wir dem Weg, der uns nach Westen über die Hauptstraße zum keltischen Hügelgrab mit schönem Blick ins Glonntal bringt. Wir gehen nach links und kommen auf der Hauptstraße zum Bahnhof Erdweg.

**Undeo war der erste Dorfherr**

Indersdorf hieß in seinen Anfängen Undiesdorf, Dorf des Undeo. Eine erste Erwähnung fällt in das 10 Jahrhundert. Damals ging die zehentberechtigte Kirche zu „undiesdorf" mit mehreren Häusern vom Bistum Freising in den Besitz eines Edelmannes namens Erchanger über.

## Sehenswert

Die spätgotische Kirche **St. Alban in Eisenhofen** wurde im Spätrokoko umgestaltet. Sie bewahrt einen Schrein der drei adeligen Fräulein auf, die der Sage nach den Einwohnern von Eisenhofen ihren großen Waldbesitz schenkten. Das Deckenfresko der Enthauptung des Kirchenpatrons ist ein Werk von Johann Georg Dieffenbrunner von 1761.

*St. Martin in Kleinberghofen*

# Rundweg um den Petersberg

*In Kleinberghofen ging Ludwig Thoma auf die Jagd*

**Abfahrt S2 ab München** alle 20/40 Minuten.
**Abfahrt Linie A ab Dachau** tagsüber etwa alle 60 Minuten.

**Fahrzeit gesamt:** 52 Minuten.

**Fahrpreis:** 3 Zonen/ 6 Streifen, Tageskarte Gesamtnetz.

**Rückfahrt:** Linie A ab Erdweg

**Route:** Eisenhofen – Kleinberghofen – Unterweikertshofen.

**Weglänge:** 10 km.

**Markierung:** grüner Punkt.

**Anspruch:** Eine sehr schöne, abwechslungsreiche Wanderung durch Wald- und Flurlandschaften mit reizvollen Ausblicken.

**Einkehren am Weg:** In Kleinberghofen: Gasthof Rothenfußer (B); in Eisenhofen: Gaststätte Geschwendtner (B); Gaststätte Am Erdweg (B).

Beim Rothenfußer in Kleinberghofen kehrte Ludwig Thoma einst gerne ein und übernachtete auch dort, wenn er in den Wäldern und Fluren beim Petersberg auf die Jagd ging. In seinen Stücken findet sich die Wirtshausatmosphäre von einst wieder.

## Die Wanderung

Vom Bahnhof gehen wir nach rechts auf der Hauptstraße über die Glonnbrücke, überqueren nach rechts die Bahngleise und wandern auf dem Bahnweg nach Eisenhofen. Wir gehen auf der Unteren Dorfstraße nach links, auf der Kirchenstraße an St. Alban vorbei nach rechts und dann auf der Bischof-Neuhäusler-Straße (Abstecher nach rechts zu dessen Geburtshaus) nach links zum Feuerwehrhaus. Von hier geht es auf der Kleinberghofener Straße durch das Zeitlbachtal nach Kleinberghofen. Auf der Mühlbachstraße und, an der Kirche (St. Martin) vorbei, auf der St.-Martin-Straße (nach links) kommen wir zur Ortsmitte. Wir überqueren

St. Alban
in Eisenhofen

die Bahnlinie, wandern nach links auf der Münchener Straße weiter und biegen dann halb rechts in die Straße Am Nußgraben ein. An dessen Ende schwenken wir nach rechts in die Eckhofener Straße ein und folgen dann nach Süden der Weikertshofener Straße. Hinter einem kleinen Waldstück bietet sich nun schöne Aussicht ins Glonntal (ein lohnender Abstecher führt zum ehemaligen Pascolini-Wirt, dem Wohnort des legendären Räubers Kneissl). Wir setzen den Weg durch die Felder nach Unterweikertshofen fort. Am Schloss vorbei wandern wir auf der Von-Hundt-Straße, dann nach links auf dem Gabinusweg zur Kirche St. Gabinus, weiter nach Guggenberg und auf der Nußstraße zum Keltengrabhügel und zum Petersberg. Von dort ist es nur ein kurzer Weg zur Hauptstraße hinunter und zum Bahnhof.

## Sehenswert

Die Pfarrkirche **St. Martin in Kleinberghofen** bietet einen harmonisch-einheitlichen Eindruck. Deckengemälde, Altäre, Kanzel und Gestühl entstanden unter dem Einfluss von Altomünster Ende des 18. Jahrhunderts. Die Deckenfresken schuf Johann Georg Dieffenbrunner.

**Geburtshaus des Bischofs**
Einen berühmten Sohn hat Eisenhofen: den früheren Münchener Weihbischof Dr. Johannes Neuhäusler. Der Ort benannte eine Straße nach ihm und widmete ihm einen Erinnerungsbrunnen. Sein Elternhaus steht an der Bischof-Neuhäusler-Straße 50. Er betrieb die Gründung des heutigen kirchlichen Zentrums auf dem Petersberg und erfüllte damit ein Gelöbnis, das er für sein Überleben im KZ Dachau gegeben hatte.

# Nach Großberghofen und Walkertshofen

*Neben der Basilika entstand ein kirchliches Bildungszentrum*

**Abfahrt S2 ab München** alle 20/40 Minuten.

**Abfahrt Linie A ab Dachau** tagsüber etwa alle 60 Minuten.

**Fahrzeit gesamt:** 52 Minuten.

**Fahrpreis:** 3 Zonen/ 6 Streifen, Tageskarte Gesamtnetz.

**Rückfahrt:** Linie A ab Erdweg

Ein modernes kirchliches Bildungszentrum ist die Katholische Landvolkhochschule auf dem Petersberg neben der romanischen Basilika. 1953 erhielt sie vom Münchner Kardinal die Weihe. Ihre Seminare, Kurse, Tagungen und Langzeitprogramme haben den Ort zu einer wichtigen Stätte der Begegnung werden lassen.

## Die Wanderung

Vom Bahnhof gehen wir auf der Hauptstraße an der Erlachmühle vorbei zum Rathausplatz. Dort biegen wir nach halb rechts auf den Vollerweg ein, wandern durch das Vollerholz, biegen nach links zur Hauptstraße ein und gehen auf dieser nach rechts bis zum Grottenweg. Von hier führt ein Abstecher zur Grotten-Kapelle. Unsere Route setzt sich von der Hauptstraße nach rechts auf der Walkertshofener Straße fort (Abstecher in Berghofen nach rechts zur Kirche St. Georg und dem Hutter-Heimatmuseum). Nach etwa eineinhalb Kilometern kommen wir nach Walkertshofen und zur Kirche Maria Himmelfahrt (ein kurzer Abstecher führt beim Gasthof Pfeil nach links zur Klausen-

**Route:** Berghofen – Walkertshofen – Erdweg.

**Weglänge:** 7,5 km.

**Markierung:** grüner Ring.

**Anspruch:** Ein ausgedehnter Spaziergang durch freie Flur, kleine Waldstücke und ruhige Dorfstraßen.

**Einkehren am Weg:** Gasthof Am Erdweg.

*Die mittelalterlichen Fresken im Altarraum der Peterskirche*

kapelle). Auf dem Geh- und Radweg der Pater-Cherubin-Straße wandern wir zurück nach Erdweg zur Linie A.

## Sehenswert

Die **Erlachmühle**, heute Huber-Mühle in Erdweg an der alten Zollstation am Glonnübergang, wurde schon im 12. Jahrhundert genannt.

Aus Anlass einer Lourdes-Pilgerfahrt baute Simon Hutter 1897 die **Kapelle** der unbefleckten Empfängnis von Lourdes. Er wollte damit der 1747 abgebrochenen Wallfahrtskapelle zum gegeißelten Heiland eine würdige Nachfolgerin schaffen.

Im **Hutter-Museum** in Großberghofen ist die volkskundliche Sammlung zu sehen, die der Schuhmachermeister Simon Hutter zusammengetragen hat. Er starb 1952.

**Eine Burg der Skyrer**

Vor 2000 Jahren stand auf der markanten Anhöhe über dem Glonntal bei Erdweg/Eisenhofen eine Römerschanze, die den Glonnübergang, den Erdweg, zu schützen hatte. Von hier führte eine Römerstraße weiter nach Augsburg (augusta vindelicorum). Und um das Jahr 1000 gab es auf dem Petersberg bereits eine Burg der Skyrer oder Schyren, von denen sich „Scheyern" ableitet. Die Burg hieß Glaneck, nach dem lateinischen Namen der Glonn, glana. Der Name Eisenhofen kommt vom Stamm der Huosi, die hier einst einen Hof besaßen.

# Über Happach nach Altomünster

*Bauschulden trieben das Kloster in den Ruin*

**Abfahrt S2 ab München** alle 20 Minuten.
**Abfahrt Linie A ab Dachau** tagsüber etwa alle 60 Minuten.

**Fahrzeit gesamt:** 52 Minuten.

**Fahrpreis:** 3 Zonen/ 6 Streifen, Tageskarte Gesamtnetz.

**Rückfahrt:** Linie A ab Altomünster (Abfahrt etwa alle 60 Minuten; Fahrpreis: 3 Zonen/6 Streifen).

**Blüte und Bankrott**
Glanzvolle Blüte und schwere Krisenzeiten erlebte das Kloster Indersdorf. Die Rokokoausstattung (unter Prälat Gelasius Morhardt; Mitte des 18. Jahrhunderts) hatte die Mittel des Klosters bei weitem überfordert. Ungeheure Bauschulden türmten sich auf. Die kurfürstliche Regierung löste darum 1783 das Stift auf, übernahm die Gebäude und übergab sie den Salesianerinnen, deren Kloster in München für das neue Damenstift St. Anna benötigt wurde. Nach 1820 zogen die Schwestern nach Dietramszell. Indersdorf wurde von den Barmherzigen Schwestern übernommen.

Ein kleines Museum hat der Markt Altomünster eingerichtet, in dem man sich anschaulich über die Geschichte des Ortes, des Klosters und der Klosterkirche informieren kann. Außerdem gibt es in Altomünster auch ein Brauereimuseum (Kapplerbräu) und sogar ein Metzgereimuseum.

## Die Wanderung

Vom Bahnhofsvorplatz gehen wir geradeaus zur Arnbacher Straße, überqueren sie und wandern auf dem Bahnweg, dem Sportplatzweg Richtung Marktplatz und links die Wöhrer Straße ortsauswärts. Wir biegen rechts in die Waldstraße ein, vorbei am Schulzentrum, links in den Feldweg und über den Höhenrücken zu drei idyllisch gelegenen Weihern. Weiter geht es durch das kleine Waldstück und auf Feldwegen nach Albersbach. Vom Ortsende führt unser Weg nun durch die Senke des Eichhofener Baches. Dann schlagen wir wieder mehr nordöstliche Richtung ein, gehen in leichtem Rechtsbogen auf das Schlossholz zu, durchqueren den Wald, halten uns weiter rechts, passieren ein weiteres kurzes Waldstück und kommen zum Weiler Happach. Von dort wandern wir in nordwestlicher Richtung weiter, erneut durch zwei Waldstücke, wenden uns dann mehr nach Norden und lassen Erlau links liegen. Wenig später überqueren wir die Fahrstraße von Markt Indersdorf nach Altomünster, bleiben auf dem Höhenrücken und erreichen das Straßerl nach Breitenau. Nun geht es einige Meter nach links, dann biegen wir nach rechts auf den Feldweg ein, der uns nach Hohenried führt. Wir lassen den Kalvarienberg zu unserer Linken und gehen durch das Tal nach Altomünster hinauf. Über die Kellerbergstraße (nach

*Frühlingsgrün im Glonntal*

links) kommen wir bald zum Marktplatz und gehen nun weiter auf der Bahnhofstraße zum Endbahnhof der Linie A.

## Sehenswert

Mit einer reichen barocken Innendekoration von 1754/55 aus der Zeit als **Stiftskirche Mariä Himmelfahrt** der Augustinerchorherren in Markt Indersdorf ist die dreischiffige romanische Pfeilerbasilika mit ihrem vorgesetzten gotischen Doppelturm erhalten geblieben. Franz Xaver Feichtmayr fertigte die Stuckaturen. Der Augsburger Hofmaler Matthäus Günther malte das Sakristeifresko, die Deckenfresken des Langhauses, die beiden Langhauswandbilder auf der Musikempore und die Fresken in der Rosenkranzkapelle. Alle übrigen Fresken in der Kirche (und im Kloster) malte sein Schüler Johann Georg Dieffenbrunner. Das Bild des Rosenkranzaltars ist ein Werk von Wilhelm Schöpfer (1631). Das Bild Mariä Himmelfahrt im prächtigen Hochaltar schuf der Münchner Hofmaler Johann Andreas Wolff. Die Kanzel mit einer Augustinusgruppe auf dem Schalldeckel entstand um 1755. Aus der gleichen Zeit stammen Orgel und Beichtstühle. Auch die Seitenaltäre zeigen reiche Rokokoprachtentfaltung mit Gemälden von J. A. Wolff und Joseph Winter. Der Antoniusaltar trägt statt des früheren Rokokobildes ein um 1450 entstandenes Wandgemälde des Stammbaumes Christi.

**Route:** Albersbach – Happach – Breitenau.

**Weglänge:** 14 km.

**Markierung:** grüner Balken.

**Anspruch:** Eine schöne, abwechslungsreiche Wanderung durch Wald- und Flurlandschaften mit reizvollen Ausblicken.

**Einkehren am Weg:** In Altomünster: Maierbräu (B), Kapplerbräu (B), Gasthof Herzog.

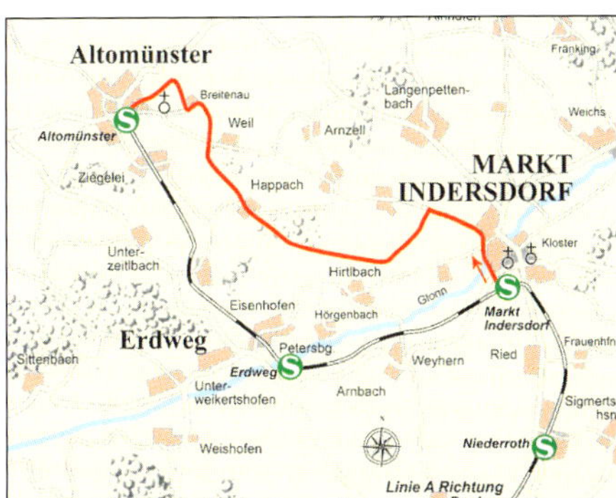

# Durch das Glonntal zum Petersberg

*Die Benediktiner von Hirsau blieben nur ein Dutzend Jahre*

**Abfahrt S2 ab München** alle 20 Minuten.
**Abfahrt Linie A ab Dachau** tagsüber etwa alle 60 Minuten.

**Fahrzeit gesamt:** 52 Minuten.

**Fahrpreis:** 3 Zonen/ 6 Streifen, Tageskarte Gesamtnetz.

**Rückfahrt:** Linie A ab Erdweg.

**Route:** Arnbach – Eisenhofen – Erdweg.

**Weglänge:** 9 km.

**Markierung:** grünes Quadrat.

**Anspruch:** Eine schöne Wanderung durch die Glonnauen mit kurzen, teils steilen Abschnitten bergauf und bergab am Petersberg. Für Kinderwagen nicht geeignet.

**Einkehren am Weg:** Gaststätte Am Erdweg (B).

Die Hirsauer Benediktiner zogen erst 1108, nach Fertigstellung der Peterskirche, auf dem alten Burgberg bei Eisenhofen ein. Die hatten sie nach dem Vorbild ihres Stammsitzes Hirsau bauen lassen. Obwohl ihnen der Papst den Petersberg als beständigen Sitz angewiesen hatte, blieben sie kaum ein Dutzend Jahre, zu kurz, um die Kirche ganz auszuschmücken. Zur Bemalung der Seitenwände ist es bis zu ihrem Umzug nach Scheyern nicht mehr gekommen.

## Die Wanderung

Vom Bahnhof gehen wir geradeaus zur Arnbacher Straße und folgen ihr nach links aus dem Ort hinaus bis zum Bahnübergang. Hier biegen wir rechts auf den Fußweg entlang des Bahndamms ein, gehen an der Bahnstation Arnbach vorbei und biegen dann etwa 800 Meter weiter nach rechts auf den Wiesenweg ein, der bald nach links, parallel zur Bahn, schwenkt. Wieder rund 800 Meter weiter wenden wir uns nach rechts, gehen über die Glonnbrücke und dann vor Hörgenbach links einschwenkend nach Eisenhofen. Auf der Hörgenbacher Straße und der Unteren Dorfstraße kommen wir zur Kirche (St. Alban). Hier geht es geradeaus weiter auf dem Fußpfad zur Bischof-Neuhäusler-Straße, dort ein Stück nach links, über den Zeitlbach und auf der Schleifmühlstraße eine kurze Strecke aus dem Ort hinaus. Dann wandern wir nach links über die Gleise und durch den Wald hinauf zum Petersberg. Von der Basilika nehmen wir den Fußweg nach Süden hinunter zur Hauptstraße und zum Bahnhof Erdweg.

## Sehenswert

Die romanische **Basilika auf dem Petersberg** bei Eisenhofen ist das älteste erhaltene Bauwerk des Bistums München-Freising. Sie misst nur 24 mal 12 Meter und beeindruckt durch ihre Schlichtheit. Die Wandmalereien aus der Erbauungszeit wurden erst bei Restaurierungsarbeiten 1906 entdeckt, freigelegt und ergänzt. In der Hauptapsis dominiert Christus, ihm zur Seite stehen Petrus und Paulus, zu Füßen die Symbole der vier Evangelisten. Darunter ist das Martyrium der Apostelfürsten dargestellt, in der untersten Reihe die Muttergottes mit Engeln.

**„Gastspiel" auf dem Petersberg**

Auf der steilen Anhöhe über der Glonn bei Eisenhofen wurde zwischen 1101 und 1107 die Basilika St. Peter an der Stelle einer früheren Burg erbaut. Die Burgherren Graf Otto von Scheyern und sein Oheim Graf Berthold hatten sie dem Benediktiner-Mönchskonvent von Fischbachau als neue Heimstätte übergeben. Schon 1119 überließen die scheyrisch-wittelsbacher Vögte den nach der Hirsauer Regel lebenden Mönchen ihren Stammsitz Scheyern als endgültigen Klosterort.

*Die romanische Basilika auf dem Petersberg*

# Nach Weyhern und Schwabhausen

*Bruder Maroldus hatte ein großes Herz für die Armen und Siechen*

**Abfahrt S2 ab München**
alle 20 Minuten.
**Abfahrt Linie A ab Dachau**
tagsüber etwa alle 60 Minuten.

**Fahrzeit gesamt:** 54 Minuten.

**Fahrpreis:** 3 Zonen/
6 Streifen,
Tageskarte Gesamtnetz.

**Rückfahrt:** Linie A ab Schwabhausen (Abfahrt etwa alle 60 Minuten; Fahrpreis: 2 Zonen/4 Streifen).

In Schwabhausen traf anno 1782 Kurfürst Karl Theodor mit Papst Pius VI. zusammen. In einem Deckenfresko in der Kirche St. Michael von Schwabhausen ist die Begegnung festgehalten.

## Die Wanderung

Vom Bahnhof gehen wir geradeaus zur Arnbacher Straße und folgen ihr nach links aus dem Ort hinaus bis zum Bahnübergang. Dort biegen wir links ein und gehen am Gewerbegebiet entlang in südöstliche Richtung nach Ried. Gleich beim ersten Hof wenden wir uns nach rechts zum Wald, bleiben an seinem Rand und wandern dann in Südrichtung nach Weyhern. Beim Maibaum halten wir uns rechts und gehen nun in südwestlicher Richtung an der Feldkapelle vorbei zum Kaltenbrunner Holz. Wir durchqueren den Wald, erst bergab, dann leicht ansteigend, und kommen durch freie Flur, an Wasserturm und Friedhof vorbei, nach Schwabhausen. Den Bahnhof erreichen wir auf der Bergstraße, der Römerstraße (nach rechts), der Arnbacher Straße (nach links), der Augsbur-

**Route:** Ried – Weyhern.

**Weglänge:** 9 km.

**Markierung:** grüner Punkt.

**Anspruch:** Eine abwechslungsreiche, leichte Wanderung durch Felder und Waldabschnitte ohne nennenswerte Steigungen. Für Kinderwagen nicht geeignet.

**Einkehren am Weg:** In Schwabhausen: Alte Post; in Markt Indersdorf: Gasthof Funk (B), Klostergaststätte (B).

*Der Schneiderturm des Klosters diente einst als Schulhaus*

ger Straße (nach links) und der Münchener Straße (geradeaus).

## Sehenswert

Besondere Beachtung verdient die Rosenkranzkapelle am südlichen Seitenschiff der **Indersdorfer Klosterkirche**. Im Kern spätgotisch, wurde sie 1755 von Künstlern der Wessobrunner Schule glänzend dekoriert. Im Deckenfresko hat Matthäus Günther sein Selbstbildnis hinterlassen und mit der Jahreszahl 1758 (auf dem Hemdkragen) signiert. Der Altar ist von 1729, das Bild des Todes Mariä auf dem Kalkbewurf der Vorderseite entstand zwischen 1442 und 1450.

**Wundersame Lügenmär**

Zur Legende geworden ist der Laienbruder Maroldus, der im 12. Jahrhundert dem Kloster Indersdorf angehörte und sich durch große Fürsorge für die Armen auszeichnete. Er versorgte Arme, Alte und Sieche mit Überbleibseln vom Klostertisch und tat dabei wohl auch des Guten zuviel. Bei einem „Versorgungsgang" zur Rede gestellt, griff er zu einer Notlüge, in seinem Korb seien nur Späne und Lauge (statt Brot und Wein). Und die Nachschau ergab genau dies: Der Herrgott hatte ein Wunder vollbracht.

# Rundweg über Frauenhofen und Niederroth

*Je bedeutender der Ort, desto länger war der Aufenthalt*

**Abfahrt S2 ab München** alle 20 Minuten.
**Abfahrt Linie A ab Dachau** tagsüber etwa alle 60 Minuten.

**Fahrzeit gesamt:** 54 Minuten.

**Fahrpreis:** 3 Zonen/ 6 Streifen, Tageskarte Gesamtnetz.

**Rückfahrt:** Linie A ab Markt Indersdorf.

Die Bedeutung des Marktes Indersdorf hat Ludwig Thoma im Roman „Der Ruepp" gewürdigt: „Die Eisenbahn macht von Schwabhausen einen langen Umweg, um den altberühmten Markt Indersdorf nicht auf der Seite liegen zu lassen, und die Bedeutung des Ortes kommt jedem Fahrgast zu Bewußtsein, wenn der Zug dort dreimal so lange hält wie auf den kleineren Stationen."

## Die Wanderung

Vom Bahnhof gehen wir nach rechts an den Gleisen entlang, biegen dann rechts ein und gehen auf der Dachauer Straße nach Ried. Dort schwenken wir nach links und wandern über die Bahngleise hinweg in östliche Richtung nach Frauenhofen. Auf der Dorfstraße wenden wir uns nach Süden bis zum Trafohäuschen am Ortsende. Hier biegen wir links in den Feldweg ein. Nach etwa 200 Metern halten wir uns rechts, gehen über die Kuppe bis zum Graben, dort nach rechts, wenig später

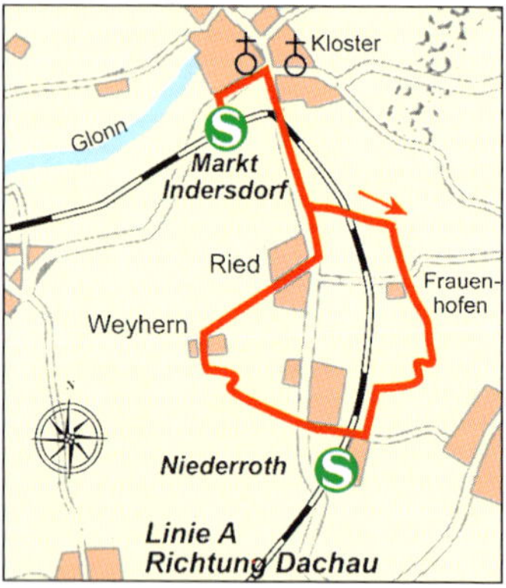


**Route:** Ried – Frauenhofen – Niederroth – Weyhern.

**Weglänge:** 12 km.

**Markierung:** grüner Ring.

**Anspruch:** Eine leichte Wanderung durch das Dachauer Land in offener Flur ohne nennenswerte Höhenunterschiede.

**Einkehren am Weg:** In Niederroth: Sportgaststätte Prummer; in Markt Indersdorf: Gasthof Steidle, Gasthof Funk (B), Klostergaststätte (B).

*Besucherinformation am Schneiderturm in Markt Indersdorf*

auf die andere Grabenseite und weiter in südlicher Richtung bis zum betonierten Flurweg. Nach links und wieder nach rechts schwenkend, kommen wir nun nach Niederroth. Vor dem Bahndamm biegen wir links ein, gehen vor dem Bahnhof nach rechts über die Gleise und auf der Sigmertshauser Straße zur Kirche. Von dort verlassen wir in westlicher Richtung auf der Feldstraße den Ort. Vor dem Kaltenbrunner Holz schwenken wir nach rechts und kommen in Nordrichtung nach Weyhern. Dort halten wir uns am Maibaum rechts, überqueren die Fahrstraße und gehen weiter in Nordrichtung an einem Wäldchen entlang zu den Höfen von Ried, weiter zur Dachauer Straße und auf der Route des Hinwegs zum Bahnhof zurück.

## Sehenswert

Dem heiligen Georg ist die **Pfarrkirche von Niederroth** geweiht. Sie stammt aus der Spätgotik. Der Altarraum ist noch vom Netzgewölbe aus dieser Zeit überzogen. Das Langhaus wurde im 18. Jahrhundert verändert und bekam größere Fenster. Altäre und Kanzel entstanden im 18. Jahrhundert, ebenso das Hochaltargemälde. Zur wertvollen Ausstattung der Kirche gehören mehrere Holzbildwerke aus der Mitte des 17. Jahrhunderts.

### Kinder im Kloster

Der letzte der Indersdorfer Chorherren starb 1837. Da war das Kloster schon mehr als 50 Jahre Besitz der Salesianerinnen. Unter ihrer Oberin Maria Aloisia von Guttenberg hatten sie ein Mädcheninstitut eingerichtet. 1831 siedelten sie nach Dietramszell über. Das Indersdorfer Haus wurde 1856 Bewahranstalt für verwahrloste Kinder, 1949 Verschleppten-Kinderheim. 1970 übernahmen die Barmherzigen Schwestern die Gebäude und gründeten eine Mädchenoberschule mit Internat, später eine Hauswirtschaftschule und einen Kindergarten. Heute ist das ehemalige Kloster ein Gymnasium.

# Nach Ebersbach und Petershausen

*Mit Pinsel und Feder wurde das Dachauer Land gepriesen*

**Abfahrt S2 ab München**
alle 20 Minuten.
**Abfahrt Linie A ab Dachau**
tagsüber etwa alle 60 Minuten.

**Fahrzeit gesamt:** 54 Minuten.

**Fahrpreis:** 3 Zonen/
6 Streifen,

Tageskarte Gesamtnetz

**Rückfahrt:** S2 ab Petershausen (Abfahrt alle 20/40 Minuten; Fahrpreis: 3 Zonen/6 Streifen).

In einem der ältesten Siedlungsgebiete Bayerns, im fruchtbaren Tal der Glonn, umgeben von grünen Hügeln und ausgedehnten Wäldern, liegt Petershausen. Unser Wanderweg führt durch das Dachauer Hügelland mit Erhebungen 500 Meter über dem Meer. Es wird hauptsächlich von der Glonn nordostwärts zur Amper hin entwässert und überwiegend als Ackerland genutzt. Entlang der Glonn und der Amper gibt es aber auch Wiesen und Weiden. In der klassischen Zeit der Münchner Malerei kamen Künstler in Scharen, um mit Pinsel, Zeichenstift und Schreibfeder die Schönheit der Landschaft zu preisen.

*Der barocke Pertrichhof in Petershausen war einst Tafernwirtschaft*

## Die Wanderung

Vom Bahnhofsvorplatz nehmen wir den Fußweg geradeaus und gehen auf der Erhard-Prunner-Straße nach rechts zur Dachauer Straße, die wir an der Ampel überqueren und von der wir dann auf dem Klosterweg und dem Karpfhofer über den Rothbach zum Ortsteil Kloster Indersdorf kommen. Auf der Maroldstraße verlassen wir den Klosterbereich, biegen links in den Wasserturmweg ein, schwenken beim Wasserturm wieder nach rechts und gehen um den Kreiskrankenhauskomplex herum auf dem Höhenweg in östliche Richtung, die wir nun bis zum Hof Daxberg beibehalten. Dort wandern wir nach links auf der Teerstraße am Hof Breitenwiesen vorbei nach Norden bis zur Fahrstraße von Weichs nach Vierkirchen, der wir ein Stück nach rechts folgen, bis wir nach links zum Albertshof abbiegen. Um den Hof herum wandern wir nun am Rande der Glonnau nach Jedenhofen und weiter auf der Fahrstraße nach Ebersbach. Wir gehen auf der Dorfstraße zur Kreuzung, biegen rechts in die Hauptstraße ein und verlassen Ebersbach kurz hinter dem Ortsende nach links schwenkend in nördlicher Richtung. Am Hof Lindach vorbei kommen wir nach Sollern. Hier führt vor dem letzten Hof eine Teerstraße nach rechts auf die Anhöhe. Von dort geht es weiter in östliche Richtung. Am Friedenskreuz vorbei allmählich bergab erreichen wir Petershausen. Auf der Alten Sollerner Straße und der Mitterfeldstraße (nach rechts) kommen wir zu den Gleisen und wenig später zum Endpunkt der S-Bahnlinie S2.

**Route:** Kloster Indersdorf – Jedenhofen – Sollern – Petershausen.

**Weglänge:** 14 km.

**Markierung:** grünes Dreieck.

**Anspruch:** Eine ausgedehnte, abwechslungsreiche Wanderung mit schönen Ausblicken vom Tal der Glonn durch das Dachauer Hügelland.

**Einkehren am Weg:** In Ebersbach: Gaststätte Rauch; in Petershausen: Schmiedwirt, Gasthaus Schrank (B).

## Sehenswert

Der Pertrichhof, eine ehemalige fürstbischöfliche Tafernwirtschaft, um 1700 erbaut, prägt das Ortsbild des alten Petershausen. Der barocke Satteldachbau ist reich gegliedert und zählt zu den schönsten Baudenkmälern im Landkreis. Die kleine **Herz-Jesu-Wallfahrtskapelle** im Wiesgrund an der Glonn war ursprünglich zur Figur der „Schulterwunde Jesu" geweiht und wurde im Jahre 1724 errichtet.

**Woher der Name kommt**
Ein Bertrich, der sicher bajuwarischer Abstammung war und in der Zeit der großen Völkerwanderung aus Böhmen nach Bayern kam, gilt als der Ortsgründer von Petershausen oder einst „Petri(c)heshuson", was „bei den Häusern des Bertrich" meint.

*Vorherige Doppelseite: Im Wildmoos bei Leutstetten (siehe Wanderroute 47)*

*Seite 2: Aussichtsplatz über Schloss Eurasburg (siehe Wanderroute 63)*
*Seite 3: Wanderer beim Ulrichsbrunnen vor Eresing (siehe Wanderroute 28)*

Eine Produktion des Bruckmann-Teams

**Bearbeitung und Fotos:**
Bernd Glocke, i-team GmbH, München

**Kartenskizzen:**
Auf der Grundlage von Skizzen der Landkartentechnik K. Becker, Gernlinden, in Zusammenarbeit mit dem Ingenieurbüro für Kartografie, A. Sommer, München. Farbig aufbereitet von Reinhold Eisele

Alle Angaben dieses Werkes wurden sorgfältig recherchiert, auf den aktuellen Stand gebracht und auf Stimmigkeit geprüft. Für die Richtigkeit der Angaben kann jedoch keine Haftung übernommen werden. Für Hinweise und Anregungen sind wir jederzeit dankbar. Bitte richten Sie diese an den Bruckmann Verlag, Lektorat, Postfach 80 02 40, 81602 München.

Gedruckt auf chlorfrei gebleichtem Papier

Die Deutsche Bibliothek – CIP Einheitsaufnahme
Ein Titeldatensatz für diese Publikation ist bei
Der Deutschen Bibliothek erhältlich

**Gesamtverzeichnis gratis:**
**Bruckmann Verlag, 81664 München**
**Internet: www.bruckmann.de**

Aktualisierte Neuauflage

Printed in Italy by Printer Trento S. r. l.
ISBN 3-7654-3520-1